21世纪旅游专业系列规划教材

旅游管理法规教程

（第二版）

Laws & Regulations for Tourism Administration

向三久/主编

熊彩云/副主编

暨南大学出版社
JINAN UNIVERSITY PRESS
中国·广州

图书在版编目（CIP）数据

旅游管理法规教程/向三久主编，熊彩云副主编．—2版．—广州：暨南大学出版社，2007.9
（21世纪旅游专业系列规划教材）
ISBN 978－7－81079－293－6

Ⅰ．旅…
Ⅱ．①向…　②熊…
Ⅲ．旅游业—经济管理—法规—中国—教材
Ⅳ．D 922.296

中国版本图书馆CIP数据核字（2003）第077155号

出版发行：暨南大学出版社

地　址：中国广州暨南大学
电　话：总编室（8620）85221601
营销部（8620）85227972　85220602（邮购）
传　真：（8620）85221583（办公室）　85223774（营销部）
邮　编：510630
网　址：http：//www.jnupress.com　http：//press.jnu.edu.cn

排　版：暨南大学出版社照排中心
印　刷：暨南大学印刷厂

开　本：787mm×1092mm　1/16
印　张：15
字　数：384千
版　次：2004年3月第1版　2007年9月第2版
印　次：2007年9月第2次
印　数：6001—12000册

定　价：25.00元

总 序

旅游活动是当今世界参与人数最多、规模最大的社会活动之一，旅游业也是世界最大的产业之一。自20世纪70年代末以来，中国旅游业快速增长，在20多年的时间里，我国实现了从旅游资源大国向世界旅游大国的历史性跨越，在今后10多年间，我们还将由世界旅游大国向世界旅游强国迈进。近几年，我国旅游业发展的内、外部条件发生了根本性的变化，2001年我国加入世界贸易组织，为了进一步与国际旅游市场接轨，我国在旅游政策法规等方面作了许多调整：在旅游饭店管理方面出台了《中国旅游饭店行业规范》，修订了《旅游饭店星级的划分与评定》；在旅游资源管理方面出台了《旅游资源分类、调查与评价》；在旅行社管理方面修订了《旅行社管理条例》，出台了《设立外商控股、外商独资旅行社暂行规定》；在旅游景区管理方面出台了《旅游景区质量等级评定管理办法》；此外还出台和修订了《旅游发展规划管理办法》、《中国优秀旅游城市检查标准》等等。

在旅游业快速增长的同时，我国旅游教育和旅游科研蓬勃开展。2002年，全国共有高、中等旅游院校（系、专业、所）1 100余个，在校生达30多万，各种形式（全日制和非全日制）和各种层次（研究生、本科、大专、中专等）旅游教育方兴未艾，为旅游业输送着大批专业人才。旅游学研究也不断有新的成果涌现。

旅游教育的发展壮大需要教材建设的支持。我国旅游教育界在过去的20年间出版了多套专业教材，为旅游学科发展奠定了基础，为旅游教育作出了贡献。但随着旅游业的快速发展，旅游科研不断有新的突破，旅游教材必须吸收、反映这些成果的内容，把最新的知识奉献给读者。面对旅游学科日新月异的大好形势，特别是最近几年形势的重大变化，旅游法律、法规的不断更新、推出，我们处在高校旅游专业教学与科研第一线的教师感到兴奋，同时也有要不断更新教学内容，补充新知识的压力。鉴于教材建设紧跟形势发展，反映旅游最新实践动态和最新研究成果的需要，我们组织了一批长期从事旅游专业相关课程教学和科研的教师编写了这套"21世纪旅游专业系列规划教材"。

这套教材选题广泛，涵盖了旅游管理专业的各门课程，并且紧密结合国际、国内旅游活动、旅游业和旅游科研发展的实际，从较高的理论起点阐述了现代旅游管理和经营的一般规律，总结学科、行业、产业的经验教训，以最新的实际材料和旅游研究成果展现旅游学科体系的理论知识和实践技巧。在编写风格上，我们参阅和借鉴了国内外旅游学科及其他学科教材的经验，力图使本套教材呈现出理论全面、知识丰富、结构合理、形式活泼、内容科学及文字生动的特色。这套教材既可供高校旅游管理专业教学使用，亦可作为高等职业教育、自学考试，以及旅游行业中、高级管理人员的培训教材。

当然，旅游学是一门发展中的学科，丰富的理论内涵和综合的知识结构，还需要进行不断深化研究和精心归纳。由于我们水平的局限，难免与期望的目标存在差距，我们真诚地期待着读者批评指正，以便我们不断完善。编写这套教材，我们也参考了国内外大量的文献资料，吸收了相关的研究成果，在此对原作者表示衷心感谢。

21世纪旅游专业系列规划教材编委会

2003年10月

21 世纪旅游专业系列规划教材

目 录

绪 论

一、旅游管理法规的调整对象

旅游管理法规是以旅游关系为调整对象的一系列法律规范的总和。在现代社会，旅游关系是指旅游法律关系各主体之间的相互关系。根据旅游法律关系主体的不同，旅游关系主要有以下几种。

（一）旅游行政管理机关与旅游企业之间的关系

国家要发展旅游事业，首先必须兴办旅游业。为此，国家旅游行政管理机关必然要根据社会对旅游消费需求的预测，并综合考虑其他一些因素，确立一定时期的旅游业发展规模，制定出发展旅游业的方针、政策和规划。在这些旅游方针、政策和规划的制定、贯彻和实施过程中，国家旅游行政管理机关与旅游企业之间必然要发生各种关系。在计划经济条件下，国家旅游行政管理机关主要通过行政命令、指示、规定等行政手段直接组织、指挥所属各旅游企业的活动，它们之间的关系是领导与被领导的关系，企业基本上没有经营自主权。在市场经济条件下，国家旅游行政管理机关主要通过政策导向、制定法规、提供信息、培育市场，并利用价格、税收、惩奖等经济手段和法律手段间接管理旅游企业，两者之间是指导与被指导的关系。企业成为独立的法人，具有独立的经营自主权。

（二）旅游企业与旅游者之间的关系

在旅游过程中，旅游者的吃、住、行、游、购、娱等各个环节都需要旅游企业来提供服务，例如，旅游企业向旅游者提供饮食、住宿、交通、导游和其他旅游设施等服务。旅游者在享受这些服务项目的同时，必须向旅游企业支付一定的费用。这样，就导致了旅游企业与旅游者之间的相互依存关系。

（三）旅游企业之间的关系

一般来说，旅游活动中的吃、住、行、游、购、娱等活动不可能由一个企业单独完成。它需要各个旅游企业相互协作和配合，形成一个旅游服务的整体，才能使旅游活动顺利进行。例如，旅行社往往只能提供导游和交通，而提供不了住宿、就餐和游览场所，而旅馆和游览参观点又需要旅行社提供客源。旅游业自身的这些特点决定了各旅游企业之间的活动必须相互配合，协调发展，彼此之间存在着相互依存的协作关系。

（四）旅游者与旅游行政管理机关之间的关系

旅游者在旅游过程中，除了与旅游企业发生一定的社会关系外，还会与专门的旅游行政管理机关以及园林、文物、公安、海关、宗教等诸多辅助旅游行政管理机关发生一定的社会关系。如旅游者的正当权益受到损害时，要找专门的旅游行政管理机关投诉；旅游者出境时，要在有关部门办理护照等旅游身份证件；到旅游地国入境时，要通过边防、海关、安全检查和卫生检疫；在观赏、游览名胜古迹和历史文物时，还涉及到对风景、名胜和古迹的保护以及旅游资源与环境的保护。所有这些，都会与辅助的旅游行政管理机关发生一定的关系。

（五）旅游行政管理机关之间的关系

在发展旅游事业的过程中，要贯彻政府的旅游方针、政策和法规，对旅游企业和旅游从业人员进行管理，并保护好旅游资源和旅游环境，各级旅游行政管理机关之间还有着各自的权限划分、职责分工的问题,必然出现旅游行政管理机关上下级之间的领导与被领导关系和横向之间的相互配合关系。

（六）其他旅游关系

随着旅游事业的深入发展以及对外开放进程的不断加快，我国旅游法中的各主体必然要与外国的旅游法主体发生关系。例如，我国的旅游企业到国外去办企业、设窗口，外国的旅游企业到我国设分点、投资旅行社、建旅游设施；我国的国家旅游行政管理机关与外国的国家旅游行政管理机关签订旅游合作协定等，都必然出现我国旅游经营单位与外国旅游经营机构、组织之间发生关系的情况。此外,各国政府的旅游主管部门之间也会发生关系。

二、旅游法律关系构成

旅游法律关系和其他法律关系一样，也由主体、客体和内容三个基本要素构成。

（一）旅游法律关系的主体

旅游法律关系的主体是指旅游法律关系的参与者，即旅游法律权利的享有者和旅游法律义务的承担者。具体说,就是指依照旅游法享有一定权利和承担一定义务的国家旅游行政管理机关、旅游企业、旅游者和境外旅游组织。

1. 旅游行政管理机关

国家旅游行政管理机关是指国家授权对旅游行政事务进行组织和管理的机关，亦称国家旅游管理机关。根据国家旅游行政管理机关的行政级别不同，可将其划分为中央旅游行政管理机关和地方旅游行政管理机关。在我国，前者是指国家旅游局，后者是指各省、自治区和直辖市旅游局以及各县市相应的旅游管理机关。他们各自代表地方政府在辖区范围内管理旅游行政事务。根据旅游行政管理机关的职责范围不同，可将其分为专门的旅游行政管理机关和辅助的旅游行政管理机关。前者是指那些代表国家和地方各级人民政府对旅游事业行使管理职权的机关，如国家旅游局以及各省、自治区、直辖市、市、县的旅游局或旅游主管单位。后者是指那些既管理与旅游有关的事务，同时又管理与旅游无关的其他行政事务的行政管理机关，如公安、海关、宗教、园林、文物、环保等部门。它们与专门的旅游行政管理机关的区别在于：①专门的旅游行政管理机关的主要职责范围是主管旅游事业，而辅助的旅游行政管理机关的职责范围并不是旅游事业，对与旅游有关的某一方面事务进行管理仅仅是它们职责范围的一部分或者说是一小部分；②专门的旅游行政管理机关管理的是对本辖区整个旅游事业具有全局意义的事务，而辅助的旅游行政管理机关所管理的旅游事务仅仅是本辖区内旅游事务某一方面的局部问题。

2. 旅游企业

旅游企业主要是指旅游活动中直接或间接地向旅游者提供各种旅游资源、旅游设施和旅游服务的经营单位。旅游企业是旅游法律关系的重要主体。旅游企业的主要任务是为旅游者提供各种旅游服务以及经营与此有密切联系的其他业务。旅游企业也可以根据其是否专门为旅游者服务而分为专门的旅游企业和辅助的旅游企业。主要为旅游者提供旅游资源、旅游设施和旅游服务的企业被称为专门的旅游企业，如各种类型的旅行社、旅游宾馆（饭店）、旅游专业商店、旅游风景区等。那些主要是为本地区居民服务，同时也为旅游者提供一定服务的企业，被称为辅助的旅游企业，如交通运输部门、饮食部门、银行等。这些企业虽然不是专门为旅游者服务而开设的，但旅游者在旅游过程中又离不开它们。如果没有它们，旅游者的活动就不能顺利地进行。因此，辅助的旅游企业也是旅游法的主体，依照旅游法享有一定的权利，并承担一定的义务。根据旅游企业的国籍不同，可以将其分为本国旅游企业和外国旅游企业。凡是在我国有关部门注册登记的企业，为本国旅游企业；凡是在外国注册登记的旅游企业，为外国旅游企业。外国旅游企业与我国的旅游法律关系主体发生的旅游关系，也由我国旅游法加以调整。因此，外国旅游企业也可以成为我国旅游法律关系的主体。

3. 旅游者

旅游者是旅游法律关系的重要主体。因为有了旅游者，才会有旅游和旅游业。旅游者包括国内旅游者和境外旅游者两类。国内旅游者是在国内外进行旅游活动的中国公民，境外旅游者主要指来我国、回国或到内地旅游的外国人、外籍华人、华侨和港澳台同胞。旅游者是自然人，具有一定的权利能力和行为能力，能够依法享有权利，承担义务。对于外国旅游者，我国一般是按照国际惯例，在特定范围内给予其互惠的国民待遇。所谓国民待遇，是指一个国家对外国自然人或法人等在某些事项上给予其与本国自然人或法人等同等的待遇。如《中华人民共和国民法通则》、《中华人民共和国民事诉讼法》、《中华人民共和国专利法》、《中华人民共和国商标法》、《中华人民共和国著作权法》等，都给予了外国人互惠的国民待遇。根据宪法和有关法律的规定，中国政府保护外国旅游者在中国的合法权利和利益，外国人的人身自由不受侵犯，非经法定程序不受逮捕。同时，外国旅游者在中国旅游必须遵守中国法律，不得危害中国国家安全，损害公共利益，破坏社会公共秩序。不过，境外旅游者也有其特殊性。因为他们要进入中国或到内地旅游，需要跨越国境线或特定的边界线，必须具备必要的法定证件，并接受检查。他们在进行旅游结算时，还涉及到货币的兑换和使用等问题。所以，境外旅游者旅游时碰到的问题，涉及到的领域和部门与国内旅游者有所不同。因此，二者的法律地位、权利和义务不可能完全一样。

4. 境外旅游组织

境外旅游者来中国或到内地旅游，以及中国旅游者到境外旅游，必然需要我国旅游组织同境外旅游组织的协调和联系，因而，境外旅游组织便成为我国旅游法律关系的主体。我国一些现行的旅游法规中明确规定了外国旅游组织在中国旅游法律关系中的主体地位。例如，1996年10月15日颁布、2001年12月修订的《旅行社管理条例》第二条明确规定“本条例适用于中华人民共和国境内设立的旅行社和外国旅行社在中华人民共和国境内设立的常驻机构”。因此，境外旅游组织也是我国旅游法律关系中的一方当事人，依法享有一定的权利和承担一定的义务。

(二) 旅游法律关系的客体

旅游法律关系的客体是指旅游法律关系主体享有权利和承担义务所指向的对象。旅游法律关系中的客体是旅游法律关系中的重要内容。如果没有它，旅游法律关系主体之间的权利和义务就会落空，失去实际意义。一般来说，旅游法律关系的客体主要由物、行为和精神财富三部分组成。

1. 旅游法律关系中的物

物是旅游法律关系的普遍客体。从其形态上说，它可以分为旅游资源、旅游设施和旅游商品（狭义）。旅游资源是吸引旅游者前往游览、观光的各种物，包括自然旅游资源和人文旅游资源两类。前者如自然风光、野生动植物等，后者如各种名胜、历史古迹等。它们是旅游的对象和发展旅游事业的前提条件。旅游设施主要是指旅游交通运输设施、游览娱乐设施和旅游膳食设施等。它们是旅游得以顺利进行的保证，是一个国家或一个地区发展旅游的基础。旅游商品（狭义）是指旅游者在旅游活动中的日用品、纪念品和礼品等。对以上各种物，旅游者在支付了一定的费用后，便取得了其使用权或所有权。例如，对旅游资源取得游览和参观权；对旅游设施取得一定时间的使用权；对旅游商品取得所有权。

2. 旅游法律关系中的行为

旅游法律关系中的行为是指主体的行为。它是旅游法律关系中的重要客体。根据主体是否作为，旅游法律关系中的行为可分为作为和不作为两种情况。其中大量的行为属于作为，如旅游服务行为、管理行为等。旅游服务行为贯穿于旅游活动的全过程。因为无论是旅游资源、旅游设施，还是旅游商品（狭义），它们仅仅是旅游活动和旅游业存在的物质条件。只有当旅游企业的职工凭借一定的旅游资源和旅游设施向旅游者提供一定的服务时，才能满足旅游者在旅游活动中的最大需求。旅游服务行为是通过中间联络、导游、代办手续、安排交通和食宿等来对旅游者提供热情周到的必要服务而体现的。所以，旅游服务行为对旅游活动起保障作用。旅游者参加旅游的目的都是为了游览和娱乐，追求一定的精神享受。因此，旅游服务质量的高低，对旅游者精神上的满足程度具有直接影响。好的旅游服务有时甚至可以弥补旅游者在旅游活动中其他方面的需求缺憾。正因为如此，旅游者在支付了一定费用后，旅游服务部门就有义务为之提供相应标准质量的服务。旅游行政管理行为是国家旅游行政管理机关依法对旅游活动实行的管理，各有关旅游法律关系主体有义务接受这种管理。

旅游管理法规中也有一些不作为的规定。如《旅行社管理条例》第二十条规定："经营人员未经旅行社同意，不得披露、使用或者允许他人使用其所掌握的旅行社商业秘密。"这种对经营人员披露旅行社商业秘密行为的抑制就是一种不作为。

3. 和人身相联系的精神财富

这里所说的人身既包括自然人，也包括法人。这里所说的精神财富是指旅游法律关系中主体所取得的智力成果。例如专利、旅游企业的名称、标志、产品商标以及管理模式等都属于精神财富，其所有权的使用和转让都是有偿的。

（三）旅游法律关系的内容

旅游法律关系的内容是指旅游法律关系的主体依法所享有的权利和承担的义务。由于旅游法律关系主体的法律地位不同，旅游法律关系主体各自所享有的权利和承担的义务也不一样。

旅游法律关系主体的权利是指主体一方能够作出或不作出一定行为以及要求他人相应作出或不作出一定行为的许可与保障。权利由法律确认、设定，并为法律所保护。当权利受到侵害时，国家应依法予以恢复，或使享有权利的一方得到相应的补偿。例如，法律关系的主体在法定的范围内，根据自己业务活动的需要，有权进行各种旅游活动，可以依法要求其他主体作出一定的行为或不作出一定的行为，以实现自己的某种利益，因其他主体的行为使自己的权利不能实现时，有权要求有关国家机关加以保护。

旅游法律关系主体的义务是指主体一方为了满足对方某种利益上的要求必须作出或不作出某种行为的约束。负有义务的人按照权利人的要求作出一定的行为或抑制一定的行为，有其法定范围的限度。负有义务的旅游法律关系主体应当自觉地履行应尽的义务。如果不履行或不适当履行义务，应受到法律的制裁。不过，旅游法律关系中的权利和义务是对等的。即任何权利的实现总是以义务的履行为条件的。没有权利就无所谓义务，没有义务也就没有权利。即使像国家旅游行政管理机关这样的旅游法律关系主体，在对旅游行业行使管理权的同时，对于国家和社会公众来说，也是在履行义务。

三、旅游法律关系的确立与保护

（一）旅游法律关系的产生、变更和消灭

一般来说，法律规范本身并不能直接引起法律关系的出现。只有当法律规范的假定情况出现时，才会引起具体的法律关系的产生、变更和消灭。

旅游法律关系的产生是指旅游法律关系主体之间一定的权利和义务关系的形成。例如，合法的旅游合同的签订就会在旅游者和旅游经营者之间产生权利和义务关系。这种关系受国家法律的保护和监督。

旅游法律关系的变更是指其主体、客体和内容的改变。在通常情况下，主体的增减或变化，客体范围或性质的改变都会引起相应的权利和义务的变化。例如，旅行社在组织旅游活动时，改变事先与旅游者约定的旅游线路、交通方式、食宿条件等，都会引起双方权利和义务的变更。值得强调的是，旅游法律关系和其他法律关系一样，受到法律的严格限制和保护，除不可抗力或主体间事先协商取得一致外，不得随意变更，否则要承担相应的法律责任。

旅游法律关系的消灭是指旅游法律关系主体间权利和义务关系的完全终结。它通常表现为各主体的权利和义务完全实现。如旅游合同中规定的各条款完全兑现，双方无异议，就表明旅游法律关系消灭。

（二）旅游法律关系的保护及其保护机构

所谓旅游法律关系的保护，就是对侵犯旅游法律关系主体合法权利和不履行法定义务者追究法律责任。

由于旅游法律部门属于第三层次的法律部门，它需要由相应的部门借助于民法、刑法、行政法，甚至国际法的许多手段和原则来保护旅游法律关系。因此，保护旅游法律关系的机构也是多层次的。

1. 国家旅游行政管理机关

国家各级专门的旅游行政管理机关是统一管理旅游业的政府职能部门。它有权依据旅游法规，在其职责范围内运用奖励或处罚的方法保护旅游法律关系。辅助的旅游行政管理机关（工商、公安、税务、卫生、环保、物价、文物、园林、海关等部门）也可以依法对旅游活动的主体作出奖励或处罚的决定。例如，在旅游区、游览点内损坏旅游资源和旅游设施的；采用不正当手段损坏旅游者利益的；擅自涨价或削价扰乱旅游市场秩序的；违反出入境有关法律规定的，由旅游行政主管部门会同有关部门对其采取警告、罚款、没收非法所得、停业整顿、吊销营业执照、停止营业和拘留等行政处罚。

2. 仲裁机构

在旅游者和旅游经营单位之间，或旅游经营单位相互之间发生旅游纠纷时，当事人可以请求旅游行政管理部门和专门的仲裁机构调解或仲裁。旅游经营单位与其他单位发生旅游纠纷时，当事人也可以请求旅游行政管理部门会同有关部门或专门的仲裁机构共同调解或仲裁。如果双方当事人对旅游法律关系发生争议经协商不能自行解决，提交上述部门调解或仲裁达成的协议或作出的裁决，当事人双方应当履行。当事人一方或双方对仲裁不服的，可以

在规定的时间内向人民法院起诉。期满不起诉时，仲裁决定即发生法律效力。

3. 司法机关

司法机关一般指人民检察院和人民法院。人民检察院和人民法院根据法律的规定，分别对在旅游活动中触犯刑法者，行使检察权和审判权。各级法院还可以对旅游活动中的民事法律行为和行政诉讼作出判决。

四、旅游管理法规的渊源

旅游管理法规的渊源是旅游法律规范借以表现的形式。它是指因调整旅游关系而产生的各种法律规范所形成的有机联系的统一整体。从我国目前的情况看，旅游法规的渊源主要应由以下五部分组成。

（一）宪法中有关旅游的规定

世界上不少国家在宪法中都有关于旅游的条文。我国 1982 年的新《宪法》第四十三条规定："中华人民共和国劳动者有休息的权利。国家发展劳动者休息和休养的设施，规定职工的工作时间和休假制度。"我国宪法的这一规定可以认为是涉及旅游的条款。因为旅游是劳动者休息和休养的重要活动之一。

（二）综合性的旅游基本法

旅游基本法是规定一个国家发展旅游事业的根本宗旨、原则和旅游活动领域中根本的权利和义务关系的法律。有人将它形象地比作"旅游活动关系的宪法"。目前，世界上许多旅游发达的国家都制定了旅游基本法。例如，日本早在 1963 年就制定了《旅游基本法》。我国由于旅游事业起步晚，底子薄，目前还没有正式颁布旅游基本法。

虽然各国的旅游基本法在名称和所侧重的问题上可以有所差异，但由于它们所调整的对象都属同一类社会关系，因而在它们之间有一种本质的共性。一般来说，旅游基本法主要包括如下内容。

1. 规定国家发展旅游事业的根本宗旨和原则

各国发展旅游事业总是基于一定目的，有一个根本宗旨，并将根本宗旨在旅游基本法中规定下来。基本法中规定的旅游事业的根本宗旨是一国发展旅游事业多年经验的总结。从各国发展旅游事业的实践看，一些国家甚至包括现在的旅游发达国家，在其旅游事业初创时期对根本宗旨未必十分清楚，其旅游发展不免带有盲目性和短期行为。经过一定时期的旅游工作实践，积累了足够经验后，才能提高对旅游事业全部意义的认识。在此基础上才能明确提出该国发展旅游事业的根本宗旨。然后，根据基本法规定的根本宗旨，提出发展旅游事业的总的政策原则。这些原则既是根本宗旨的具体化，又是实现根本宗旨的保证和旅游基本法的重要内容。

2. 规定旅游主管机构的性质、任务和权限

大多数国家的旅游基本法都规定了旅游主管机构的名称、性质、任务和权限。例如，埃及旅游基本法规定，旅游部有权对全国的旅游区进行保护、监督、开发和利用，提出全国旅游区总体发展规划，由总理召开内阁会议讨论通过，然后再由各有关部门制定出相应的规划以保证总体规划的实施。任何部门在旅游区的工程建筑如果与旅游发展总体规划相抵触，旅游部有权改装、拆除。该法还规定，国家授权旅游部对旅馆、酒店、咖啡馆、餐厅、夜总会、舞厅及水陆交通工具实行分级定价和管理。

各国旅游基本法对上述事项的规定，实际上是确定了旅游活动领域中纵向法律关系的规范，从法律上保证各类旅游企业要服从旅游主管机构的领导和管理。地方各级旅游主管机构要服从国家最高旅游主管机构的领导，使全国旅游部门协调一致，以求实现旅游发展的根本宗旨。

3．规定旅游经营部门的行为准则

各国旅游基本法一般都要对旅游业各经营部门的活动原则和经营行为规范作出规定。其目的是用法律手段加强对旅游企业的管理。例如奥地利旅游基本法规定：任何旅馆、餐馆都必须把旅游价格公布于众。季节不同，价格不同，可公布几种价格。在房费中要注明房租、早餐费、服务费、地方税、剩余价值税和各种税所占的比例。

4．规定对旅游者合法权益的保护

对旅游者合法权益的保护是旅游基本法的重要内容之一。有些国家在发展旅游事业过程中只注意本国旅游部门的权利和利益，而忽视了旅游者的合法权益，甚至有偏袒旅游经营部门的倾向。他们忘记了旅游者是旅游活动和旅游法律关系中的重要主体。所以，旅游基本法应对旅游者合法权益的保护作出明确规定。当然，根据权利和义务相一致的原则，旅游基本法也应规定旅游者应尽的义务以及不履行义务或不适当履行义务时应承担的法律责任。

5．规定对旅游资源的保护

旅游资源是一个国家发展旅游事业的基础，因此对旅游资源实施保护应是旅游基本法的内容之一。由于旅游资源涉及面宽，往往在旅游基本法出现以前，就有某些单行法规对旅游资源的保护作出了规定。旅游基本法则是从发展旅游事业的角度出发，全面、系统地规定各类旅游资源保护的总原则、保护范围以及旅游资源开发、利用、管理单位和旅游者在旅游资源保护方面的根本性权利、义务、责任。

6．规定奖惩措施

对奖励和惩罚的规定是法律或法规中不可缺少的部分。旅游基本法也规定了明确的奖惩条款，以保证旅游法律关系中各主体认真履行应尽的义务。

（三）旅游部门单行法规

世界上许多发达国家除了制定综合性的旅游基本法外，还制定了一些旅游方面的单行法规。例如日本就制定了《旅游联络法》、《旅游业法》、《国际饭店调整法》、《翻译导游法》、《国际旅游城市建设法》、《自然公园法》等。我国自1984年以来，也先后制定了《中华人民共和国文物保护法》、《旅行社管理条例》、《导游人员管理条例》、《中国公民出国旅游管理办法》、《风景名胜区管理条例》、《旅馆业治安管理办法》、《旅行社投保旅行社责任保险的规定》、《旅游安全管理暂行办法》、《旅游投诉暂行规定》和《娱乐场所管理条例》等。

（四）旅游相关单行法规

有些法律、法规和规章虽然不是专为旅游行业颁布的，但它们所涉及的许多内容与旅游行业密切相关。例如我国颁布的《中华人民共和国公民出境入境管理法》、《中华人民共和国外国人入境出境管理法》、《中华人民共和国消费者权益保护法》、《中华人民共和国民用航空法》、《中华人民共和国铁路法》、《中华人民共和国出境入境边防检查条例》、《国内航空运输旅客身体损害赔偿暂行规定》、《铁路旅客运输损害赔偿规定》 等法律法规都可作为我国旅游法的组成部分之一。

（五）与旅游相关的国际条约和国际协定

根据1969年5月23日在维也纳签订的《条约法公约》第二条规定，条约是“国家间缔结而以国际法为准之国际书面协定”。一般认为，这就是国际条约的简要说明。我国在1929年10月12日通过的《统一国际航空运输某些规则的公约》(简称《华沙公约》)上签字后，中国民航国际客运规则明确规定，凡持有国际客票的旅客搭乘中国民航飞机，在运输过程中如遇有伤亡或其他身体上的损害而发生损失时，或持有国际客票的旅客交运的行李在中国民航承运过程中遇有遗失或短缺时，经查确系中国民航的责任，由中国民航按《华沙公约》的有关条款负赔偿责任。

协定是条约的另一种表现形式。它是行政和技术性的书面协议，也可以说是一项行政性的条约。例如，“国际航空运输协会”同美国当局1966年达成的《蒙特利尔协议》就是如此。中国民航以公司名义于1979年12月11日加入该协议后，对于乘坐中国民航来往于美国的旅客，如果人身财产受到侵害，将按该协议中规定的较高标准予以赔偿。

从以上条约和协议中可以准确无误地看出，我国已签字加入的与旅游相关的国际条约和协定也是我国旅游法的重要渊源。

五、旅游法律责任

旅游法律责任是由旅游法律、法规以及其他相关的民事法律、法规和刑法所调整的，在旅游活动中发生的一种法律责任。在旅游法中，法律责任有两方面的含义：一是实施了旅游管理法规禁止的行为所承担的法律责任；二是不履行旅游管理法规规定应作的行为所承担的法律责任。任何个人或法人实施了违反旅游管理法规的行为，就要承担由此而产生的法律责任。应当履行法律义务和职责的单位或个人如果拒绝或拖延履行，同样也是一种违法行为，也会产生一定的法律后果，承担一定的法律责任。

在旅游法律行为中，由于承担法律责任的主体不同，法律责任通常分为三种情况。一是旅游者的责任，包括国内旅游者个人或团体的责任和外国旅游者或团体的责任。这两方面的旅游者之间的法律义务基本上是一致的，但也有例外。例如，对某些未开放的地方，外国旅游者未经有关部门批准，不能前往该地旅游。二是旅游服务者的责任，如旅行社、旅游饭店、旅游商店和旅游运输部门等的责任。在这方面，中外旅游服务部门的责任也基本相同。外籍的个人或法人经我国政府批准在我国境内从事旅游服务工作的，同样也要承担我国旅游管理法规规定的法律责任。三是旅游管理部门的责任，包括各级旅游行政管理部门的责任。

（一）法律责任能力

所谓责任能力就是行为人对其行为有承担法律责任的能力。责任能力分法人的责任能力和公民的责任能力。

法人的责任能力随着法人的成立而产生，随着法人的撤销而消失。

公民的责任能力一般根据年龄来确定，分为民事责任能力和刑事责任能力。

民事责任能力在我国《民法通则》第十一条、第十二条中作了明确规定：公民年满18周岁，为具有完全民事责任能力；16周岁以上，不满18周岁的公民，以自己的劳动收入为主要生活来源的，可以视为有完全责任能力的人；10周岁以上的未成年人，为不完全的责任能力人。

公民的刑事责任能力在我国刑法中也作了规定。我国《刑法》第十七条至十九条中规定，负有刑事责任的人必须具备法律上规定的几个条件：

第一，必须是有生命的人（法律上通称的自然人）。法人不能成为负担刑事责任的犯罪主体。因为法人是国家许可的一种团体组织。它的活动必须通过代表人进行。如果代表人的行为超越了法人章程规定的范围进行犯罪活动，应由代表人自己负刑事责任。

第二，必须是达到一定年龄的人。一个人对客观世界的认识和对社会责任的了解，是随着生活实践和年龄的增长而逐步成熟起来的。对未达到一定年龄，不能辨别是非的儿童，是不能适用刑罚的。因此，《刑法》第十七条规定了年龄的条件："已满 16 周岁的人犯罪，应当负刑事责任。已满 14 周岁不满 16 周岁的人，犯故意杀人、故意伤害致人重伤或者死亡、强奸、抢劫、贩卖毒品、放火、爆炸、投毒罪的，应当负刑事责任。"同时刑法还规定，已满 14 周岁，不满 18 周岁的人犯罪，应当从轻或减轻处罚。因不满 16 周岁，不予刑事处罚的，责令他的家长或者监护人加以管教；在必要的时候，也可以由政府收容教养。

第三，必须是有行为能力的人。这是指了解自己行为的性质、意义和后果，并能够自觉地控制自己的行为，具有对自己的行为负责的能力。一般来说，一个人达到一定年龄之后，就自然具备了这种能力。但也可能由于某种原因丧失这种能力，如精神病人。

（二）旅游法律责任的种类

1. 行政责任

行政责任是指旅游者、旅游经营单位和旅游行政管理部门因违反旅游法律、法规或其他行政管理法规所应承担的行政制裁。它主要通过旅游管理部门、公安部门或其他有关部门的行政处罚来实施。根据 1996 年 3 月 17 日第八届全国人民代表大会第四次会议通过，1996 年 10 月 1 日起施行的《中华人民共和国行政处罚法》的有关规定，行政责任主要有：警告，罚款，没收违法所得、没收非法财物，责令停产停业，暂扣或者吊销许可证、暂扣或者吊销执照，行政拘留，法律、行政法规规定的其他行政处罚等。

（1）警告就是行政主管部门对有轻微违法行为的人依法提出批评和告诫。它是行政处罚中最轻的一种。

（2）罚款就是由行政机关强制有违法行为的人在一定期限内缴纳一定数量的金钱。它是行政处罚中的经济制裁措施。罚款的金额由行政主管部门根据违法行为的性质和程度依法确定。

（3）没收违法所得、没收非法财物就是将违法人员的违禁物品或者非法所得无偿地收归国有，或者予以销毁。它是行政处罚中的一种强制措施。这种强制措施可以由公安机关或者其他行政主管部门决定和执行。

（4）责令停产停业就是限定违法单位在规定的时间内停止营业，整顿内部经营秩序，制定规章制度，增强守法观念。它是行政主管部门对违反行政管理法规的经营单位所采取的一种行之有效的处罚方法。

（5）暂扣或者吊销许可证、暂扣或者吊销执照就是行政主管部门暂扣或者吊销由它签发给经营单位的许可证或营业执照，取消其经营资格的措施。这是行政责任中比较严厉的措施。

（6）行政拘留是行政处罚中限制人身自由的一种措施，只有公安机关有权决定，其他行政机关无权决定。拘留的最低期限为 1 日，最高期限不超过 15 日。

（7）法律、行政法规规定的其他行政处罚是指除前面提到的六种情况之外的其他行政处罚措施。

2. 民事责任

民事责任是指行为主体违反了民事法律的规定所应受到的民事制裁。在旅游活动中，所涉及的民事法律主要有《中华人民共和国民法通则》、《中华人民共和国婚姻法》、《中华人民共和国继承法》、《中华人民共和国专利法》、《中华人民共和国合同法》等。当事人违反了民事法律，就要承担民事责任。

民事责任可分为侵权的民事责任和不履行合同的民事责任。前者是因非法侵害他人人身权利或财产权利而应承担的民事责任，后者是指因违反合同的规定而应承担的民事责任。单方实施了侵权行为，造成他人人身伤害或财产损失时，由侵权一方承担民事责任；双方互相实施了侵权行为的，各自承担相应的民事责任。不履行合同是指当事人在民事活动中，不按契约规定的内容办事，造成对方经济损失的行为。这种行为同样要承担民事责任。

承担民事责任除了支付违约金和赔偿损失外，我国《民法通则》还规定了停止侵害、排除妨碍、消除危险、返还财产、恢复原状、修理、重做、更换、消除影响、恢复名誉和赔礼道歉等方式。这些方式可单独使用，也可以合并使用。

人民法院在审理民事案件时，除了适用以上承担民事责任的方式外，还可以予以训诫，责令具结悔过，收缴进行非法活动的财物和没收非法所得，并可依法处以罚款、拘留。但必须注意的是，民事诉讼中的罚款和拘留与行政罚款和行政拘留是根本不同的。

3. 刑事责任

刑事责任是指行为主体实施了犯罪行为，触犯了刑法而受到的刑事制裁。例如，旅游者在旅游场所聚众斗殴，造成社会秩序严重混乱的行为；故意毁坏国家保护的珍贵文物或者被确定为全国重点文物保护单位、省级文物保护单位的文物的行为；违反国（边）境管理法规，偷越国（边）境，情节严重的行为；旅馆业、饮食服务业、文化娱乐业、出租汽车业等单位的人员，利用本单位的条件，组织、强迫、引诱、容留、介绍他人卖淫的行为等均属犯罪行为，都要承担相应的刑事责任。

刑事责任和民事责任是性质完全不同的法律责任。追究刑事责任和民事责任可同时进行，也可以分别进行，但不能互相抵消。虽然刑事责任和民事责任的性质不同，但承担责任的方式有时又是相同的。例如，在行政责任和刑事责任中都有对外国人驱逐出境的方式，所不同的只是适用的法律不同，执行法律的部门不同。如果由公安机关根据行政法规对外国旅游者驱逐出境的，就是行政性质的责任。如果是司法部门根据刑法的有关规定对外国旅游者驱逐出境的，就属于刑事性质的责任。后者的性质显然要严重得多。

刑事责任是法律责任中最严重的责任，主要通过刑罚的形式实现。刑罚的主要内容是限制犯罪分子的人身自由。对罪行特别严重的人，还可以剥夺其生命。刑罚由主刑和附加刑两部分构成。

主刑包括管制、拘役、有期徒刑、无期徒刑和死刑五种。

（1）管制。它是一种不采用关押的方法来限制犯罪分子行动自由的刑罚，期限为三个月以上两年以下，由公安机关执行。犯罪分子在管制期间必须遵守规定的纪律，但在劳动中可以享受同工同酬。管制的刑期从判决之日起计算。判决执行以前先行羁押的，羁押一日折抵刑期二日。

（2）拘役。它是短期限制犯罪分子人身自由，关押在一定场所进行劳动改造的一种刑罚。拘役的期限为一个月以上六个月以下，由公安机关就近执行。在执行期间，被判处拘役的犯罪分子每月可回家一天至两天。参加劳动的，可以酌量发给报酬。拘役的刑期从判决之日起计算。判决执行以前先行羁押的，羁押一日折抵刑期一日。

（3）有期徒刑。它是在一定期限内限制犯罪分子人身自由，并实行关押的一种刑罚。有期徒刑的期限一般为六个月以上十五年以下，在监狱或者其他执行场所执行。凡有劳动能力的，都应参加劳动，接受教育和改造。刑期从判决执行之日计算。判决执行以前先行羁押的，羁押一日折抵刑期一日。

（4）无期徒刑。它是对犯有危害国家安全或其他严重罪行的人，剥夺其终身人身自由，并实行关押和劳动改造的一种刑罚。

（5）死刑。死刑亦称极刑，是剥夺犯罪分子生命的一种刑罚。它只适用于罪行极其严重的犯罪分子，并用枪决的方式执行。对于应当判处死刑的犯罪分子，如果不是必须立即执行的，可以在判处死刑的同时宣告缓期二年执行。犯罪的时候不满18周岁的人和审判的时候怀孕的妇女，不适用死刑，判处死刑缓期执行；在死刑缓期执行期间，如果没有故意犯罪，二年期满后，减为无期徒刑；如果确有重大立功表现，二年期满以后，减为十五年以上二十年以下有期徒刑；如果故意犯罪，查证属实的，由最高人民法院核准，执行死刑。死刑缓期执行的期间，从判决确立之日起计算。死刑缓期执行减为有期徒刑的刑期，从死刑缓期执行期满之日起计算。

附加刑包括罚金、剥夺政治权利和没收财产三种。

（1）罚金。它是判处犯罪分子缴纳一定金额的处罚，是刑罚中的一种财产刑。罚金在判决指定的期限内一次或者分期缴纳。期满不缴纳的，强制缴纳。对于不能全部缴纳罚金的，人民法院在任何时候发现被执行人有可以执行的财产，应当随时追缴。如果由于遭遇不能抗拒的灾祸缴纳确有困难的，可以酌情减少或者免除。

（2）剥夺政治权利。它是剥夺犯罪分子参加国家政治活动的权利，包括：选举权和被选举权；言论、出版、集会、结社、游行、示威自由的权利；担任国家机关职务的权利；担任国有公司、企业、事业单位和人民团体领导职务的权利。对判处死刑和无期徒刑的犯罪分子，剥夺政治权利终身；对其他犯罪分子，剥夺政治权利的期限为一年以上五年以下，期限从主刑执行完毕或从假释之日起计算。判处管制又附加剥夺政治权利的，两种刑期相等，并同时执行。

（3）没收财产。它是将犯罪分子个人所有财产的全部或一部分强制无偿收归国有的一种刑罚。没收全部财产的，应当对犯罪分子个人及其扶养的家属保留必须的生活费用，并不得没收属于犯罪分子家属所有或者应有的财产。没收财产以前犯罪分子所负的正当债务，需要以没收的财产偿还的，经债权人请求，应当偿还。

第一章 旅游管理体制

学习要点：

1.旅游管理体制概述。

2.我国旅游管理体制简况。

3.旅游管理体制的发展趋势。

旅游业作为朝阳产业已引起了越来越多的国家的高度重视。但要发展旅游业，仅有丰富的旅游资源和大量的前期资金投入是不够的，还必须有适合本国国情的旅游管理体制。

第一节 旅游管理体制概述

旅游管理体制是指国家在组织领导旅游工作中，有关旅游业的组织管理形式和国家与企业、中央与地方、上级与下级之间旅游管理的权限划分以及组织管理机构的设置等一系列制度的总称。这一概念包含以下内容：

一、旅游管理机构的设置

尽管世界上的旅游管理体制多种多样，但都设立了相应的旅游主管机构对旅游经营活动和旅游事业实行领导和管理。据世界旅游组织统计，全世界大约有68%的国家将旅游主管部门设在中央政府机构中，约31%的国家是由大的国营公司管理旅游事业，还有少数国家的旅游业由私人企业经营，国家不直接进行管理。其基本模式大致分为五种。

（一）旅游部模式

目前，世界上约有25个国家的最高旅游行政管理机构为旅游部。例如亚洲的土耳其、菲律宾、尼泊尔、叙利亚、黎巴嫩、马尔代夫；非洲的埃及、阿尔及利亚、塞内加尔、摩洛哥、坦桑尼亚、科特迪瓦；美洲的墨西哥、牙买加、巴哈马；欧洲的罗马尼亚、意大利、卢森堡、马耳他等。这种模式的特点在于，一是管理职能单一，只负责旅游；二是机构为部级规格，有利于利用自己强有力的行政权力超前发展旅游事业。

（二）旅游委员会模式

这一模式只在前苏联和部分东欧国家采用。如前苏联的国际旅游委员会、保加利亚国家旅游委员会和波兰旅游总委员会等。还有一些国家设有委员会，但这些委员会只是协调部门，而非权力部门。旅游委员会模式的特点在于它只有单一的旅游管理职能，实际上相当于一个部。

（三）混合职能模式

混合职能模式是指旅游管理职能和其他政府职能结合在一个机构里。这种模式又可以细分为两种情况。

1. 混合职能部

目前有近40个国家采用这种机构。例如马来西亚和巴基斯坦的文化旅游部，印度和斯里兰卡的旅游民航部，肯尼亚和乌干达的旅游与野生动物保护部，法国的工业、邮电与旅游部，西班牙的交通、旅游与通讯部等。

2. 在其他职能部下设旅游主管机构

例如芬兰在工商部、美国在商务部、匈牙利在商业部、荷兰在经济事务部、南斯拉夫在市场与经济事务部、韩国在交通部下设旅游局。混合职能模式为世界上多数国家采用，不论是发展中国家，还是西方发达国家都有。说明这种模式在不同的社会制度和不同经济发展水平的国家中都有较普遍的适应性。因为这种模式反映了旅游业综合性很强的特点，有利于旅游部门与主要的相关部门实现有效的配合与协调。

（四） 旅游局模式

该模式的特点是单一行使旅游管理职能，直属于内阁，其规格低于部，如朝鲜、泰国、巴巴多斯等10多个国家和地区采用这种模式。我国的国家旅游局直属国务院领导，统一管理全国旅游事务，也属于此种模式。

（五） 非中央机构模式

该模式是指最高旅游行政主管机构不属于政府部门系列。这与目前世界上多数国家的最高旅游行政管理机构是中央政府的一部分有显著不同。据统计，世界上约有30多个国家和地区的中央政府不包括旅游行政管理机构在内。如伊拉克国家旅游组织和爱尔兰旅游局。这类旅游行政管理机构多数仍属官方机构，在多数情况下，它们仍然由政府资助。这类机构的共同特点是，它们具有独立的法人地位，并在行政上和财政上独立。

二、旅游组织管理方式

旅游组织管理是各国旅游管理机构的一项最基本的活动。它是按照统治阶级的意志和根本利益，对旅游进行组织、领导、指导、监督和调节等一系列活动的总称。管理的内容主要包括旅游规划管理、旅游基本建设管理、旅游业务经营管理、旅游资源开发管理、旅游从业人员管理和旅游市场管理等。由于旅游活动是一项十分复杂的综合性活动，旅游管理的内容涉及许多方面，所以，世界各国都采取了多种行之有效的手段进行管理。

（一） 行政管理手段

行政管理手段就是各级行政机关和旅游管理机关按照行政区划、行政系统、行政层次，用行政命令、指示、规定和下达指导性计划、制定规划等形式来管理旅游。虽然世界上的旅游管理体制各不相同，但绝大多数国家都设有一定的行政管理机关行使对旅游的行政管理职权。我国对旅游进行行政管理的机关是国家旅游局和各地方旅游局及其他旅游主管单位。

旅游行政管理手段的主要内容包括：通过制定相关政策，引导和鼓励各类旅游经营单位在国家总体规划的框架内有条不紊地发展旅游事业；对各自所辖区域内的旅游经营单位贯彻、执行旅游法律、法规和政策的情况进行有效的监督；为所辖区域内的旅游经营单位提供必要的信息服务；协调旅游经营单位之间，旅游经营单位和非旅游经营单位之间，以及旅游经营单位与旅游者之间的相互关系。

旅游行政管理手段的具体表现形式也多种多样。从我国的情况看，主要有如下几种：

1. 旅游行政主管部门的行政命令、决定、通知和通告等

这些命令、决定、通知和通告一般由旅游行政主管部门单独发布，也可以与有关部门联合发布。涉及全国或区域范围的由中央主管部门单独或联合发布，涉及省、自治区、直辖市和市（县）的，则由地方主管部门单独或联合发布。地方主管部门也可以转发上级主管部门的行政命令、决定、通知和通告。其主要目的是针对旅游业中的问题提出若干原则、要求和具体对策。例如，为了加强我国自然保护区、风景名胜区、文物保护单位、森林公园等特殊区域的旅游环境保护工作，国家环保局、国家旅游局、建设部、林业部、国家文物局联合发出《关于加强旅游区环境保护工作的通知》。接着，浙江省环保局、旅游局、建设厅、林业厅、文物局转发了该通知，并根据本省实际情况提出了具体实施意见。

2. 旅游行政管理部门的倡议和信息引导

例如，2002 年 2 月，国家旅游局在大连举办了有 1 300 多人参加的第五届海峡两岸旅游同业联谊会，有效增进了同台湾各大旅游协会及旅行社的沟通与了解，这一举措已成为旅游对台工作的重要内容。同年 11 月中旬在上海举办的第四届中国国际旅游交易会，专业性和国际性大大提高，为开拓入境旅游市场和扩大海内外旅游合作提供了广阔的舞台。来自五大洲 46 个国家和地区的客商参展，1 420 名海外旅行商与会洽谈合作；在全球享有盛誉的一些大客户，如美国旅行批发商协会、德国 TUI 集团、加拿大卡尔森旅游集团以及日本所有的大旅行社，均参加了交易会。期间，国家旅游局还与国际会议组织联合举办了中国会奖旅游洽谈会，英、法、德、荷兰、比利时等国家 40 多位从事专业会奖业务的买家，与中方进行了直接业务洽谈。据国际会议组织会后反馈，通过这次洽谈，今年上半年将陆续有近 20 个海外会议在中国召开。在巩固传统市场的同时，国家旅游局还加强了对印度等新兴市场的开发，12 月初专门组团赴印度考察促销，与印度旅游部签署了《中国公民赴印度旅游实施方案》，并与其各大旅游批发商交流会谈，为进一步开拓印度市场打开了局面。

3. 旅游行政主管部门制定的工作目标

例如，2002 年国家旅游局确定的具体工作目标是：实现旅游入境 9 000 万人次，创汇 185 亿美元；国内旅游 7.8 亿人次，旅游收入 3 850 亿元人民币，力争国际国内旅游总收入 5 350 亿元人民币，比 2001 年增长 8%。为了实现这一目标，中国旅游部门积极开拓国际市场，加强国内市场，使旅游业形成国际、国内两个市场共同发展、互促互补的格局，实现了入境旅游、国内旅游、出境旅游三大市场全面快速增长，超额完成了预定的目标。国际、国内旅游业总收入达 5 566 亿元，比上年增长 11.43%，高出国民经济总体增长速度 3 个多百分点。其中入境旅游人数达 9 791 万人次，比上年增长 9.99%，国际旅游(外汇)收入达 203.9 亿美元，比上年增长 14.57%；国内旅游人数达 8.78 亿人次，比上年增长 12.01%，国内旅游收入为 3 878 亿元，比上年增长 10.11%。

4. 旅游行政主管部门倡导开展的旅游竞赛活动

例如，由国家旅游局倡导和组织的“创建中国优秀旅游城市”的活动，以建设社会主义现代化、国际化城市为目标，努力在我国建设一批特色鲜明、安全卫生、秩序井然、服务周到，受海内外旅游者欢迎的旅游城市，为旅游者创造一个良好的、满意的旅游环境。自 1994 年正式提出后，1995 年重点部署和宣传，1996 年 5 月在北京召开了部分旅游城市工作座谈会，把创建活动推向了新的阶段，使这一工作在全国 73 个城市实质性地开展起来。到 1998 年，“创建中国优秀旅游城市”活动取得显著成果。仅 3 年时间，已有 54 个城市通过旅游行政部门审验，荣获“中国优秀旅游城市”的称号。2001 年 1 月，又公布了第二批优秀旅游城市 68 个。2002 年

11月，国家旅游局“中国优秀旅游城市”复核小组对全国的优秀旅游城市进行了复核，共有138个城市通过了中国优秀旅游城市复核，这些城市已经占全国旅游经济总量的80%以上。截止2006年，全国优秀旅游城市达到271个。此举大大改善了中国旅游业的环境，促进了各旅游城市向国际化、现代化发展。

5.旅游行政主管部门会同有关部门对旅游市场进行的综合治理

这是一项创建良好旅游环境的基础性工作。具体做法是，旅游、园林、公安、建设、工商、交通、物价等部门密切合作，齐抓共管，在宾馆、车站、码头、景点、购物点开展大规模的综合整治，以消除和制止旅游业中存在的违法违章行为，维护旅游市场的正常秩序，以保证旅游事业稳步发展。

6.旅游行政主管部门的政策导向

例如，改革开放以来，中国旅游业一直致力于积极有效地利用外资，旅游业的“行、游、住、食、购、娱”六大要素全部对海外客户敞开大门。在资源开发、旅游交通、餐饮、娱乐、旅游商品生产等投资项目上对海外客商积极支持，各地政府对旅游项目的开发建设也都制定了许多地方性的优惠政策。这使得外商外资在中国的旅游业中显得十分活跃。（截至2002年底，全国开始营业的外资星级饭店已达279家，占3.14%，投入使用的客房超过6.07万间，占6.76%；港澳台投资饭店407座，占4.58%，共有7.48万间客房，占8.33%。）2003年，国家旅游局和商务部联合发布了《设立外商控股、外商独资旅行社暂行规定》 (2003年6月12日发布)，旅游业扩大开放的格局进一步形成。

（二） 经济管理手段

经济管理手段就是国家旅游行政管理机关按照经济规律的要求，通过价格、税收、信贷、奖惩等经济杠杆来管理旅游。

在市场经济条件下，政府的旅游行政管理部门仅依赖行政管理手段直接干预旅游经济单位是远远不够的。因为市场经济是通过市场需求和价格机制的调节作用来使企业独立地进行经营管理决策的自主经济。所以，旅游行政管理部门必须较多地采用经济管理手段间接地对旅游经营单位的经济活动进行宏观调控。经济管理手段的主要表现形式有如下几种：

1.价格调节

价格是市场上的最基本要素。它具有传导信息、配置资源和促进技术进步、降低社会平均必要劳动量等三大功能。旅游行政管理部门可以利用价格的这些特点对旅游市场进行调节。例如，可以根据市场的供求关系制定出地区差价、季节差价，使不同地区、不同季节的游客流量达到相对平衡；利用优质优价、同质同价等方式来鼓励旅游经营部门提高服务质量；通过批零差价来实现旅游促销等。

2.税收调节

例如，我国从1984年开始征收资源税。它是对在我国境内从事资源开发的单位和个人征收的一种税。它不仅体现了国有资源有偿使用的原则，而且可以调节开发自然资源的单位因资源结构和开发条件的差异而形成的级差收入。风景名胜区资源税就是资源税的一种。它是对那些凭借风景名胜区内的山脉、岩洞、冰川、森林、江河、湖泊、瀑布、温泉、海滩、海洋、野生生物等自然资源从事旅游接待服务的经营单位和个人征收的一种税。通过征收风景名胜区资源税，一方面使旅游资源的开发、利用有偿化，有利于开辟一条新的筹集建设资金的渠道，为风景名胜区的长期开发、利用和环境保护创造条件。另一方面，由于我国风景名胜区所处的地理位置、交通环境、气候等条件极不相同，旅游资源的开发程度、接待游客数量、所受到的污染及破坏程度也不相同。通过对不同的风景名胜区实行不同的税率标准，就可以鼓励那些现有条件差、知名度不高的风景名胜区的开发，限制那些现有条件较好、知名度较高的风景名胜区过度开发，从而达到保护自然旅游资源的目的。

3. 补贴和信贷调节

补贴是指政府对旅游业经营单位和个人给予一定的资金补贴。例如，为了鼓励旅游经营单位植树造林、种花种草、保护环境，可以利用林业、园林和环保部门的经费或政府拨款等形式，给予一定的资金补贴。

信贷是利用信贷杠杆的作用，引导和扶植那些既保护旅游资源和环境，又能创造较高经济效益的旅游企业。我国1984年发布的《国务院关于环境保护工作的决定》中规定：企业用于防治污染或综合利用“三废”项目的资金按规定向银行申请优惠贷款。优惠贷款一是优先，二是降低贷款利息，甚至贴息贷款。而对环境效益不佳的企业，国家则可以利用信贷杠杆加以限制，如不给贷款，提高贷款利息等。1995年，中国人民银行发出通知，要求各金融机构在信贷工作中重视保护自然资源和环境，把支持生态资源的保护和污染的防治作为发放贷款的必要条件之一，以促进经济建设和环境保护的协调发展。

4. 保证金与押金调节

保证金和押金是为了保证某些旅游经营单位合法经营，提高服务质量而向旅游行政管理部门交纳的一定数量的、用于保障旅游者合法权益的专用款项。

保证金和押金是旅游管理中行之有效的一种经济手段，在实践中产生了较好的效果。例如，自1995年1月1日国家旅游局发布《旅行社质量保证金暂行规定实施细则》以来，各类旅行社的服务质量明显提高。过去那种只顾赚钱，不适当履行法定义务，侵犯旅游者合法权益的事情明显减少。

5. 物质惩奖调节

惩奖就是旅游行政管理部门根据有关法规和政策对旅游经营单位和个人的工作情况所作出的一种处罚和奖励。在现行颁布的一系列与旅游有关的法律和法规的奖励与惩罚章节中，除了规定行政处罚和精神奖励的内容外，还有物质奖励和经济处罚的内容。

（三）法律管理手段

法律管理手段就是将旅游活动中的客观规律用法律的形式固定下来，成为人们必须遵守的强制性行为规范。

法律具有强制性、稳定性、连续性、明确性和容易被人们所掌握的特点，因此，法律管理手段是旅游管理中强有力的手段之一。它在旅游事业发展进程中具有极大的作用。

1. 旅游法可以调控旅游事业的发展进程

国家通过制定旅游法律、法规，确定旅游业发展的基本原则、基本方针和产业政策，对旅游业进行有效的宏观调控，把旅游业纳入整个社会和经济发展之中，使旅游业的发展能够起到促进社会和经济发展的作用。

2. 旅游法可以明确旅游活动中各主体的权利和义务，保护其合法权益

旅游法律规范把旅游法律关系中各主体的权利和义务固定下来，使其在法律规定的范围内行使权利，取得合法的利益。当其合法权益受到侵害时，可以依法请求保护，并获得赔偿。

3. 旅游法可以规范和引导旅游活动行为

旅游法律规范为旅游法律关系中各主体的行为提供了模式和判断标准。其合法有效的行为将依法受到保护，违法无效的行为则不受法律保护，造成法律后果的要依法承担法律责任。可见，旅游法律规范的制定和实施，对参与法律关系的各主体无疑起到了规范、引导、

教育和警示的作用。

4. 旅游法可以维护旅游业的正常秩序

旅游法明确了旅游活动各主体的权利、义务、责任和行为规范，对旅游活动中的各种社会关系起到了恰当合理的调整作用，维护了旅游业发展的正常秩序，为旅游业的顺利发展奠定了法律基础，提供了法律保障。

虽然我国的旅游事业早在20世纪50年代初就已起步，但长期未能得到较好的发展，加之受50年代后期开始形成的法律虚无主义思潮的严重影响，我国的旅游法制建设工作迟迟不能起步。特别是十年的"文化大革命"，不仅使我国的旅游事业遭受毁灭性的打击，而且作为国家基本法的民法、刑法，乃至宪法都被置之度外，旅游法就更是无从谈起，以致在旅游事业恢复后的一段时期内，旅游活动的许多领域中本来应该用法律进行调整的旅游关系没有相应的法律加以调整。直到1978年后，随着旅游事业的蓬勃发展，我国旅游事业才正式步入法制化的轨道。专门的旅游立法工作正式开始，先后公布和实施了一系列旅游法规，涉及旅游企业及从业人员管理、旅游行业标准、旅游交通、旅游安全、旅游意外事故保险、旅游投诉等诸多方面内容。同时，一些地方因地制宜，适时出台了一些地方性旅游法规。这些法规与有关法律相配套，对旅游业的发展起到了很大的保护和促进作用。

我国的第一部旅游基本法也正在抓紧制定之中。早在1982年，国家旅游局就开始了我国的旅游基本法——《中华人民共和国旅游法》的起草工作，成立了专门的起草小组。在起草过程中，起草小组重点研究了我国旅游业的现状、现行的经济法规和旅游政策法规，参阅了美国、日本、墨西哥等国的旅游基本法和其他法规，并多次征求专家、学者和实际工作部门的意见，形成了《中华人民共和国旅游法》草案。这一草案又经过多次修改，于1994年被报送到国务院法制局。我国加入WTO后，《旅游法》作为服务贸易领域的一部重要法律，又提到了全国人大及其常委会的重要工作日程。但由于我国旅游业涉及社会生活的许多方面，准确界定该法调整的范围的确十分困难，加之如何处理旅游基本法与其他法律的关系也是旅游基本法的立法难点之一。所以，时至今日，我国的旅游基本法仍未正式颁布。

三、旅游行业管理中的权限划分

在旅游业管理过程中，各级旅游行政管理部门之间、旅游管理部门与综合管理部门和其他行业管理部门之间，以及与旅游企业之间必然存在着权限划分问题。

（一）国家旅游局与地方旅游局之间的权限划分

虽然国家旅游局和地方旅游局的性质、职能是相同的，但实际工作目标与重心却有所不同。按照分级管理的原则，应当是越往下层工作越具体。例如，国家旅游局应以制定产业政策为工作重点，省级旅游局应以市场规划为重点，而市（县）旅游局则应以维持市场秩序为主。另一方面，各级旅游局作为各级政府的职能部门，所代表的利益实体和利益关系也有所不同，不是简单的上下级关系，也不存在指令性的服从关系，而是各自负有自己的职责。

国家旅游局作为中央行政管理机构，其主要职责是：①研究拟定旅游业发展的方针、政策和规划，拟定旅游业管理的行政法规、规章并监督实施；②研究拟定国际旅游市场开发战略，组织国家旅游整体形象的对外宣传和重大促销活动，组织、指导重要旅游产品的开发，指导驻外旅游办事处的市场开发工作；③培养和完善国内旅游市场，研究拟定发展国内旅游的战略措施并指导实施，指导地方旅游工作；④组织旅游资源的普查工作，指导重点旅游区域的规划开发建设，组织、指导旅游统计工作；⑤拟定各类旅游景区景点、度假区及旅游住宿、旅行社、旅游车船、特种旅游项目的设施标准和服务标准并组织实施；审批经营国际旅游业务的旅行社，组织和指导旅游设施定点工作；⑥研究拟定出国旅游和赴香港、澳门特别行政区和台湾旅游及边境旅游政策并组织实施；审批外国在我国境内和香港、澳门特别行政区及台湾地区在内地设立的旅游机构；负责旅游涉外和香港、澳门特别行政区及台湾事务，代表国家签订国际旅游协定，指导旅游对外交流与合作；⑦监督、检查旅游市场秩序和服务质量，管理旅游者投诉，维护旅游者合法权益；⑧指导旅游教育、培训工作，制定旅游从业人员的职业资格制度和等级制度并指导实施，管理局属院校的业务工作；⑨负责局机关及在京直属单位的党群工作；⑩承办国务院交办的其他事项。

地方旅游行政管理机关的职责是：①参照国家旅游局的职能在本地区范围内执行有关旅游的方针、政策；②制定符合本地区特点的有关旅游政策和各种规章制度，并加以执行；③协调本地区内部各类经济关系；④处理本地区内部旅游工作中的问题。

（二）旅游管理部门与其他行业管理部门之间的权限划分

旅游管理部门主要涉及与交通、文物、园林、商业、工业等相关部门的关系。它们在行业管理过程中，容易产生重叠，形成“你中有我，我中有你”的局面。这一类关系的协调与否，直接影响到旅游行业的管理和旅游业的成败兴衰，应该通过不断沟通来加以协调。

（三）旅游管理部门与综合管理部门之间的权限划分

综合部门是指计划、财政、税收、工商、劳动、外事、卫生、公安等政府职能部门。如果旅游管理部门与这些部门协调不好，一方面会产生管理重叠，另一方面也可能产生管理真空。在现实生活中，常常表现为政出多门和市场秩序混乱两个问题并存。这些关系的协调应该是双向的，但更主要的是旅游管理部门主动协调。因为旅游业是个综合性很强的行业，一刻也离不开与综合部门的配合。否则，要么容易被人视为“侵权”，要么容易形成“孤掌难鸣”。目前，最有效的协调方式是，按管理内容分三种情况进行协调。一是专业管理以旅游局为主，如对旅游服务质量的管理；二是参与管理，与综合部门共同进行，并考虑到衔接关系，如对新办旅行社的审批手续中与工商部门的衔接；三是配合管理，以综合管理部门为主，由旅游局补足其专业需要，如税收、价格等方面的管理。

（四）旅游管理部门与旅游企业之间的权限划分

在计划经济体制条件下，企业是政府主管部门的下属单位，没有独立的经营自主权，只能按部就班地完成主管部门下达的计划指标，主管部门与企业之间是管理与被管理的关系。在市场经济条件下，企业不仅是独立的法人，能独立享有民事权利，承担民事义务，而且具有完全独立的经营自主权。企业既摆脱了主管部门的控制，又摆脱了对主管部门的依赖。政府主管部门主要对企业实行宏观指导和信息服务，两者之间是指导与被指导、服务与被服务的关系。

第二节　我国旅游管理体制简况

我国的旅游管理体制在50多年的发展过程中，伴随着我国旅游事业的发展，经历了一个漫长、曲折和不断完善的改革发展历程，大体经历了五个发展阶段。

一、起步初创阶段（1949—1963年）

建国之初的旅游业是我国外事工作的一部分，当时全国还没有专门管理旅游业的行政机构，上面由国务院有关部门归口代管，下面由中国国际旅行社总社和中国华侨旅行服务社总社兼管。其中，中国国际旅行社总社实际代行了政府的旅游管理职能。这一阶段大体经历了两个时期。

1. 建国初期（1949—1954年）

中华人民共和国建立后，许多热爱祖国的海外华侨和港澳同胞要求回大陆探亲和参加祖国社会主义建设。为适应这一形势的发展，1949年11月19日，福建厦门华侨服务社成立。这是新中国建立后最早的旅行社。1951年以后，广东和福建泉州又建立了相应的机构，紧接着在全国各主要城市相继成立了华侨服务社，并于1952年兴办了华侨旅行社，接待回大陆探亲的海外华侨、外籍华人和港澳同胞，标志着中国旅游业的开始。由于当时旅游接待刚刚兴起，国家还没有成立相应的管理机构。

2. 中国国际旅行社总社代行政府的旅游管理职能时期（1954—1964年）

1952年以后，随着我国社会主义工业化建设的开展，我国同前苏联及前东欧社会主义国家的交往日益频繁，华侨和港澳同胞回国人数也大量增加，各地成立的旅游接待服务组织也日益增多，客观上要求建立相应的旅游管理机构。1953年8月，中央召集有关部门研究讨论筹组中国国际旅行社的方案。1954年4月15日，中国国际旅行社在北京正式成立。4月21日，中国国际旅行社正式营业，开始办理对外发售国际铁路旅客联运客票等业务。4月28日，中央人民政府政务院印发《关于各地成立中国国际旅行社分社的通知》，要求天津、上海、南京、杭州、广州、南宁、汉口、沈阳、哈尔滨、安东、满洲里、大连等12个城市成立中国国际旅行社分社。随后，各地纷纷成立中国国际旅行社分社。不过在当时的情况下，中国国际旅行社被当作名不副实的“国营企业”，其主要任务是：①作为统一负责访华外宾食、住、行、游等事务的管理机构；②承办政府各单位及群众团体有关外宾招待事项；③发售国际联运火车、飞机客票。因当时无法在经济上做到自负盈亏和上缴利润，所以，它实际上是作为实行企业管理的事业单位。这一阶段的主要特点是，由于旅游事业刚刚起步，规模有限，因此尚无一套行之有效的管理体制，也无专门的旅游行政管理机构，只能由中国国际旅行社代行旅游行政管理机构的职能，是典型的政企合一。

1957年，我国外事体制进行了一次改革，成立了国务院外事办公室，统管全国的涉外事务。1958年3月国务院通知，鉴于中国国际旅行社接待外宾的工作日益繁重，国务院决定该社由国务院秘书长直接领导。同年11月，国务院明确了国旅总社和分、支社的职责任务，规定各地分社和支社一律划归当地省市政府直接领导，但要接受总社分配的接待外宾的任务，并在接待业务上接受其领导。这种管理体制一直延续到1964年7月中国旅行游览事业管理局成立之前。其工作计划、接待计划、设立分社、签订与有关国家交换自费旅游的合同等，都直接由国务院领导批准或以国务院名义下发，实际上发挥了国家的旅游管理机构的职能和作用。1957年4月，国务院又批准在北京成立中国华侨旅行服务总社，统一领导和协调全国华侨、港澳同胞探亲旅游的接待服务工作，并制定了有关华侨、港澳同胞自费旅游团组织接待办法。

二、开始发展阶段（1964—1966年）

20世纪60年代以后，随着旅游事业的不断发展，国外游客不断增多，我国开始设立专门的旅游行政管理机构并实行政企分工，标志着我国旅游事业和管理体制进入正常的发展轨道。

1964年7月，第二届全国人民代表大会常务委员会举行第一百二十四次会议，批准设立中国旅行游览事业管理局，直属国务院领导，对外仍保留中国国际旅行社的名称，局社合署办公。

1. 成立中国旅行游览事业管理局

1964年3月17日，中共中央批转了中央外事小组《关于开展我国旅游事业的请示报告》，为加强对旅游工作的统一管理，进一步发展旅游事业，决定成立中国旅行游览事业管理局（简称旅游局）。同年7月22日，全国人大常委会第一百二十四次会议批准设立中国旅行游览事业管理局，作为国务院的直属机构。12月1日，该局正式成立，局机构设置为1室8处，行政编制为150人。其主要职责是：①负责外国自费旅行者的旅游管理工作；②领导全国各地区的国际旅行社和直属的旅游服务机构的业务，管理全国的旅游业务；③组织我国公民出国旅行；④负责有关旅游的对外联络工作和宣传工作；⑤制定旅游发展长远规划和年度计划等。中国旅行游览事业管理局的成立，标志着新中国旅游业的行政主管机构诞生，旅游管理体制进入了一个新时期。

2. 明确旅游管理体制

1965年，中共中央、国务院在批转旅游局的报告时，指出发展旅游应采取“政治挂帅，稳步前进，逐步发展”的方针，“逐步制定出一套适合我国情况的管理办法”。这一时期的旅游管理体制是：中国旅行游览事业管理局与国旅总社政企合一，合署办公，“一套人马，两块牌子”。同时，中国旅行游览事业管理局下设两个派出机构：中南、华东两个管理分局。两个分局也是领导本地区旅游事业的办事机构，负责本地区有关旅游事业的各项工作，受中共中央华东局、中南局和中国旅行游览事业管理局的双重领导。其具体任务是：①监督检查本地区分支社贯彻执行中央的外事方针、政策、旅游事业发展方针和上级指示的情况；②检查本地区分支社贯彻执行中国旅行游览事业管理局制定的各项计划和规章制度的情况；③提出本地区基层旅游事业的规划和建议等。

三、倒退反复阶段（1967—1977年）

这一时期的旅游工作仍是外交工作的一部分，旅游管理实行的是由外交部代管、旅游局与国旅总社合一的体制，基本上仍是20世纪50年代中后期的延续。但在“文化大革命”初期，这一管理体制受到严重破坏，使我国的旅游事业陷入步履艰难、几乎瘫痪的境地，失去了许多发展的良机，直到1970年以后才逐步恢复。

1. “文化大革命”初期的旅游机构

1966年下半年以后，随着“文化大革命”在全国的蔓延，各级旅游机关受到了很大冲击。“四人帮”以极“左”的思维全盘否定旅游业，把吸引外国旅游者来华游览观光，诬蔑为把祖国大好河山“拱手让给资产阶级享受”，甚至下令封闭一些名胜古迹和游览胜地，不少地方的旅游机构被撤销，有的被合并，旅游业多年建立起来的经营管理制度遭到破坏，旅游接待人数急剧下降。例如，1966年3月3日，中国旅行游览事业管理局向国务院提交的《1966年全国接待自费旅行者和出国人数的计划情况报告》中，1966年全国计划接待外国自费旅行者6 000~7 000人，经预约，实际约有7 590人来华游览。而到1968年，由于许多接待机构被搞垮，无法接待外国旅游者，所以，1月19日国务院批复中国旅行游览事业管理局，同意将1968年全国接待外国旅游者的数量控制在1 500人以内。到1970年，接待计划更下降到600人，实际接待不到600人，只有400人，接待人数呈不断下降的趋势。

2. 旅游机构的逐步恢复

1969 年 6 月，国务院召开精简机构的会议，根据周恩来总理关于“旅游局的机构还是需要保留的”意见，决定保留中国旅行游览事业管理局。1970 年 8 月，外交部提出了《关于旅游工作体制改革的意见》，重申旅游局是国家管理国际旅游的机关，中国国际旅行社是对外办理国际旅游业务的组织，撤销原华东、中南两个地区旅游局。同时，因对外工作的需要，仍保留当时的开放城市的国际旅行社的分支社，在业务上接受旅游局的指导，承担其所分配的任务。此后，根据毛泽东主席要“着眼于人民”、“寄希望于人民”、接待外国人“人数可略增加”的指示精神，由周恩来总理亲自组织，重新开展了旅游外事活动。1971 年 4 月 7 日，国务院总理周恩来在人民大会堂接见全国旅游工作会议和援外工作会议的代表时，明确提出“宣传自己，了解别人”的旅游工作方针后，对外旅游接待的人数才有所上升。1977 年 1 月 4 日至 26 日，中国旅行游览事业管理局在北京召开了粉碎“四人帮”后的首次全国旅游工作会议，总结交流了各地旅游工作的情况，确立了今后的旅游接待任务，使曾遭到毁灭性打击的旅游事业出现复苏的势头。1972 年 8 月，中央批准恢复中国华侨旅行社总社，各地华侨旅行社也随之相继恢复。1973 年 5 月，国务院批转外交部《关于加强地方旅游机构的请示报告》，南京、西安、武汉、杭州等 26 个城市的国旅分支社得到恢复，地方旅游机构逐步加强，旅游管理体制开始恢复到“文化大革命”前的格局。另外，针对当时过于强调接待任务的“政治性”，对外国旅游者的接待优惠太多，旅游接待处于严重亏损状态的问题，周恩来总理批示：“旅游事业的收支应该略有盈余，对旅游者应按原则收费（开支外加手续费），对优惠也要从严掌握。”1975 年，经国务院批准，决定对旅游者增设“经济等”，以适应各国不同阶层人士的需求；为发挥地方积极性，允许组织区域旅行；为了满足不同层次海外旅游者的需要，国家拨款建造一批中低档的中小型饭店。1976 年 1 月，外交部向国务院建议恢复中国旅行游览事业管理局的国务院直属局地位，但这一建议没有得到落实。

四、恢复调整阶段（1978—1991 年）

这是旅游管理体制加快恢复和旅游业性质开始转轨的重要时期。尤其是 1978 年党的十一届三中全会以后，我国旅游事业进入了新的发展阶段，旅游管理体制不断完善。

1. 旅游行政管理方式由直接管理向间接管理转变

1978 年 3 月 5 日，中共中央批转了外交部《关于发展旅游事业的请示报告》，对旅游行政管理体制进行了重大改革：一是将中国旅行游览事业管理局改为直属国务院的管理总局，由外交部代管；二是各省市区成立旅游局，负责管理各地方的旅游事业，政治工作归地方党委领导，业务上归旅游总局指导；三是成立旅游工作领导小组，由国务院副总理耿飚任组长，陈慕华、廖承志任副组长，小组成员由计委、建委、外贸、轻工、商业、铁道、交通、民航等部门的负责同志组成。4 月 26 日，中国旅行游览事业管理局改称为中国旅行游览事业管理总局，并由外交部代管。各省、自治区、直辖市旅行游览管理局开始纷纷成立。4 月 29 日，国务院[1978]室字 7 号文件明确规定中国旅行游览事业管理总局的主要任务是：根据中央的方针、政策制定旅游事业规划；遵照国务院核准的年度接待计划批准外国旅游者入境；制定有关旅游事业的管理规章、规定和收费标准；指导开放城市、游览区的建设，出版旅游对外宣传资料，培训旅游翻译和服务人员等。此文件还明确了外交部与旅游管理总局的关系：旅游管理总局成立党组；旅游工作中的重大涉外方针政策要请示外交部；旅游管理总局党的关系、政治学习归外交部；党组成员、局级干部由外交部代管。同时，明确规定旅游事业发展规划、基建与投资要纳入国家计划，财务管理归财政部，机关事务管理归口国务院机关事务管理局。从此，我国旅游行政管理体制进入了加快恢复和重建的时期。广西、广东、新疆、江西、安徽等20多个省市区陆续恢复设置了旅游管理机构。

1978年8月，经国务院批准，旅游行政管理体制又进行了一次改革。一是中国旅行游览事业管理局改为由国务院直接领导；二是旅游总局作为行政机构，其编制和经费归国务院机关事务管理局管理；三是中国国际旅行社总社作为事业单位，实行企业管理；四是旅游经费由财政部管理，纳入国家预算；五是各省可参照总局的办法，根据各地情况请示地方决定；国旅总社的分、支社也应逐渐改为事业单位、企业管理，建立自己的独立的会计制度；旅游费用纳入地方预算，实行分级管理。

1981年4月，国务院对旅游工作领导小组进行调整(国发[1981]47号)，决定由陈慕华副总理任组长，成员有计委、商业、铁道、交通、侨办、物价、空军、文物等部门主要负责人。其主要职责：审订旅游工作的方针政策；审查全国旅游发展规划和旅游区的建设规划；负责协调同旅游有关的各方面工作；审定旅游计划，检查执行情况。领导小组不另设办事机构，具体工作事宜由旅游总局承担。

1981年10月17日，国务院办公厅发出《关于国务院侨务办公室和中国旅行游览事业管理总局由国务院直接领导的通知》，明确旅游总局不再由外交部代管，改为国务院直接领导。

1982年8月23日，第五届全国人民代表大会常务委员会第二十四次会议作出《关于批准国务院直属机构改革实施方案的决定》，确定中国旅行游览事业管理总局更名为中华人民共和国国家旅游局，简称国家旅游局。

1982年3月15日，国家旅游局在向国务院上报的《关于国家旅游局任务和职责范围的报告》中，明确了12个方面的职能：贯彻国家有关旅游工作的方针政策；统一管理国际国内旅游业务；统一领导各省局的业务，直接领导国旅、中旅、青旅三大总社的旅游业务；负责与外国和国际旅游组织的交流往来；制定旅游发展规划，制定政策法规，进行旅游统计；分配安排旅游基建投资；规划指导旅游区、旅游点的建设；配合有关部门解决旅游者的运送和服务工作；制定旅游收费标准、价格、财会制度，统一管理旅游系统的财务、外汇收入和留成；负责旅游宣传和教育培训；审批省级新成立和取消旅游机构事宜；支持和指导群众性旅游组织的工作和活动。

1981年3月19日，中央书记处在听取旅游工作汇报后，确定了旅游总局同中国国际旅行社总社分开的原则。1982年7月17日，旅游总局与国旅总社分开办公。总局作为国家管理全国旅游事业的行政机构，统一管理全国旅游工作，不再直接经营组团和接待任务；总社统一经营外国旅游者来华旅游业务，实行企业化管理。局社的分开，结束了自1964年以来长达18年的局社合一的格局，为实行政企分开、强化行业管理、争取旅游业的更大发展创造了条件。

“七五”时期，旅游管理体制按照党的十三大确定的“国家调控市场，市场引导企业”的原则，深化了改革。比较突出的特点是：由行政管理向行业管理转变，由直接管理向间接管理转变，由直接管理企业转变为通过市场间接进行管理和调节，旅游业进一步转到了经济管理的轨道上。

(1) 国务院成立旅游协调小组。1986年3月，为了加强对旅游相关部门的协调，国务院成立旅游协调小组，取代1981年成立的国务院旅游工作领导小组。国务院旅游协调小组由谷牧同志任组长，11个国务院有关部委局的负责同志为成员，协调小组下设办公室，负责日常工作，办公室设在国务院办公厅。

(2) 国务院成立国家旅游事业委员会。1988年1月总理办公会讨论旅游业发展问题时，为加强对旅游工作的领导，决定成立国家旅游事业委员会。同年5月，国家旅游事业委员会成立，属于国务院常设的议事、协调机构，吴学谦副总理任主任，李昌安、刘毅、郝建秀同志任副主任，计划、财政、建设、铁道、交通、轻工、林业、文化、人民银行、物价、民航、侨办、建设银行、文物等有关部委和直属局领导参加。

(3) 旅游业首次被列入国民经济和社会发展计划。1986年1月，国务院领导同志在接见参加全国旅游工作会议代表时说，国家旅游事业，是经济建设的重要组成部分，是创汇的三大支柱之一。要把发展旅游业列入各级的经济发展计划，国家要列入计划，各地也要列入计划，要作为发展战略来考虑，作为经济建设的一个重要部分来考虑。同年4月，六届全国人大四次会议审议并原则通过的《国民经济和社会发展第七个五年计划》，第一次将大力发展旅游业、增加外汇收入写进了计划，这是旅游业朝经济方向发展以来一个大的进步。

(4) 明确提出旅游管理体制改革思路。1988年4月，在全国旅游局长会议上，提出了旅游管理体制改革的思路和方案。其主要内容有：一是搞好各旅游管理机构的改革，主要是单独设置省、自治区、直辖市一级旅游局，实行政分开、职能转变、权力下放，使各级旅游企业成为独立自主的企业；二是搞好旅游企业的改革，抓好推行承包经营责任制，发展企业之间的横向联合；三是改革旅行社管理体制，实行经济联合体，加强联合，统一对外；四是切实加强各级旅游局对旅游行业的宏观管理，培育旅游市场机制，增强国家对旅游行业的调控能力。

(5) 国家旅游局"三定"方案出台。1988年10月，经国家机构编制委员会第九次会议审议并原则批准，印发了国家旅游局"三定"方案。这是我国第一个全面系统的旅游管理体制改革的实施方案。要求根据政企分开和精简、统一、效能的原则，转变职能，加强对旅游全行业的政策指导和宏观调控，逐步建立适应我国旅游发展形势的运转协调、灵活高效的行政管理机构，以便更好地和有关部门、地方协调配合，加快发展旅游生产力，促进我国旅游业更快更好地走向世界。"三定"方案明确了国家旅游局的12项主要职责：一是管理国际、国内旅游业，提出我国旅游发展的战略目标、方针政策，编制发展旅游事业的长期、中期规划和年度计划，并组织实施；二是管理国家发展旅游事业的投资和旅游业利用外资工作的有关事项；三是研究提出优化旅游产业结构的政策措施，组织旅游体制改革的实施；四是管理全国旅游资源的普查，会同有关部门组织指导开发利用工作；五是归口审批和管理旅行社、旅游涉外饭店，负责制定各项服务规范，并组织实施，监督检查；六是归口管理旅游涉外事务和旅游签证，制定扩大国际客源市场和战略计划并组织实施；负责与各国政府及国际旅游组织间的旅游业务往来和协定、协议的签订；负责审批派驻境外的旅游机构以及外国和港澳地区在境内开设旅游机构事宜；七是管理旅游院校建设、教材审定、人才培训和国家旅游局管理的干部的任免事宜；八是管理旅游法制建设、旅游价格、旅游统计工作；负责拟定旅游行业协会、外汇收支、劳动工资制度并组织实施和监督检查；九是会同有关部门发展旅游产品，协调交通运输等有关工作；十是承担国家旅游事业委员会办事机构的任务；十一是指导旅游全行业的工作；十二是承办国务院交办的其他事项。

1988年国家旅游局的"三定"方案，与1982年3月15日上报国务院的《关于国家旅游局任务和职责范围的报告》相比较，有三项职能随着改革的深入而变化：一是不再有直接领导中国国际旅行社总社、中国旅行社总社和中国青年旅行社总社等三大总社的旅游业务的职能；二是不再直接审批省级新成立和取消旅游机构事宜；三是用指导旅游全行业工作的职能，取代了“支持和指导群众性旅游组织的工作和活动”的职能。此外，在更多的方面明确、发展或增加了国家对旅游业的管理职能：一是管理旅游业利用外资工作的有关事项；二是研究提出优化旅游产业结构的政策措施，组织旅游体制改革的实施；三是管理全国旅游资源的普查；四是归口审批和管理旅行社、旅游涉外饭店，负责制定各项服务规范；五是归口管理旅游涉外事务和旅游签证，制定扩大国际客源市场的战略计划并组织实施；六是管理旅游法制建设；七是负责拟定旅游行业协会、外汇收支、劳动工资制度并组织实施和监督检查；八是会同有关部门发展的旅游产品；九是承担国家旅游事业委员会办事机构的任务。

(6)旅游管理体制改革进一步深化。1988年12月12日，国务院办公厅转发了国家旅游局《关于加强旅游工作意见》，对深化旅游管理体制改革作出部署：一是搞好各级旅游管理机构改革。各省和各旅游重点城市，特别是旅游资源比较丰富的热点地区，要按照党政分开、政企分开实行分级管理。

伴随着旅游行政管理体制的转变，旅游业的性质也发生了变化，开始从外事接待型向经济创汇型转变。

2. 旅游经营管理体制由集中统一向分散经营转变

旅游管理体制改革的深化，调动了各方面发展旅游业的积极性，旅游工作开始实现了四个方面的转变：一是从过去主要搞旅游接待转变为开发建设旅游资源与接待并举；二是从只抓国际旅游转变到国际旅游、国内旅游一起抓，相互促进；三是以国家为主投资建设旅游基础设施变为国家、地方、部门、集体、个人一起上，自力更生与利用外资一起上，加快了旅游设施的建设；四是旅游经营单位由事业性质转为企业化，从所属的行政管理部门独立出来，自主经营，参与行业竞争。

1979年9月，国务院领导同志在听取旅游工作会议情况的汇报时，提出旅行社、饭店、车队要逐步实行企业化管理，搞经济核算，按经济规律办事。同年11月29日，国务院批转中国旅行游览事业管理总局《关于大力发展旅游事业若干问题的报告》，明确提出了五条意见。其中最重要的一条是：各地旅游领导机构要按当地实际情况设置。各地国旅分(支)社凡有条件的，应从1980年起转为企业化经营，实行独立核算，自负盈亏。明确提出大力发展旅游业，可以吸收大量外汇，为四个现代化建设积累资金，促进国内各项事业的发展。中国发展旅游事业，要把坚持自力更生和积极吸取外国资金与先进技术结合起来，走出一条中国式发展旅游的道路。为了加快旅游业向经济创汇型的转轨，这一时期，国务院批准将中央部门和各地一些专用别墅和接待外宾的宾馆划归旅游部门统一管理，要求各地也要将旅游服务的饭店、车队，统一归口地方旅游局或外办(尚未成立旅游局的地方)领导，从而形成了由旅游总局负责外联和经营，各地旅游部门主要负责接待，饭店、车队、宾馆划为旅游直属企业的模式，客观上形成了统一领导、统一经营的一体化格局，明确反映了旅游管理体制由外事接待向经济管理转化的方向。

1981年10月10日，国务院作出《关于加强旅游工作的决定》，要求旅游业实行统一领导、分散经营的管理体制。主要内容有：旅游总局是国家行政管理机构，在国务院领导下，负责统一管理全国旅游工作；各省、自治区、直辖市旅游局是地方行政管理机构，受地方党委、政府和旅游总局的双重领导，以地方党政领导为主，负责统一管理本地区的旅游工作。1984年7月，国务院在批转国家旅游局都《关于开创旅游工作新局面几个问题的报告》中，要求国家旅游局和各级旅游行政管理部门都要简政放权，旅游企业都应实行企业化管理，成为独立经营、自负盈亏的经济实体。1985年1月31日，国务院批转了国家旅游局《关于当前旅游体制改革几个问题的报告》，提出了旅游体制实行“政企分开，统一领导，分级管理，分散经营，统一对外”的原则，首次明确了“国家旅游局作为国务院的职能部门，要面向全行业，统管全国旅游事业。各省、自治区、直辖市可根据国际国内旅游发展的需要设置旅游局，统管本地区的旅游工作。要善于运用行政的、经济的和法律的手段，加强对旅游事业的管理。经济特区和省级以下的市、县，如需设置旅游管理机构，要本着精简的原则，因地制宜，不搞一个模式”。《报告》对实行政企职责分开、国内旅游工作等问题作了具体规定，提出当前旅游体制改革的主要目标：要从只抓国际旅游转变为国际国内旅游一起抓；从以国家投资为主建设旅游基础设施转变为国家、地方、集体、个人一起上，自力更生与利用外资一起上；从主要搞旅游接待转变为开发、建设旅游设施与接待并举。从此，各级旅游经营单位(旅行社、旅游饭店、汽车公司、旅游公司等)纷纷从所属的行政管理部门独立出来，实行企业化管理，自主经营，自负盈亏。

3. 旅游外联管理体制的改革

1979年国务院领导同志在听取旅游工作会议情况的汇报时说，各地在保证完成国旅、中旅下达的接待任务以后，可自行外联组织客源，开展绕开北京的各省市区范围内的旅游和区域旅游，有条件的可试行建立区域性旅游公司，加强相互协作。1980年9月，外交部、公安部、旅游总局发出《关于地方区域旅游自主外联和签证问题的通知》，从而打破了多年来由国旅、中旅两个总社负责外联，地方分支社负责接待的外联格局。

20世纪80年代前期，来华海外旅游者增长很快，而旅游接待设施严重不足，各地频频出现住宿难和出行难的问题。为此，1981年2月24日经国务院批准，国家旅游局作出《关于统一旅游对外联络工作的规定》，外联工作限定国旅总社和中旅总社两家统一负责，名省市区不搞外联，不直接对外招徕游客。1982年9月，为贯彻党的十二大精神，国家旅游局下发了《关于进一步做好外联工作的几点意见》。在外联工作必须统一的前提下，决定适当放宽地方的外联权限：经国家旅游局批准，有的省级旅游局，可以派人到驻外旅游机构参加一定时期的工作，在驻外机构的统一领导下，进行本地区旅游线路招徕游客的活动；国旅、中旅总社可以委托各省搞本省或本区域旅游线路招徕游客的活动。同年9月23日，国家旅游局作出《关于成立旅游外联协调领导小组的决定》，韩克华同志任组长。主要任务是：审批和确认受国旅总社、中旅总社委托由地方旅游部门外联的具体计划，并决定是否核发签证通知；研究和审批各省旅游及区域旅游价格。1983年，国家旅游局在向国务院常务会议汇报时说，要发挥中央和地方两个积极性，做到“统而不死，活而不乱”，在保证完成两个总社一外联的原则下，最大限度地扩大地方外联权，把地方旅游工作搞活。两个总社在办理各省的签证手续上，还可以简化。对团体旅游，在保证两个总社任务完成的情况下，可以一面报批，一面确认。这些意见得到国务院领导同志的原则同意。

1985年1月1日，国务院批转国家旅游局《关于当前旅游体制改革几个问题的报告》，决定向省级下放外联权和下放签证通知权，以增加招徕渠道。改革的主要内容有：一是各省均有外联权，但必须服从严格的统一的综合平衡；二是授权国旅总社对各地外联计划进行综合平衡，各地根据平衡情况进行外联，并由省局通知外国驻外使馆核发签证；三是国旅、中旅、青旅三总社仍分别由各自核发其签证通知；四是各省之间可根据资源互利的原则，广泛建立协作关系或组织松散的区域协作关系。1985年《旅行社管理暂行条例》颁布后，规定一类旅行社都可以从事对外招徕业务。此后，具有外联权的中央级一类社从1985年前的3家发展到14家，全国外联窗口增至60个。同年4月8日，国家旅游局发出《关于加强对外联工作管理的通知》，要求防止削价竞争、互争客源，在外联工作上必须执行统一对外的方针。

1988年10月18日，国家旅游局同意中国国际旅行社总社《关于国旅系统体制改革方案》，允许各省、自治区、直辖市和计划单列市及桂林各搞一个一类社。1988年11月18日，国家旅游局会同外交部联合下发了《关于国外旅行社组团签证通知问题的规定》，将签证通知权收归国家旅游局，批准中国国际旅行社总社、中国旅行社总社和中国青年旅行社总社等三个总社可办签证通知，授权各省旅游局负责本地一类旅行社所组织的国外旅游团组核发签证通知。1989年9月，国家旅游局下发《关于旅游对外招徕管理的若干规定》，明确一类旅行社可以从事对外招徕业务。鼓励在国际市场上，独自或联合开辟自己的客源市场，建立固定的招徕渠道，不准以不正当的手段互挖客户；要执行一致对外的原则，遵守国家确定的价格收费标准和政策；对外招徕谈判要签订协议或合同，坚持“先收费，后接待”的原则；有签证通知权的旅游行政部门，不准为所属范围以外的或无外联权的旅行社代发旅行签证通知，如有违反，在一定期限内签证通知权将收归国家旅游局。

4. 旅游价格管理体制改革

1979年国务院领导同志听取旅游工作会议情况的汇报时说，要加强涉外价格管理，制止乱提价、乱收费现象，旅游经营单位要扩大服务项目，提高服务质量，增加外汇收入，做到“生财有道”、“薄利多销”，提高旅游业的声誉。同年9月，国务院批准关于涉外价格座谈会情况的报告，决定调整外国自费旅游者综合服务费标准方案，共划分九个等级，以后，凡属涉外价格的方针、政策和原则，必须由中央统一制定；具体商品定价和服务收费，则由省市区根据统一的政策和原则，进行管理；国务院有关部门之间步调必须一致；各类涉外价格全国归口管理，主管部门应当切实负责；物价综合部门要加强综合平衡。同年11月，国务院在批转国家旅游局的报告中，要求加强旅游涉外价格的管理，对有组织的旅行者实行综合线路包价，应根据不同的旅行线路、不同的季节和食宿条件，制定不同的收费标准，对华侨和港、澳、台同胞等四种人，收费标准应与外宾有所区别，给予一定的优惠待遇。

1984年7月，国务院批转了国家旅游局《关于开创旅游工作新局面几个问题的报告》，要求旅游价格管理采取“统一领导，分级管理，统一对外”的原则，实行分等级、分地区、分季节的收费标准和允许一定幅度的浮动，以增加淡季、平季客源，平衡计划。1985年1月23日，国务院批准旅游局发布实施《中国国际旅游价格的暂行规定》，原则上参考国际市场旅游价格，按质论价，合理收费，并对价格管理体制作出规定。1月31日国务院在批转旅游局《关于当前旅游体制改革的几个问题的报告》中提出，对旅游价格的管理，要实行统一领导、分级管理、统一对外、按质论价、合理收费的原则。国家旅游局要会同国家物价局制定旅游价格的具体原则和作价办法。各省旅游局应根据本地区的旅游资源、接待条件和客源状况，按照国家对旅游价格的原则规定，制定本地区的旅游价格。但不得违反规定限度、损坏国家利益和声誉。

1988年12月，国务院办公厅在批转国家旅游局《关于加强旅游工作的意见》中，提出要审慎进行旅游价格的改革，加强对旅游外汇收支及结汇的管理。要根据不同线路、不同季节的特点，改革价格结构模式，今后国家旅游局和物价局主要是制定最高限价和最低保护价。

五、全面改革阶段（1992年以后）

党的十四大提出建立社会主义市场经济体制后，我国的旅游事业达到了空前的繁荣。传统的计划经济体制逐渐被现代市场经济体制取代，国家旅游局的机构进行了大幅度精简和职能转变，国家旅游局机关与直属企业实现了彻底脱钩，旅游法制建设步伐加快，行业管理进一步向“大旅游、大市场、大产业”的方向推进，旅游管理体制加速与社会主义市场经济的接轨。

1. 出台新的“三定”方案

1994 年 3 月，国务院办公厅批准印发了《国家旅游局职能配置、内设机构和人员编制方案》(“三定”方案)，对旅游管理体制进行了较大改革。要求按照转变职能、理顺关系、精兵简政、提高效率的原则，建立适应社会主义市场经济需要的旅游行业管理体制，促进旅游业持续、快速、健康发展。明确在四个方面需转变职能：

一是把属于企业自主经营范围内的权限进一步下放给企业。取消对旅游饭店客房价格、旅行社餐费、旅游车船交通费、接团手续费的国家定价和旅游价格地区类别的划分，今后主要通过提供国际、国内旅游市场重要价格的参考标准，引导企业经营。

二是把可以由地方管理的事务进一步下放给地方。全国三星级及其以下星级饭店的星级评定，由省级和有条件的市级旅游主管部门负责；将经营国内旅游业务的旅行社的审批权下放给省级或有条件的市级旅游主管部门。

三是把可以由事业单位承担的工作进一步转移到事业单位。将面向旅游行业的计算机服务、旅游通讯网络建设和办公自动化等工作，转由有关事业单位承担。

四是进一步加强对全国旅游业的调控和管理职能，突出宏观性、战略性、政策性。主要是加强对旅游业发展战略的研究和实施工作，加强行业立法及监督检查，制定行业技术标准，加强对旅游资源开发利用的研究指导；强化旅游业整体促销，实现国内产品开发和国外市场开拓的有机结合；加强对国内旅游、出境旅游的宏观管理和指导，加强对旅游服务质量的管理，维护旅游者权益。

1994 年“三定”方案与 1988 年的“三定”方案相比，国家旅游局职能主要在以下方面得到增强：

一是研究和推进旅游业体制改革，协同有关部门培育和完善旅游市场，扩大旅游业的对外开放，推动旅游企业集团的发展，落实国有企业的经营自主权。

二是对国家旅游度假区和其他重点旅游建设项目实施宏观指导和检查，管理和监督直属企业国有资产的增值保值。

三是负责组织国家旅游整体形象的宣传和重大促销活动，组织并指导重要旅游产品的开发。

四是制定中国居民出境旅游政策，管理出境旅游事务，研究掌握出境旅游的发展规模和外汇平衡。

五是对经营旅游业务的企事业单位进行行业管理，监督、检查旅游服务质量，受理国内外旅游者投诉，维护旅游者合法权益。

1998 年，国务院办公厅印发国家旅游局机构改革“三定”方案，对现有机构设置和人员编制进行了近一半的精简，明确国家旅游局是国务院主管旅游业的直属机构，在职能方面，不再保留对旅游外汇、旅游计划、旅游价格的管理职能；将实施旅游行业技术等级考核、行业资格考试和等级考试的具体工作转由事业单位承担。中央党政军机关与所管直属旅游企业脱钩。1998 年下半年，根据党中央、国务院的决策精神，军警法机关和中央党政机关先后与所管的直属企业脱钩。国家旅游局也与其直属企业进行了脱钩，这对于真正实现全行业的政企分开、加快政府职能转换具有积极意义。

2. 确立旅游行业标准归口管理范围

1993年12月，国家技术监督局在《关于对旅游行业标准归口管理范围的批复》中，明确国家旅游局归口管理综合类、旅游设施类、旅游服务类的行业标准。主要内容包括：

一是综合类：旅游行业标准化工作准则；旅游标志；旅游术语；旅游资源普查规范。

二是旅游设施类：涉外星级饭店评定，旅行社基础设施，旅游车船服务设施，旅游定点餐馆基础设施，旅游参观接待服务设施，游览参观点可游性标准，旅游定点游乐场所接待服务设施，定点商店接待服务设施。

三是旅游服务类：涉外星级饭店服务质量，旅行社服务质量，旅游车船服务质量，旅游定点餐馆服务质量，餐饮服务质量，旅游定点娱乐场所服务质量，游览参观点讲解质量，旅游定点商店服务质量。

3. 确立旅游行业管理的具体内容

（1）对旅行社审批、年检的管理

1991年7月，国家旅游局下发了《关于加强对全国旅行社审批、登记、年检管理的通知》，规定国家旅游局负责新设立的一二类旅行社的审批，负责中央一类旅行社的业务年检；省级负责三类旅行社的审批，负责地方一二类旅行社的年检，地市级旅游局负责三类旅行社的年检。

1996年10月，国务院发布《旅行社管理条例》，对旅行社的体制及审批管理权限作出了新规定：一是旅行社按经营范围分为国际旅行社和国内旅行社；二是国家旅游局负责全国旅行社的监督管理工作，县级以上旅游局按照职责负责本行政区域内的旅行社监督管理工作；三是国家旅游局负责国际旅行社的审核批准，省级旅游局负责国内旅行社的审批；四是外国旅行社在华设立常驻机构，须经国家旅游局批准。2001年12月修订的《旅行社管理条例》又对外商投资旅行社作了明确的规定。

（2）对旅游涉外饭店星级评定的管理

1993年8月，国家旅游局下发了《关于加快旅游涉外饭店星级评定工作的通知》，为加快全国旅游涉外饭店的星级评定步伐，决定下放三星级饭店的评定权限：委托北京、上海、天津、辽宁、江苏、浙江、福建、山东、广东、海南、四川、陕西、广西等13个省、自治区、直辖市旅游局负责评定本地区的三星级饭店，报国家旅游局备案；其他地区待条件成熟以后再行委托。1994年5月，又下发了《关于下放三星级饭店审批权限的通知》，明确由各省、自治区、直辖市负责一、二、三星级饭店的评定与审批；对三星级饭店不足5家的省、自治区、直辖市旅游局，在评定本地区三星级饭店时，国家旅游局派星级评定检查员参与协助；为保持星级饭店的服务水平，各省至少每半年组织一次星级复核。为具体实施国家质量监督检验检疫总局批准的《旅游涉外饭店星级的划分及评定》（GB/J 14308－2003）国家标准，2003年上半年，国家旅游局又修改了《中华人民共和国旅游涉外饭店星级评定检查员制度》，为旅游涉外饭店星级评定工作的进一步完善提供了条件。

（3）对旅行社质量保证金的管理

1994年9月，经国务院领导同志批准，国务院办公厅批复国家旅游局实行旅行社质量保证金制度。据质量保证金的有关规定，保证金的管理实行统一制度、统一标准、分级管理的原则。国家旅游局统一制定保证金的制度、标准和具体办法，管理全国经营国际旅游业务旅行社的保证金，直接管理中央一级一类旅行社和全国特许经营出国旅游业务的保证金。各省、自治区、直辖市经国家旅游局授权，管理本地区经营国际旅游业务旅行社的保证金，管理本地区国内旅游业务旅行社的保证金，直接管理省级直属单位所属经营国际旅游接待业务旅行社和国内旅游业务旅行社的保证金。地、市、州旅游局经授权或批准，管理本地区经营国际旅游业务或国内旅游业务的旅行社保证金。

1997年3月，国家旅游局发布《旅行社质量保证金赔偿暂行办法》，对保证金理赔管辖范围作出如下规定：一是国家旅游局旅游质量监督管理所负责：中央部门开办设立的国际旅行社的理赔；经营出境旅游业务的国际旅行社的理赔；在全国有重大影响的旅行社保证金赔偿案件。二是省旅游局旅游质量监督管理所管辖省、自治区、直辖市内有重大影响的保证金赔偿案件。三是地方各级旅游局旅游质量监督管理所管辖本局收取并管理其保证金的旅行社的保证金赔偿案件。四是上级旅游质量监督管理所有权审理下级旅游质量监督管理所管辖的保证金赔偿案件，也可以把本所管辖的保证金赔偿案件交下级旅游质量监督管理所审理。

(4) 对国家旅游度假区的有关审批、管理

1992年8月，国务院发布《关于试办国家旅游度假区有关问题的通知》，决定在条件成熟的地方试办国家旅游度假区，鼓励外国和港澳台地区的企业、个人投资开发旅游设施和经营旅游项目。国家旅游度假区由地方人民政府报国务院审批；度假区内利用外商投资建设的旅游设施项目，投资额在国务院规定的审批限额以内的，由所在省、自治区、直辖市和计划单列市自行审批，其中旅游住宿设施项目，应报国家旅游局和国家计委、经贸部备案；投资额在国务院规定的审批限额以上的，按国家有关规定办理；度假区内可开办中外合资经营的第一类旅行社，经营区内的海外旅游业务，具体由国家旅游局负责审批和管理。

(5) 对出国探亲旅游的审批管理

1990年10月，国家旅游局发布了《关于组织我国公民赴东南亚三国旅游的暂行管理办法》，决定开展组织中国公民赴泰国、新加坡、马来西亚的探亲旅游业务，该项工作由国家旅游局统一领导和管理，授权国旅总社、中旅总社、青旅总社、广东省海外旅游总公司、广东省中国旅行社、福建省海外旅游实业总公司、福建省中国旅行社7家旅行社承办此项业务。1991年5月，国家旅游局又授权海南省旅游总公司承办此项业务。1992年7月，经外交部同意，国家旅游局决定增加菲律宾为探亲旅游目的地。从2001年6月10日起，我国新增加越南、缅甸、柬埔寨、文莱四个国家作为出境旅游的目的地。2002年，又相继开放老挝、德国、尼泊尔、马耳他、埃及、土耳其等6国为旅游目的地。2003年4月1日起，斯里兰卡、马尔代夫、南非、印度等4个国家开始正式组团。2003年9月，国家旅游局批准克罗地亚、匈牙利、巴基斯坦和古巴作为中国公民出国旅游的目的地，从2003年11月1日起，可以组团前往。

(6) 对对外宣传促销的管理

1991年，国务院在批转国家旅游局的请示中，要求加强对外宣传促销的管理。凡参加国外旅游展销活动和在国内举办全国性的国际旅游展销活动，由国家旅游局组织。各省、计划单列市如牵头举办跨省市的区域性国际旅游展销活动或连续举办以旅游招徕为主的定期的旅游节庆活动，应报国家旅游局审批。各地旅游企业派出的常驻经营机构，一律在经省一级政府审查后，报国家旅游局或由国家旅游局会同有关部门审批。

(7) 对旅游价格的管理

1993年4月，国家旅游局会同物价局发出了《关于国际旅游价格管理方式改革的有关问

题的通知》，对1994年的国际旅游价格作了规定：国家制定的旅游涉外星级饭店客房门市价和最低保护价，作为指导、平衡和衔接房价水平的参考标准；对餐费、车费、接团手续费等旅游基础服务项目的最低结算标准，国家不再作统一规定，由各省提出本地区的接待价格水平，作为全国旅行社对外售价的参考标准；国家不再制定统一的国际旅游保值固定汇率，旅行社对外报价以美元、日元、港元等可自由兑换货币报价，不以人民币对外报价；取消旅游价格地区类别划分的规定。通知还要求，为了尽快建立适应社会主义市场经济体制的旅游价格运行模式，要逐步建立中央和地方两级协调制度，协调三个方面的关系。即国家旅游局和物价局要会同有关部委局协调国内有关旅游价格和收费标准的调价幅度和出台时间，各省协商本地区的旅游价格和收费标准的调价幅度和出台时间。协调国内市场价格水平与国际市场的衔接关系；有关行业和部门在价格方面与旅游业的协作关系；国内各地区之间价格的平衡关系。

（8）对旅游统计的管理

1998年5月，国家旅游局发布《旅游统计管理办法》。该《办法》规定：旅游统计工作实行统一管理，分级负责。国家旅游局负责对全国旅游统计工作实行统一管理、业务指导和组织协调，国家旅游局综合统计机构承担具体工作。地方各级旅游局负责对本辖区内的旅游企事业单位和旅游者的统计调查工作。各级旅游局统计机构的主要职责：一是制定全国或地方的旅游统计报表制度和抽样调查方案，建立统计登记制度；二是组织协调和管理本部门非统计职能机构确定的各项统计调查，审核其拟制发的旅游统计调查方案及其统计调查表，并纳入统一编号管理；四是会同人事教育部门组织对在岗旅游统计人员的培训，对旅游统计人员进行考核、奖惩。旅游统计资料实行分级管理。全国旅游统计资料由国家旅游局统一管理；地方旅游统计资料由当地旅游部门统一管理；专项旅游统计资料由实施专项旅游统计调查的机构负责管理。

（9）对中国公民自费出国旅游的管理

1997年3月，国务院批准发布《中国公民自费出国旅游管理暂行办法》（1997年7月1日由国家旅游局、公安部发布），主要内容有：一是出国旅游目的地国家和地区，由国家旅游局会同外交部、公安部提出，报国务院审批；二是经营出国旅游的旅行社由国家旅游局审批，报公安部备案；三是国家旅游局根据总量控制原则，对组团社组织出国旅游实行配额管理。随着形势的变化，国务院于2002年发布了《中国公民出国旅游管理办法》（自2002年7月1日起施行），同时宣布国家旅游局、公安部1997年7月1日发布的《中国公民自费出国旅游管理暂行办法》废止，对出国旅游作了明确的规范。

（10）对创建“中国优秀旅游城市”的管理

1995年3月15日，国家旅游局发出《关于开展创建和评选中国优秀旅游城市活动的通知》（旅管理发[1995]046号），决定开展创建中国优秀旅游城市活动，正式拉开了创建中国优秀旅游城市活动的序幕。1996年4月23日，国家旅游局在北京召开了部分城市旅游工作座谈会，来自26个省、自治区、直辖市64个旅游城市的市长、副市长、秘书长和省市旅游局局长、副局长参加了会议。会议通报了我国旅游业的发展现状、任务和目标，听取了与会市长对发展旅游业的意见和建议，交流了发展城市旅游的工作经验，讨论了创建中国优秀旅游城市工作的有关问题。1998年2月16日，国家旅游局发出《关于印发〈中国优秀旅游城市检查标准（试行）〉及进一步深入开展创建中国优秀旅游城市活动的通知》（旅办发[1998] 016

号）。《检查标准》涵盖了城市旅游功能的18类共152个项目。1999年9月16日，国家旅游局印发并施行《中国优秀旅游城市检查标准(修订本）》(旅办发[1999]087号）。该《检查标准》对原试行标准中一些不尽完善和不易操作的问题进行了修订，更加科学、规范、合理，并更具有操作性。《检查标准（修订本）》共有20类179个项目。2000年3月30日，国家旅游局制定并印发施行《创建中国优秀旅游城市工作管理暂行办法》（旅管理发[2000]075号），共九章三十六条，对创优工作的宗旨、范围以及申报、创建、自检、初审、验收、批准命名和复核等工作程序作了明确的规定。4月25日，国家旅游局制定并印发施行《中国优秀旅游城市2000年度附加项目检查标准》(旅管理发[2000]097号）。本年度《附加标准》分为5项，共100分，作为《标准（修订本）》的附加分值，与《标准（修订本）》一同计入总分。2003年2月，国家旅游局对《中国优秀旅游城市检查标准（修订本）》（旅办发[1999]087号）进行了重新修订，并对《中国优秀旅游城市检查标准实施细则（修订本）》同时进行了修订。

第三节 旅游管理体制的发展趋势

在市场经济条件下，尤其是加入WTO后，政府的行业规制要改变重事前审批轻事后管理与服务、重内部文件轻法律手段的做法，提高政府决策透明度，突出决策的民主性、科学性与公开性，提高政策的非歧视性与可预见性，实现由多头部门管理向旅游行业管理转变。

一、政府职能的变化

（一）研究战略

在社会主义市场经济条件下，政府的职能已经发生重大转变。就旅游业而言，其首要任务将是进行旅游战略研究，将过去主要进行微观旅游经济活动的职能转变为宏观战略研究，制定出旅游业发展的总体战略和重大方针政策。

（二）宏观调控，强化管理与服务

市场经济并不是不要计划。虽然国家的资金、人力、物资、土地等资源的配置通过市场的供求关系变化进行调节最为有效，但市场并非万能。它不仅存在功能上的缺陷，有时还会出现失灵，而且它是一种事后调节，带有一定的盲目性，所以，要控制总量平衡和大的结构调整，非要有总的计划调节和大的方针指导不可。也就是说，政府的调控应以宏观为主，精力从分钱、分物、审批、立项、投资等微观经济行为转到研究经济形势，研究市场，研究重大比例关系，制定与协调经济政策等方面来。同时，政府的功能要更多地转向管理与服务，使企业经营权审批制度逐步向经营权登记制度转变。因为行政审批是一种事前管理，容易滥用，有时甚至成为获取部门利益的手段，从而滋生腐败。我国饭店行业过去就出现过审批项目过多的问题。因此，即使是必要的行政审批也要法治化、合理化、科学化。

（三）开拓和培育市场

在这方面，政府的主要精力一是通过对中国旅游产品的培育和宣传来开拓良好的旅游市场，特别是国际旅游市场主要靠政府在国际范围内的宣传来完成。二是取消对旅游企业的歧视性政策，创造公平的市场竞争环境。要对各类旅游企业的用电、用水、用气实行与一般工商企业同等的价格，饭店动力用电和照明用电分别计价。取消那些不符合国际惯例的政策，

如外资饭店和内资饭店的税收政策不同。中国企业所得税的征收比例为33%，外商投资企业所得税的征收比例为15%，很显然不公平，应予取消。三是构造合格的市场主体。即培养对价格信号和其他市场信息能作出灵敏反应的旅游企业。

同时，还要花大气力治理不正当竞争。例如，自20世纪90年代以来，饭店业出现总量相对过剩的局面，直接引发恶性削价竞争。有些地方的饭店联合起来实行“价格联盟”，甚至有些行业管理部门监督“价格联盟”的实施。这实际上是一种竞争者的共谋行为，损害了消费者的利益。“价格联盟”不是鼓励企业通过提高效率，降低成本，而是通过共谋以及向政府寻租的方式来维持生存并获得利润。这会严重破坏市场秩序。

（四）信息服务

旅游行政管理部门将充分利用自己的网络优势广泛收集有关政治、经济和市场等方面的信息，并及时提供给有关旅游企业。

（五）制定规划和法规

政府在规范市场竞争中，首先应着重运用间接手段，而不能用行政手段直接干预。如2002年的广交会中，地方政府对广州旅店业价格实行限制，规定宾馆房价上浮幅度不超过40%，比往年的上浮幅度50%还要低，而饭店业界却普遍欢迎饭店价格不封顶，一位饭店从业人员说，如果饭店业价格放开，营业收入有可能会翻番。在市场经济条件下，政府将通过制定总体规划和一系列法规的方式对旅游企业进行间接管理和宏观调控，真正实现由直接管理企业向间接管理企业转化。当然，间接管理并不是不与企业接触，而是要做到不干预企业决策，但要引导企业决策，从行政干预向立法手段转变，完善法规法制，减少直接干预。目前，我国旅游业涉及的部门众多，行业界定比较模糊，法制法规还有很多不到位之处。在保护旅游者合法权益方面，更多依据的是《中华人民共和国消费者权益保护法》，而无专门的、针对旅游者的法规，同时也缺乏规范旅游者行为、保护饭店利益的法规。总的来说，缺少专业的、权威的、全面的旅游法律来保护旅游企业和旅游者的合法权益，行业基本法——《旅游法》是千呼万唤也出不来，政府在这方面要做的工作将是复杂而艰巨的。

其次要提高立法层次和水平。我国的旅游服务立法多是由行政主管部门和地方行政部门颁布的，层次较低，权威性不够，甚至有大量的“内部文件”。比如以各种名义对饭店业进行的收费，既多且杂，南京某四星级饭店每年需要缴纳100万人民币的各种费用，包括旅游管理费3%、防洪基金0.3%、粮食风险基金、公安局暂住人员费5元/人、副食品基金、市容管理费、人民教育基金等，增加了饭店的经营成本，也降低了管理水平，使得饭店业在外缺乏竞争力，在内加剧了不正当竞争。必须恪守WTO的透明度和最惠国待遇的原则，公布制定的法律法规，根据所做的承诺，给予外国旅游服务及其提供者以国民待遇，因而有必要对我国一些不符合国际惯例、市场规则的法律予以修订、完善，确保旅游市场的规范，这也对政府的立法水平提出了更高的要求。

二、企业行为的变化

（一）股份制发展，多种经济成分并存

由于作为旅游业原有的投资主体的政府主管部门大多不具备进一步投资的能力，投资主体必然发生变化。而在扩大生产的同时，企业的所有者和经营者为了避免将企业抵押给银行，将不会更多地考虑贷款，而把目光投向社会，以大企业参股或向社会公开发行股票的形式来募集资金，形成一个多投资主体的复合产权结构，有效地保证了经营者的独立地位。

（二） 价格限制和经营范围已经突破

由于市场的调节作用，最高限价、最低保护价、地区差价和季节差价有的已不复存在，有的正在淘汰，随行就市以及竞争的体现使价格呈现多元化，价格的变化将完全由市场来主宰。某些企业的经营范围也已经突破。如星级饭店的接待范围过去有严格的划分，现在完全受市场来调节，等级只在所提供的服务标准和设备档次这个含义上存在，而不再表示为其所被允许的经营范围。

（三） 跨行业开发、联合经营和集团化发展

现在的旅游业已涉足到金融、交通、房地产以及轻工行业，并以参股的形式涉足所有有前途的产业。其他行业也把触角伸到了旅游行业，使跨行业的开发及联营的方式成为主要趋势。某些旅游大企业还通过控股和兼并等形式形成集团化企业。

（四） 企业规模市场调节

旅游业的几大要素——饭店、旅行社、出租汽车公司、旅游商店等的规模将由市场调节。因为企业的成立已由过去的审批制转变成现在的登记制。企业规模在短期内膨胀可能会带来服务质量下降和效益不高等问题。但经市场的最终选择后，一些企业将被淘汰，而另一些实力雄厚、服务优良的企业将站稳脚跟，并划分市场，使市场主体的素质得到提高。

三、管理模式的变化

（一） 行业管理模式

在旅游业蓬勃发展的过程中，一些地区可能采用香港模式，通过同业协会来进行行业管理。这些协会将根据行业的根本利益和企业的普遍要求制定必要的规章和制度，并经当地政府部门批准后予以执行。这种通过旅游协会代行政府职能的模式早在1986年就在深圳出现，已取得了一些成功的经验，后又在海南省付诸实施。

北京市的行业管理又是另外一种特色。1998年2月，北京市将旅游局的直属企业全部划出，组建北京旅游集团，直属北京市政府领导。改制后的北京市旅游事业管理局作为市政府的职能部门，负责对全市的旅游业实行统一的行业管理，不再从事旅游企业的经营业务活动，实行彻底的政企分开。

目前，我国的行业管理模式还未全面铺开，尤其是我国的旅游饭店协会在发展过程中政府色彩还很浓，缺乏独立性。在代表行业利益与政府进行协调和对话、沟通企业间关系等方面的功能还有待加强。应积极推进饭店协会组织的改革，发挥其咨询服务、行业自律和市场中介作用。政府也应主动简政放权，从集权管理变为宏观协调，政府和行业机构、组织各司其职，充分发挥行业管理机关和行业管理组织的作用。

（二） 联合管理模式

联合管理模式是旅游管理体制由单一的部门管理向相关部门联合管理方面转化的一种尝试。在这方面，许多地区已先行一步。1997年，上海对原有的旅游管理体制进行了改革，新组建了上海市旅游事业工作委员会和上海市旅游事业管理委员会，统筹协调全面领导上海市的旅游业。上海市旅游管理委员会作为市政府的派出部门，对全市旅游行业行使管理职能。市政府下辖的旅游局、商业局、交通办、园林局、新亚集团等单位为旅游管理委员会的成员，锦江、华亭、衡山三大旅游集团公司和佘山国家旅游度假区也由旅游管理委员会领导。上海市副市长兼旅游管理委员会主任，旅游局及相关局负责人任副主任或委员。由此形成了

旅游、商业、交通、园林等部门共同组成的旅游管理机构。

桂林市在1998年也进行了旅游管理机构的改革，成立了桂林市旅游管理委员会和中共桂林市旅游工作委员会，以代替过去的旅游局行使旅游行政管理职能。这种旅游管理机构提高了管理威信，规范了旅游规划的操作，加大了旅游市场监管的力度，加强了有关部门间的协调，使旅游业的整体管理水平有了明显的改善。

（三）混合管理模式

广东省旅游局及其各市县旅游局采取的是一种与旅游开发总公司合二为一的混合体制。旅游局与旅游公司实行一套人马两块牌子，局领导兼任总公司及下属企业的负责人，既承担政府管理职能，又从事企业经营活动。这种融管理、经营、发展为一体的体制模式虽然违背了政企分开的原则，但却适应广东省由计划经济向市场经济转轨过程中的实际状况，在现阶段还是行之有效的。

【本章小结】 本章重点介绍了世界上旅游管理机构的设置、旅游组织管理方式中的主要管理手段(包括行政管理手段、经济管理手段、法律管理手段)和旅游行业管理中的权限划分，详细回顾了我国旅游管理体制的发展历史，提出了我国旅游管理体制的发展趋势，为我国旅游管理体制的进一步完善提供了重要的参考。

【关键词】 旅游管理 管理手段 管理体制 发展趋势

【思考题】

1. 简述世界上旅游管理机构的基本模式。
2. 试述旅游行政管理手段的主要方式。
3. 试述我国旅游管理体制的发展历史。
4. 试述旅游管理体制的发展趋势。

第二章　旅游合同法规

学习要点：

1. 旅游合同概述。
2. 旅游合同的订立与担保。
3. 旅游合同的法律效力。
4. 旅游合同的履行、变更、转让、解除与终止。
5. 违反旅游合同的责任。

旅游是一种大众化的经济、社会、文化活动，具有十分明显的综合性特点。在旅游活动过程中，要使旅游者的食、住、行、游、购、娱六个方面全面满足，一刻也离不开旅游饭店、旅游交通、旅游商店和旅游景点与旅行社之间的相互配合。各旅游相关部门在相互配合的过程中，必然会产生一系列的民事法律行为，形成民事法律关系。这种关系又必须以一定的形式固定下来，使之具有合法性和有效性，于是旅游合同便产生了。

第一节　旅游合同概述

一、旅游合同的概念和特征

（一）旅游合同的概念

改革开放以来，为保护合同当事人的合法权益，维护社会经济秩序，促进国内经济、技术和对外经济贸易的发展，我国曾先后制定了《经济合同法》、《涉外经济合同法》和《技术合同法》等三部合同法。但随着我国经济体制由传统的计划经济向市场经济转变进程的加快，经济主体市场化、市场发展体系化、所有制结构多元化、宏观调控间接化的局面纷纷涌现，市场交易过程中合同交易的方式越来越重要，原有的三部合同法在调整纷繁复杂的合同关系时，界限模糊不清，既有法律空白，又有交叉重叠，对正确运用法律造成了诸多不便。为此，1999年3月15日，九届全国人大二次会议审议通过了完全取代原有三部合同法的统一的、新的《合同法》，并于1999年10月1日起施行。

新的《合同法》以平等主体之间的合意为出发点，调整一切平等民事主体之间的合同关系，充分体现了市场经济关系是一个统一完整的有机体的立法理念。一切合同关系的参与者，不论是公民还是法人，只要具备民事主体资格，都是统一的合同制度的主体。不论是计划合同还是非计划合同，也不论是生产领域的合同还是消费领域的合同，是有名合同还是无名合同，都成为统一后的《合同法》的基本内容。这为旅游合同的实践提供了法律依据。

旅游合同是指平等主体的旅游者、旅行社、旅馆、旅游交通部门以及其他与旅游活动有关的部门之间达成的规定双方权利和义务关系的协议。

旅游合同是无名合同，即在《合同法》中未列名，但从旅游活动的本质与实践来看，应属于民事合同的范畴，受《合同法》的调整。值得一提的是在《合同法》颁布之前，旅游合同主要是由《民法通则》来调整，而不适用《经济合同法》。因为原有的《经济合同法》调整的对象为平等民事主体的法人、其他经济组织、个体工商户与农村承包经营户之间，为实现一定的经济目的而明确相互之间权利与义务关系的协议，不包括公民之间以及公民与法人、其他经济组织之间的合同关系，即旅游者与旅游经营者之间的权利义务关系不属于原来的《经济合同法》的调整范围。

（二）旅游合同的特征

一般来说，旅游合同具有合同的共同属性，但由于旅游业的综合性和旅游活动空间的跨地域性，使旅游合同又具有它自己的特性。

1. 合同主体的单一性

旅游合同只调整旅游法律关系中的横向关系或旅游经济关系。通常情况下，旅游法律关系可以从不同的角度进行划分，如果从旅游法律关系的主体划分，可以分为纵向关系、横向关系（包括涉外关系）和综合关系三种，其中横向关系，即旅游企业之间、旅游者与旅游企业之间的关系是旅游合同的调整对象。另外，如果立足于旅游业的经济属性，旅游法律关系可划分为旅游经济关系、旅游管理关系，其中旅游经济关系受旅游合同的调整。旅游行政管理部门对旅游行业的管理、监督、协调和指导等行政管理关系，旅游企业内部机构设置及其相互关系以及旅游企业与职工之间的管理关系等不受旅游合同的调整。

2. 旅游合同标的的特殊性

从旅游者的角度看，签订旅游合同不是为了得到某种生产经营上的利益，而是为了获得身心的休养，精神的满足，以及为此而得到必备的食宿和交通等方面的服务。旅游企业之间签订的旅游合同的标的通常也与旅游者的旅游活动密切相关。

3. 旅游合同行为的对等性

旅游合同不同于当事人一方只享有权利，另一方只承担义务的单务合同，如赠与合同；也不同于当事人一方只得到权益而不付出任何代价的无偿合同，如无偿借用合同。旅游合同是双务合同，双方当事人的权利与义务是对等的。当事人按照旅游合同规定相互享有民事权利，相互承担民事义务，各自为所得利益向对方付出相应的代价。如旅游者与旅行社之间签订旅游合同后，旅行社的权利是收取旅游者的旅游费用，义务是必须按合同的约定为旅游者提供旅游活动的组织、旅行、游览等服务，而旅游者为享受旅行社的安全、方便、快捷的旅游服务，必须支付一定的旅游费用。另外，旅游合同关系主要表现为债权、债务关系。

4. 旅游合同方式的综合性

虽然根据当事人之间订立合同所涉及的内容可将旅游合同分成委托、承揽、服务、运输、买卖、保险等多种类型，但实际上多采用包价旅游合同方式，将旅游者委托代办的各种业务活动都包含其中，具有明显的综合性特点。

二、旅游合同的作用

旅游合同在保护旅游合同当事人的合法权益、规范旅游经营服务行为、促进旅游业健康发展等方面发挥着重要作用，其具体表现为以下方面。

（一） 保护旅游合同当事人的合法权益

依法成立的旅游合同具有法律约束力，订立旅游合同的当事人的权益受到法律保护。任何一方当事人违约时，必须承担相应的违约责任。旅游合同发生纠纷和争议时，当事人有权依法申请仲裁或请求司法机关处理，保障当事人合法权益的实现。

（二） 规范旅游经营服务行为

旅游业是一个涉及到国民经济中众多部门和行业的综合性产业。旅游合同使具体的旅游业务，如旅游交通、住宿、餐饮、游览、娱乐、购物等各个环节有机结合起来，按照合同的约定正常运作。

（三） 促进旅游业健康发展

旅游经济是国民经济的重要组成部分之一，社会主义市场经济是法制经济，因此依法治旅是旅游业可持续发展的必然要求。我国旅游业经过多年的建设和发展，旅游基础设施投人大大增加，旅游经济作用明显增强，各级各类旅游企业数量日渐增多，且呈现出投资主体多元化、利益目标分散化的局面。旅游企业间的业务合作关系通过旅游合同的形式加以规范后，有助于维护旅游业务交易的安全和旅游经济秩序的稳定，有助于鼓励旅游交易和旅游经济效益的核算与预测。同时，假日经济的出现，国内旅游与国际旅游面临新的发展机遇，如何有效把握假日经济的旅游商机，规范旅游市场，保护旅游者的合法权益，塑造旅游形象，保持旅游业的可持续发展，旅游合同的作用越来越重要。

三、旅游合同的基本原则

旅游合同的基本原则是旅游合同当事人在旅游合同的订立、效力、履行、变更、转让、解除、终止，旅游合同的违约责任承担主体的判定与旅游合同纠纷、争议处理等方面应当遵循的原则。旅游合同的基本原则主要有平等原则、自愿原则、公平原则和诚信原则。

（一） 平等原则

平等原则是指旅游合同的当事人在“法律地位”上的平等，包括三层涵义：

1. 旅游合同当事人的身份平等

身份平等是指法律资格平等或称民事权利能力平等，也就是旅游合同的双方当事人之间没有高低、贵贱、主次之分，都必须遵守法律规定，尊重对方及其他当事人的意志。身份平等具有历史性，是人类理性的要求，其与社会生产力的发展与时俱进，随着历史文明的进步而不断完善，只有做到身份平等，才能做到法律事实上的平等。

2. 是自愿原则的前提条件

如果旅游合同的当事人的法律地位不平等，就不可能做到协商一致和合同自愿。因此法律地位的平等要求旅游合同的一方当事人不得将自己的意志强加于另一方。

3. 是“机会”平等而不是“结果”的平等

例如，旅游者张某欲到某风景名胜区旅游，其既可以与甲旅行社签订旅游合同，也可以与乙旅行社签订合同，某甲、乙旅行社与张之间签订旅游合同的机会是平等的，但由于在事实上，甲、乙旅行社的服务质量、旅行社自身的资质等的差异，其具体签订的旅游合同的内容可能有所差异，同样的旅游活动安排，可能所需的旅游费用不同，形成结果上的不同。这体现了旅游合同当事人自主参与和自负责任的合同精神。

（二）自愿原则

自愿原则是旅游合同最重要的基本原则，贯穿于旅游合同的订立、履行的全过程之中。

1. 基本含义

①当事人之间订立旅游合同的法律地位平等，要协商一致，一方不得将自己的意志强加给另一方；②任何单位和个人不得非法干预旅游合同当事人自愿订立合同的权利；③任何违背当事人意志的旅游合同的内容都是无效或可撤销的。

2. 具体表现

①缔结合同自愿；②自愿选择当事人；③自愿约定合同内容（在遵守法律的前提下）；④自愿选择合同方式；⑤自愿协议补充、变更、解除合同；⑥自愿选择解决争议的方式。

3. 限制情形

值得注意的是，旅游合同的自愿原则不是绝对的，在某些情形下自愿原则将受到限制。一是“缔约强制”，即法律规定当事人有必须缔结某种旅游合同的义务，例如，旅游饭店对凡是符合住店条件的旅游者，不论国别、肤色、民族、年龄、性别、职业如何，必须一视同仁，平等相待，有义务礼貌接待，不得歧视，不得无故拒绝旅游者的住宿要求。再例如，旅游商品生产企业与旅游商品承销商之间签订的旅游商品销售合同，有义务明确旅游商品的质量等条款。二是“强制规范”，即法律法规设定一些强制性的规范，任何当事人在签订合同的时候，都不得排斥这些规范的适用，例如，旅游者与旅行社之间签订的旅游组织合同，必须有全陪导游，出境旅游必须委派合格的领队等，这些都是强制规范。

（三）公平原则

即“公平正义”的原则，是法律最基本的价值取向，其要求当事人应当根据公平正义的观念确定各自的权利与义务，各方当事人都不得在侵害他人合法权益的基础上实现自己的利益，不得滥用自己的权利。公平原则也是一项法律适用原则，可弥补法律的不足与合同的不足，是处理各类旅游合同纠纷时应遵循的基本原则之一。例如，在胁迫、欺诈、乘人之危的情况下订立的旅游合同，一方当事人违背真实意志并遭受损失的旅游合同，可以依法变更、撤销或判定为无效合同，以平衡当事人的利益关系。再例如，一方当事人在紧迫或者缺乏经验的情况下，订立的明显对自己有重大不利的合同，也可以依法变更、撤销或判定为无效合同，以平衡当事人的利益关系，从而体现公平原则。

（四）诚信原则

诚信原则也称为“帝王原则”，是指旅游合同的当事人应当诚实守信，以善意的方式履行其义务，不得滥用权利以及规避法律或合同规定的义务。同时，诚实信用原则要求维持当事人之间的利益以及当事人利益与社会利益之间的平衡。在旅游合同的订立、履行、变更、解除，甚至在合同终止以后，当事人都应当严格根据诚实信用原则行使权利和履行义务。例如，在合同的订立阶段，尽管合同尚未成立，但如果有缔约联系，就负有“附随义务”。如果造成一方当事人的“信赖利益”的损失，应当承担“缔约过失”责任。

实例　甲饭店了解到乙饭店有转让餐馆的意图。甲饭店根本没有购买餐馆的意思，但它为了阻止乙饭店将餐馆卖给竞争对手丙饭店，却与乙饭店进行长时间的谈判。当丙饭店购买了另一家餐馆时，甲终止了与乙饭店的谈判，乙饭店后来不得不以比丙饭店出价更低的价格将餐馆转让，乙饭店遭受了差价损失。

该案例中，甲饭店假借订立合同，恶意进行磋商，违背了合同的诚实信用原则，应负缔约过失责任，赔偿受害的乙饭店的损失。赔偿应当以给乙饭店所造成的损失为限。损失既包括直接利益的减少，如谈判中发生的费用损失，也包括受害的当事人因此失去与第三者订立合同的机会所产生的损失。

四、旅游合同的内容

旅游合同的内容是当事人之间权利与义务关系的具体化，是当事人履行旅游合同、承担旅游合同责任的法律依据。旅游合同的内容由一系列应具备的条款组成。旅游合同的条款主要有三种：①主要条款；②性质条款（合同性质所决定的条款）；③约定条款。旅游合同的条款的表述必须明确、具体，主要条款如下。

（一）当事人的基本情况

当事人的基本情况包括名称、姓名、住所等，是旅游合同的必备条款，也是旅游合同发生争议时，适用法律法规的基本依据。

（二）标的

标的是旅游合同法律关系的客体，是合同当事人双方权利义务关系的承载对象。标的是旅游合同不可缺少的首要条款，合同没有标的，合同关系也就不存在。旅游合同的标的有三类：①物。如旅游纪念品、艺术品、生活日用品等旅游商品常成为旅游购销合同、旅游物资供应合同中的标的；②行为。这是旅游合同的主要标的，如旅行社的旅游组织合同、旅行社的旅游接待合同、旅游饭店的食宿接待合同和旅游交通运输合同等中的标的；③工作成果。如旅游建设工程承包合同和旅游规划设计委托合同等中的标的。

（三）数量和质量

数量和质量是标的的具体化，是用计量单位和数字来衡量标的的尺度和决定权利义务的大小。旅游合同的标的数量要准确，计量单位要明确、具体、统一。如 2002 年 7 月 27 日国家旅游局开始实施的《旅行社出境旅游服务质量》行业标准、《游乐园（场）安全和服务质量》（GB/T 1676－1997）、《导游服务质量》（GB/T 15971－1995）等是检查旅游行业对客人服务质量的行业规章依据和国家标准，也是订立旅游合同服务标的数量和质量的标准。例如，旅行社合同中应当明确、具体规定游览的旅游景点名称、数目，乘坐的交通工具的种类、型号，住宿饭店的星级、房型，就餐的等级、标准等。

在旅游活动实践过程中，旅游企业与旅游者订立旅游合同往往采用格式合同的形式，如果旅游企业未明确合同标的的数量与质量，在履行中造成双方理解的模糊或纠纷，应当依照旅游合同格式条款发生争议时的处理原则予以处理，即格式条款争议的解释原则：一是解释不利于提供格式条款的原则；二是解释采用非格式条款优于格式条款的原则。

（四）价款和酬金

价款和酬金也可统称为价金，是一方当事人履行旅游合同义务时，另一方当事人以货币形式支付的代价。在旅游合同的标的为物时，取得标的物所应支付的代价为价款；在合同标的为行为或工作成果时，支付的是酬金。旅游合同不仅应当明确价款或酬金的数量，而且要规定价款或酬金的计算标准、结算方式和结算程序等。当旅游合同的价款或酬金约定不明确时，应当按照订立合同时履行地的市场价格履行；依法应当执行政府定价或者政府指导价的，按照规定履行。

（五）履行的期限、地点、方式

旅游合同的履行期限、地点、方式是检验旅游合同是否全面、适当履行的重要依据。

旅游合同的履行期限是指当事人履行旅游合同义务的时间界限，也就是负有交付标的义务的当事人交付标的的起止时间，或者负有支付价款或酬金义务的当事人支付价款或酬金的起止时间。旅游合同的当事人应当在旅游合同约定的履行期限内履行义务，实现权利，反之应承担违约责任。值得注意的是，不同性质的旅游合同的履行期限有所不同。例如，《旅行社质量保证金赔偿试行标准》第四条规定：旅行社收取旅游者预付款后，因旅行社的原因不能成行，国内旅游应提前3天通知旅游者，出境旅游应提前7天通知旅游者，否则应承担违约责任，并赔偿旅游者预付款10%的违约金。

旅游合同的履行地点是指旅游合同标的交付与接受的地方，即当事人按旅游合同约定履行义务的地点。履行地点直接关系到旅游合同的履行费用与时间，且是旅游合同发生争议时，受害方选择旅游投诉机关的法律依据，因而必须明确规定。当旅游合同的履行地点不明确时，支付货币的，在接受货币一方所在地履行；交付不动产的，在不动产所在地履行；其他标的，在履行义务一方所在地履行。

旅游合同的履行方式是指当事人采取何种方法、途径履行自己在合同中的义务。旅游合同的标的不同，则履行合同的方式也不同。例如，翻译服务旅游合同、抵离接送合同、旅游保险合同等各有不同的履行方式。当旅游合同的履行方式不明确时，应当按照有利于实现合同目的的方式履行。

（六）违约责任

违约责任是指旅游合同当事人不履行或不完全履行合同约定的义务所引起的法律后果，即应承担的法律责任。违约责任是旅游合同具有法律约束力的重要表现，是维护当事人合法权益的重要手段。

旅游合同的违约责任一般应根据相关的法律法规来确定，在法律法规没有明文规定时，双方当事人可以协商确定，并在旅游合同条款中注明。

（七）解决争议的方式

旅游合同在履行过程中发生争议，当事人可以通过事先在订立旅游合同时约定的解决争议的方式来处理合同纠纷。约定解决合同争议的方式有四种：一是诉讼解决，即通过人民法院裁判解决；二是协商解决，即由合同双方当事人通过友好协商的方式解决；三是调解解决，即由独立的第三人主持调解解决；四是仲裁解决，即通过仲裁机构仲裁解决争议。

第二节　旅游合同的订立与担保

旅游合同的订立是指旅游合同当事人之间依法对旅游合同的主要条款经过平等协商，达成一致并签订协议的法律行为。旅游合同的订立是旅游合同关系产生的前提和基础。

一、旅游合同当事人的资格

（一）具有民事权利能力

民事权利能力是指民事主体依法享有民事权利和承担民事义务的资格。民事权利能力是整个民事能力制度的基础，包括行为能力、意思能力、责任能力。民事权利能力是由法律赋予民事主体的，因民事主体的不同而有所区别。公民的民事权利能力始于出生，终于死亡；法人和其他组织的民事权利能力始于成立，终于消灭。

（二）具有民事行为能力

民事行为能力是指民事主体以自己的行为取得民事权利和设定民事义务的资格。与当事人的民事权利能力一样，当事人的民事行为能力也因民事主体的不同而不同。公民的民事行为能力与民事权利能力不一致，有民事权利能力并不一定就具有民事行为能力。公民的民事行为能力分为三种：一是完全民事行为能力，指达到法定年龄，能够通过自己的独立行为进行民事活动并独立承担民事责任的资格；二是限制民事行为能力，指只具有部分民事行为能力，可以进行某些民事活动，但不能独立地进行全部民事活动的情形；三是无民事行为能力，指完全不具有以自己的行为取得权利和设定义务的资格。法人和其他组织的民事行为能力与其民事权利能力相一致，只要依法取得了民事权利能力，便具有相应的民事行为能力。

（三）具有合法代理资格

当事人依法可以委托代理人订立旅游合同。委托代理人订立合同，是指当事人委托他人以自己的名义与第三人签订合同，并承担由此产生的法律后果的法律行为。委托代理代订合同有以下特征：第一，代理人必须以被代理人的名义签订旅游合同；第二，代理人必须是向第三人作出意思表示；第三，代理人必须在委托授权范围内作出意思表示；第四，代理人签订的旅游合同由当事人承担权利和义务。

代理人签订旅游合同应具有代理资格，即具有相应的代理权利能力，否则其签订的合同无效。一般而言，当事人委托代理人订立旅游合同，都应签署授权委托书，载明代理人的姓名或者名称、代理事项、代理权限、代理期限等内容，并签名或者盖章，以明确有关权利义务关系。在实践中，有一些旅游企业委托本企业业务人员或者聘请外单位人员订立旅游合同而未给予正式的、完备的授权委托书。在这种情况下，旅游合同签订人的代理资格和代理权限问题，应作具体分析：一是旅游合同签订人用委托单位加盖公章的空白合同书或旅游合同专用章订立合同的，应视为有代理资格；二是旅游合同签订人持有委托单位出具的订立合同或者联系业务的介绍信订立旅游合同的，应视为有代理资格；三是旅游合同签订人未持有任何委托证明文件所签订的合同，如果委托单位未予盖章，合同不成立；如果委托单位已经开始履行此旅游合同，视为签订人的代理权已被追认，合同成立；如果委托单位不予承认，应视为无权代理。由于旅游行业的独特性，为保护旅游者的合法权益，加强旅游企业的自律，应充分重视旅游合同中的“表见代理”问题。

“表见代理”属于广义的无权代理，具体是指无代理权的情况下，代理人以被代理人的名义与相对人实施民事行为。由于代理人与被代理人之间的某种密切关系，足以使相对人有理由确信代理人有代理权，法律为保护善意的无过失的相对人而要求被代理人对代理人的代理行为承担授权人责任的一种法律制度。目的是保护合同相对人的利益，维护交易的安全。

实例　××××年9月，南昌旅游者师某等39人报名参加当地某旅行社组织的北京8日游。每人交付旅游费用1 200元。双方签订合同约定：1.旅途往返乘坐特快列车，抵北京后专车接至住宿地；2.在北京安排4天专用车；3.在北京游览19个景点。9月28日，该旅行社派导游凌某陪同该旅游团乘坐南昌至北京的特快列车赴京旅游。次日抵达后，该旅行社未派车接站，旅游团不得不自乘地铁并步行至住宿地。10月1日至3日游览中，因该旅行社未做周密合理的安排，致使该旅游团候车达4小时之久，未能按原约定游览中山公园和军事博物馆。为此该旅游团十分不满，遂与导游凌某达成退款协议约定：由旅行社退给该旅游团每人400元。10月5日，该旅游团乘坐北京至南昌的特快列车返回南昌。但当该旅游团向旅行社索要退款时，该旅行社法定代表人周某对退款协议不予承认，申明退款协议无效。因此，该旅游团投诉至旅游质监所。

本案中，旅行社显然已违反了旅游合同的约定，存在违约的事实，应承担违约责任。退款协议是否有效的争论焦点在于导游是否取得了合法的代理权。从导游的职责以及导游与旅行社的关系来看，在旅游活动过程

续上表

中发生了纠纷，导游应立即报告旅行社或立即报告处理争议的结果，旅行社应当确认，该旅行社导游与旅游团签订的退款协议在合理的期限内，旅行社未予反对，应推定为默认，该协议有效。从旅游者角度来看，由于导游与旅行社的密切关系，足以使旅游者确信退款协议有效，进而继续旅游活动，在更大程度上减少了旅行社相应的损失，因此该协议有效。

二、旅游合同订立的形式

旅游合同订立的形式，也即当事人之间订立合同的方式，一般分为两种。一是口头形式，是指当事人以谈话或口头表述的形式订立的合同，如当面交谈、电话联系等口头形式。口头形式适用于“即时清结”的合同，如旅游商店的旅游商品零售。一般而言，旅游合同不宜采用口头形式。二是书面形式，是指以文字的方式表现当事人之间所订立合同内容的形式，它包括合同书、信件和数据电文（包括电报、电传、传真、电子数据交换和电子邮件）等有形载体的形式。旅游合同订立的形式，除采用口头形式与书面形式以外，还有推定形式与默示形式。

三、旅游合同订立的程序

（一）要约

要约是指一方当事人以缔结合同为目的，向对方当事人提出合同条件，希望对方当事人接受的意思表示，也即要约人希望同他人订立合同的意思表示。在旅游经营活动中，也称“订约提议”或称为“发价、发盘、出盘、报价”等。

要约是一种旅游法律行为，必须具备一定的条件，包括两个方面：一是要约的内容必须确定和完整，也即要约的内容必须包括要约人所希望订立合同的基本条款，如果承诺人表示同意，合同即告成立。二是要约必须以缔结合同为目的，有缔约联系，负有“附随义务”，如果造成一方当事人的“信赖利益”的损失，应当承担“缔约过失”责任。

要约是一种法律行为，要约人在要约有效期内受“要约”的约束。例如：要约人不得把同一要约同时向第三人提出，与第三人订立合同；要约人一般不得撤回、变更或限制要约；要约人在要约生效前，可以撤回自己的要约，但撤回要约的通知应先于要约到达，或与“要约”同时到达方为有效。

在现实生活中，还有一种情况叫“要约邀请”。它与“要约”一样都是发生在合同订立过程中的一种意思表示，但两者在法律上具有不同的意义。因此区分两者之间的界限，明确要约邀请的范围以及种类，对于旅游合同实践具有重大意义。

要约邀请又称“要约引诱”，是指希望他人向自己发出要约的意思表示。它具有两大特点：一是要约邀请是一种意思表示，是当事人订立合同的预备行为，处于预备阶段；二是要约邀请所表达的内容是希望他人向自己发出要约，这是“要约”与“要约邀请”的本质区别。在发生要约邀请后，要约邀请人撤回其邀请，只要没有给相对人造成信赖利益的损失，要约邀请人一般不承担法律责任。

《合同法》第十五条对要约邀请的种类作了规定，即将寄送的价目表、拍卖公告、招标公告、招股说明书、商业广告等规定为要约邀请。而悬赏广告、投标、拍卖、自动售货机等作为要约。在旅游合同的实践中，“要约”与“要约邀请”可通过意愿区分确认（即当事人实施行为的主观意愿是“要约”或“要约邀请”）、主要条款确认、交易习惯确认等方式予以区分。

（二）承诺

承诺是指受约人无条件地接受要约人所提出的要约条款，并愿意订立合同的意思表示，也称“接受提议”。一般认为有效的承诺，必须符合以下条件：一是承诺必须由受约人向要约人作出；二是承诺必须在要约有效期内向要约人作出；三是承诺必须与要约的内容完全一致；四是承诺必须表明与要约人订立合同。

承诺是一种法律行为，承诺的法律效力在于一经承诺并送达于要约人，合同便宣告成立。承诺一般不能撤回，如果撤回承诺，其通知应先于承诺通知到达要约人，或与承诺通知同时到达要约人时，撤回通知方可有效。承诺的方式可以采取通知（明示）的方式（口头、书面形式）或者默示的方式作出。默示的方式是指通过行为本身去表示承诺，默示不同于单纯的缄默或不行动，缄默或不行动是指受约人没有作任何意思表示，也不能确定其具有承诺的意思。在旅游活动实践中，默示往往是通过交易习惯或根据要约要求来表示。例如，甲旅行社与乙旅行社在以往的业务合作中，通常都是一方发出要约后，另一方在规定的时间内没有作出意思表示，就认为另一方旅行社已经承诺。这次甲旅行社又向乙旅行社发出了在某日以某价格发团的要约，乙旅行社没有作意思表示，则应当认定乙旅行社已经承诺。

旅游合同的订立程序包含要约与承诺两个阶段，即要约一经承诺，旅游合同便成立。在旅游业务实践中，旅游合同的要约与承诺大部分都表现为一个反复磋商的过程，旅游合同的成立往往需经过要约、反要约，要约人与受约人互移其位的变化过程。

实例 甘肃省某商贸公司组织的14人前往北京参观旅游，日期为9月13日至20日。9月11日上午该公司与某旅行社联系，旅行社当即传真回复有关报价：每人旅游费为750元，另外提出返程票手续费每人30元，旅游团到京后，交齐所有费用。当日11时左右，该公司传真至旅行社，提出在京的旅游行程安排和接待标准以及旅游费的报价，并注明以上行程、报价请确认，在传真件上加盖了该公司的印章。下午2:30分，旅行社传真回复，对行程安排、接待标准和旅游费的报价表示接受外，仍提出应付火车订票费每人30元，到京后即交齐团费。商贸公司当日未再回复旅行社，同日下行17:40分，商贸公司组织的14人乘火车出发赴北京。

9月12日，商贸公司传真给旅行社称：“返程订票费手续费稍高，不得已由自己在京订票；团费由我方领队带去，先付50%。余款在离京上火车时给付。旅游团13日早到北京西站，望做好接待服务准备……”旅行社收到传真后，立即传真回复：因贵公司确认时间太晚，我社无法接待。

随后，商贸公司向旅游质监部门反映，要求进行协调，督促旅行社接待即将到京的旅游团。经旅游质监部门从中协调，旅行社基于行业管理部门的要求和维护旅游者的利益，同意有条件接待该旅游团。同时，商贸公司也接受旅行社所提出的条件，即住宿费每人每天增加10元，到京即付清全部团款，返程票自理，不再收取手续费。9月13日晨，该商贸公司一行14人到达北京西站，旅行社按时前往车站接团，并按照商贸公司要求安排了食宿和参观游览活动。

该商贸公司14人如期返回后，遂向旅游质监部门投诉称：“旅行社突然中断双方业已达成的协议，为避免陷于无人接等的困境，我方又委托旅游汽车公司派车到车站接团，造成双重接站，损失租车费200元；为解决纠纷支付来往电话费150元；旅行社乘人之危，借机增加住宿费240元，我方迫于无奈表示同意。鉴于旅行社的违约行为，请求旅游质监部门责成旅行社赔偿临时租车费、电话费和加收住宿费共计1 190元。”

案情分析：商贸公司与旅行社的旅游纠纷，争议的焦点是9月12日，双方当事人之间是否存在合同关系；旅行社增加住宿费是否构成乘人之危。

旅游质监部门经过审理认为，商贸公司的投诉理由不能成立，其主张无事实和法律上的依据，故对其

续上表

要求不予支持。 1. 9月12日前，双方的旅游合同并未成立。合同是当事人之间意见表示一致的结果，当事人依法就合同的主要条款达成一致，该合同方能成立，并对合同当事人产生法律效力。通过分析本案可以看到，在9月11日之前，旅行社与商贸公司就车票手续费及团费结算方式并未成达一致，因此旅游接待合同不能成立。所以并不存在旅行社单方解除合同的问题。本案中，商贸公司在合同主要条款未达成一致前，组织人员前往北京，由此产生的损失应由其自行承担。 2. 旅行社增加住宿费并不存在“乘人之危”的说法。所谓“乘人之危”，是指一方当事人利用对方处于危难之中，违反社会公德，为牟取不正当利益迫使对方作出不真实的意思表示，严重损害对方利益的行为，而旅行社最终与商贸公司达成一致意见，同意接待该旅游团，包括每人每晚增加10元住宿费的协议，是应商贸公司请求，协调纠纷的旅游质监部门在多次征求双方意见的情况下达成的，至此，双方当事人已就旅游合同条款形成一致意见，合同已依法生效，双方约定的条款应对合同当事人产生法律约束力。 3. 鉴于商贸公司所称危机的产生并非旅行社所为，故旅行社对此部分的费用不负有责任，损失应由商贸公司自负。

四、旅游合同的担保

旅游合同的担保是指在订立旅游合同时，为保证旅游合同的履行，双方当事人经协商一致采取的具有法律效力的保证措施。其具有三个法律特征：从属性、自愿性和预防性。根据1995年6月30日第八届全国人大第十二次会议通过的《担保法》，以及结合旅游行业的实际，旅游合同的担保主要有以下五种形式。

（一） 定金

定金是指合同当事人依法或者约定，按照合同标的额的一定比例，预先支付给对方当事人的货币。定金既有履行担保功能，又有违约补救功能的性质。

定金具有证明旅游合同成立，保证旅游合同履行，在旅游合同履行后充当预付款等作用。在我国旅游合同中实行定金制度，往往易于同违约金、押金、预付款等相互混淆，在此作一分析。

1. 定金与违约金的区别

①定金预先支付，违约金事后补救；②定金为双向担保，违约金是单向的；③定金有“定金制裁”的特点，即支付定金方违约，无权要求返还定金，收取定金方违约，应双倍返还定金，而违约金则无此罚则；④定金责任为惩罚性责任，以惩罚为核心，不以有实际损失为条件，违约金是补救性措施，以补偿损失为要务。合同中同时约定定金与违约金时，如果违约，只能选择一种罚则。

2. 定金与押金的区别

定金与押金虽然都属于货币担保形式，但也有区别。①功能不同。定金有担保和违约补救功能，押金不具违约补救功能。②金额和支付货币的计算方法不同。定金按照一定比例，法定在20%以下，押金可以超过或者等于合同标的额。③罚则不同。定金有定金制裁，而押金没有。

3. 定金与预付款的的区别

定金与预付款虽然都属于预先支付货币的形式。但也有许多不同点。①功能不同。定金有担保功能，预付款不具担保功能。②金额和支付货币的计算方法不同。定金按照一定比例，法定在20%以下，预付款可以超过、少于或者等于合同标的额。③罚则不同。定金有定金制裁作用，而预付款没有，但有专门法规规定的除外。

实例 田某同某国际旅行社订立东南亚6日游的旅游合同。合同规定:9月30日旅游团离北京直飞泰国;旅游费用每人共计4 750元,先交定金3 800元,余款取机票时付清。合同订立后,田某交付3 800元,旅行社开具了"定金"发票。同年9月8日,田某因所在单位委派其出差任务,无法按原计划旅游,故提出解除合同,并要求退还已交费用3 800元。旅行社称其交付的费用已用于办理护照、签证和机票的支付。田某要求提供凭证,同意合理扣除已发生支出部分,退还余款。旅行社认为,田某交付的3 800元是定金,按定金规则,其无法要求返还定金。

本案争论的焦点涉及田某的3 800元是定金还是预付款的问题。关于定金与预付款的区别,前文已作了说明。该案中,3 800元虽在旅行社开具的发票上是"定金",但从该笔费用的用途以及定金的数额已占全部旅游费用的80%、大大超过法定比例来看,其应属于预付款。

（二） 违约金

违约金是对不履行或不完全履行旅游合同的一种经济制裁，是指合同当事人依法或者约定的，一方违约时应向对方支付一定的货币。违约金属于承担违约责任的一种形式，是以"补偿性"为主，"惩罚性"为辅的违约责任作承担形式。

违约金分为法定违约金与约定违约金。约定违约金应当在合同中订立，没有订立约定违约金的合同，当事人无权要求另一方偿付违约金；违约金的数额应与违约损失大体相当，如果违约金过高或过低于违约损失，当事人可以请求仲裁机构或者法院予以适当减少或增加。

（三） 保证

保证是指旅游合同的当事人一方应另一方的要求，请第三方向另一方当事人保证自己履行合同义务的担保形式。这种担保形式是由不属于原旅游合同当事人的第三方参加的保证旅游合同履行的办法。

保证应采用书面形式，可以在合同中约定保证条款，由保证人加盖印章，也可以另行订立保证合同。另订保证合同的，由保证人和被保证人的对方当事人订立。保证法律关系成立后，保证人应督促被保证人认真履行合同。被保证人不履行合同时，按保证约定由保证人履行或承担连带赔偿责任。保证人向另一方代为履行合同或赔偿损失以后，有权向被保证人追偿。

保证人的保证责任可以是被保证人的全部义务，也可以是部分义务。如果是部分义务，则应在合同中加以明确，如未作规定，视为承担全部义务的保证责任。此外，旅游合同当事人变更合同未得到保证人的重新确认保证时，保证人对合同变更后被保证人扩大的义务不承担保证责任。

（四） 抵押

抵押是指旅游合同当事人一方或者第三方用自己特定的财产来向对方保证自己履行合同义务的担保形式。提供财产的一方称抵押人，接受财产的一方称抵押权人。抵押人不履行合同时，抵押权人有权依照法律规定变卖抵押物，并从变卖抵押物价款中优先受偿。

凡是国家法律禁止流通和禁止强制执行的财产，都不得作为抵押物。经双方当事人协议，抵押物可以由抵押人保管，也可以由抵押权人保管。抵押权人因保管不善造成抵押物损坏或破灭的，应当承担赔偿责任。抵押人自己保管时，对抵押物的使用应征得抵押权人的同意。

（五）留置

留置是指旅游合同当事人一方对已经合法占有的对方财产，在对方不按照合同约定履行义务时，有权扣留该财产，在扣留一定期限后，可依照法律规定以扣留财产折价或者变卖该财产的价款优先得到偿还。例如，在旅游商品的加工承揽合同中，定作方超过领取旅游商品期限六个月不领取的，承揽方有权将订做物变卖，所得价款在扣除报酬、保管费用之后，用定做方的名义存入银行。

第三节　旅游合同的法律效力

一、旅游合同的生效

旅游合同生效是指旅游合同所产生的法律上的约束力。这种约束力一方面表现为对合同当事人有约束力，即合同当事人必须按照旅游合同的约定承担各自的义务，以实现各自的利益；另一方面，依法成立的旅游合同的当事人受法律保护，即任何单位和个人不得对合同当事人进行非法干预。

旅游合同生效必须具备三个条件：第一，主体合格，即订立旅游合同的当事人应当具有相应的民事权利能力、民事行为能力或代理能力；第二，意思真实，即旅游合同当事人的真实意思表示一致；第三，内容合法，即当事人订立的合同的内容不违反法律法规的规定和社会公共利益。

旅游合同成立不同于旅游合同生效，依法成立的旅游合同，自成立时生效。

二、无效旅游合同的判定

无效旅游合同是指当事人签约成立而国家不承认和不受法律保护，没有法律约束力的合同。无效旅游合同从订立时起就没有法律效力。无效旅游合同不同于可变更或可撤销旅游合同。

可变更或可撤销的旅游合同是指旅游合同成立以后，存在法定事由，根据一方当事人的申请，由人民法院、仲裁机构确认准许变更或者撤销有关内容的合同。具体而言,其必须具备三个条件：第一，必须具有法定事由，即“重大误解”、“显失公平”、“一方以欺诈、胁迫的手段或者乘人之危”，使对方在违背真实意思的情况下订立的合同；第二，必须有一方当事人请求变更或撤消，没有一方当事人的请求，不会产生“变更或撤销”的后果；第三，变更或撤销必须由人民法院、仲裁机构来行使。

根据《合同法》第五十二条的规定，结合旅游行业的实际，无效旅游合同产生的原因主要有以下几种情况。

（一）一方以欺诈、胁迫的手段订立合同，损害国家利益

欺诈是指旅游合同一方当事人故意告知对方当事人虚假情况或故意隐瞒真实情况，诱使对方当事人作出错误的意思表示。

实例 王某为某旅游商店乙制作手工艺品，历来都是由乙按数量向王某支付一定预付款。这次由于数量较大，乙提出订立书面合同，并将预付款改为定金。由于王某是文盲，乙告诉王某，该合同内容与以前做法完全相同，王某遂在合同上签字。该旅游合同由于乙的欺诈行为使王某作出了错误的意思表示，该旅游合同因欺诈而无效。

在旅游合同的实践中，欺诈的认定需要证明行为人的主观是故意，如果不能证明是故意，或者行为人确实不是故意，则不能认定为欺诈。

胁迫是指以对方当事人及其亲友的生命健康、荣誉、名誉、财产等造成损害为要挟，迫使对方作出违背真实的意思表示。采取胁迫手段订立的合同，由于同旅游合同的合意的本质相背离，因而是无效的。

值得注意的是，一方以欺诈、胁迫的手段订立合同，损害国家利益的，该旅游合同从开始就属于无效合同，但是没有损害国家利益，而是损害对方当事人利益的，根据当事人意思自愿原则，应由受损当事人请求人民法院或者仲裁机构来裁决，作出无效旅游合同的判定，从而维护自身的利益。

（二） 恶意串通，损害国家、集体或者第三人利益

这是指订立旅游合同的双方当事人或者其代理人在订立合同时一起恶意串通损害国家、集体或者第三人利益。恶意串通在主观上是“恶意”的，有违法性；在客观上“串通”，即当事人有共同的目的，相互配合共同实施违法行为。由于其违背了旅游合同的本质以及市场交易的基本原则，当属无效合同。

实例 某酒店与某旅行社之间签订的旅游住宿接待合同中，相互恶意串通，在价款交付的账面上，降低营业收入，实施逃税、漏税行为。该旅游合同损害了国家利益，属无效旅游合同。

（三） 以合法形式掩盖非法目的

这是指有些旅游合同从表面上看其内容、形式都是合法的，但最终是为了达到非法的目的，即属于无效合同。例如，假借订立自费出国旅游合同，从事偷渡、走私、贩毒等活动的旅游合同；假借订立进口旅游设备、设施、高档旅游商品的旅游合同来逃避海关监督，走私其他商品等。

（四） 损害社会公共利益

当事人订立旅游合同必须自觉维护社会公共利益，决不能因考虑本单位、本部门、本地区发展旅游业的利益而给社会利益带来损害。例如，旅游资源开发建设的承揽合同，必须在内容中强调旅游资源的开发与保护的相结合，遵循可持续发展的原则；旅游景区内应当按照规划配套建设旅游基础设施、商业服务网点和安全、卫生设施；其建设应当与旅游景区的总体规划相适应，建筑风格要与周围环境相协调；开发旅游建设项目必须进行环境影响评价，实行与环境保护协调同步的方针，其废水、废气、固体废弃物等的处理设施必须与主体工程同时设计、同时施工、同时投入使用；在旅游开发区、保护区和游览区内禁止擅自采石、采矿、挖沙、取土、葬坟、狩猎、毁林、排污，禁止建设和从事环境污染、破坏景观和生态平衡的项目和经营活动。再如，旅行社或旅游饭店不能为了招徕游客，不顾社会公共道德的约束，与旅游者签订包含淫秽、赌博、吸毒等内容的旅游组织或接待合同。

（五） 违反法律、行政法规的强制规定订立的旅游合同

旅游合同无效，在实践中多属于违反了法律、行政法规的强制规定。例如，由于违反

《旅行社管理条例》的规定，在旅行社合同中，旅行社超范围经营、未给出境旅游团配备领队、未给旅游团配备全陪导游等等都可以导致合同整体无效或部分无效。

实例　旅游者李某等5人向质监所投诉称：××××年1月，他们与某国际旅行社商定并订立了一份东南亚8日游旅游合同，且交纳了出境旅游的全部费用。该份旅游合同加盖了该社海外部的印章。不料，时至预定出团的日期，该国际旅行社海外部已人去楼空。为此旅游者李某等要求追回所交全部旅游费用，并给予经济赔偿。经查，该国际旅行社无出境旅游经营权。该国际旅行社负责人称：该海外部已由王某承包，且承包书中明确订明承包期间产生的债权债务与社里无关，均由承包人承担，故该旅行社负责人称旅行社不承担旅游者的损失，应由承包人承担。

本案中，旅游者与旅行社签订的旅游合同属于无效合同，其原因在于该国际旅行社无出境旅游业务经营权，属超范围经营，且该社海外部无独立法人资格，不具有合格的当事人主体资格。该旅游合同违背了法律和行政法规的规定，是无效合同，但无效合同的后果应当由该旅行社承担，该旅行社负责人的说法不成立。

三、无效旅游合同的确认与处理

（一）无效旅游合同的确认

无效旅游合同只能由人民法院、仲裁机构确认，确认的依据有上述五个方面。在确认旅游合同无效时，应掌握以下界限。

1. 分清有效合同与无效合同的界限

有效合同主要特征是合同主体合格、合同内容合法、意思表示一致，反之，则为无效合同。

2. 分清无效合同与利用无效合同进行违法行为的界限

无效合同表现为“不依法”，利用无效合同进行以牟取非法利益为目的的违法行为表现为“违法”。利用无效旅游合同进行违法活动，给社会旅游经济秩序造成严重危害的，可直接追究责任人的法律责任。

3. 分清无效合同全部无效与部分无效的界限

旅游合同在确定为全部无效后，合同未履行部分不得履行，正在履行的部分应当立即终止履行。旅游合同被确认为部分无效的，如果不影响其余部分的效力，其余部分仍然有效。例如，旅游格式合同中的某些格式条款的无效，只要变更相应的格式条款，则该旅游合同仍然有效。

4. 要划清一般利用无效合同的违法行为与经济犯罪之间的界线

（二）无效旅游合同的处理

旅游合同被确认为无效合同后，其法律后果一般有三种。

1. 返还财产

如果旅游合同当事人均从对方取得了财产，合同无效或被撤销后，双方应当返还各自已经得到的财产；如果仅仅是一方当事人取得了财产，则应当将取得的财产返还另一方。返还财产的结果是使当事人之间的财产恢复到订立旅游合同之前的状态。

2. 赔偿损失

旅游合同无效或被撤销后，谁有过错并给对方造成损失的，谁就承担因过错和给对方造成损失的责任。双方均存在过错的，双方都承担因自己的过错给对方造成损失的责任，并根据各自过错的主次、大小和轻重，承担和自己的过错相当或者相适应的责任。

3. 折价补偿

这是指在旅游合同的实践中，如果不能返还或者没有必要返还从另一方当事人处取得的财产，就应当折价补偿。

对于损害国家利益和社会公共利益的无效旅游合同，如果双方都是故意的，应将双方已经取得的或约定取得的财产，收归国库所有。如果只有一方是故意的，故意的一方应将从对方取得的财产返还对方；非故意的一方从对方取得的财产，应收归国库所有。在追缴故意一方当事人的财产时，必须注意保护非故意一方当事人的合法利益。

除以上规定的情况外，因无效代理行为而产生的无效旅游合同，由代理人承担。

第四节 旅游合同的结果

一、旅游合同的履行

旅游合同的履行是旅游合同具有法律约束力的首要表现，是指旅游合同双方当事人，依法完成合同规定的义务和实现各自的权利。合同的订立是前提，合同的履行是关键。当事人应当自觉、严格、全面地履行旅游合同。

（一）旅游合同履行的原则

1. 全面履行原则

全面履行原则是指旅游合同当事人除按合同规定的标的履行外，还要按合同规定的数量、质量、期限、地点、价金、结算方式等各方面全面地履行。旅游合同当事人不能用其他标的来代替合同标的，也不能以偿付违约金、赔偿金来代替履约。全面履行原则是判定旅游合同当事人是否全面履行了合同义务，当事人是否存在违约事实以及是否承担违约责任的重要法律准则。

2. 协作履行原则

协作履行原则，亦称“适当履行原则”，是指旅游合同当事人双方在履行合同过程中，互相督促和配合，完成合同规定的义务，使当事人双方的利益得以切实高效地实现。旅游合同履行中产生的争议要及时协商解决，避免分歧扩大，影响合同的履行。

3. 诚实信用履行原则

旅游合同当事人在旅游合同的履行中除要遵循全面履行、协作履行的原则外，还应当遵循诚实信用原则，即根据旅游合同的性质、目的和交易习惯，履行通知、协助、保密等附属义务。

（二）旅游合同履行的规则

1. 协议补充履行规则

旅游合同生效以后，在合同的履行过程中，由于许多主客观条件的变化，当事人就旅游合同中的质量、价款或酬金、履行地点、履行期限、履行方式、负担费用等内容没有约定或者约定不明确的，可以协议补充。这种补充协议和原协议一样反映了各方当事人的共同愿望，一样具有法律约束力，是当事人履行合同的依据。不能达成协议的，按照合同有关条款或者交易习惯确定。

2. 价格变动履行规则

旅游合同在履行过程中价格发生变动是比较普遍的情况，特别是履行期限较长的合同，更容易遭遇到价格变化的影响。旅游合同的价格变动履行规则是针对政府定价或者政府指导价的情形，而不针对市场调节价。该规则体现“谁违约谁受损，谁守约谁受益”的法律价值取向，体现惩罚违约方、保护守约方的原则。具体规则如下：

（1）在旅游合同的交付期内政府价格调整时，按照交付时的价格履行。

（2）逾期交付标的物的，遇价格上涨，按原价格履行；价格下降，按新价格履行。

（3）逾期提取标的物的（或逾期付款），价格上涨，按新价格履行；价格下降，按原价格履行。

实例　××××年1月20日，刘某报名参加某旅行社组织的云南8日游，订立了旅游合同并交纳旅游费4 900元，旅游合同规定3月20日组团出游。1999年1月底，国家计委和民航总局联合发文规定各航空公司国内票价不得以任何名义和形式折扣销售，团体优惠价不得低于90%。旅行社原计划预定的折扣机票无法购到。鉴于飞机票涨价，旅行社即与刘某协商：一是按计划继续出游，但补齐机票款420元；二是取消此次出游，退还全部旅游费用。刘某勉强同意补交420元后，按计划出游。游览结束返回北京以后，刘某找旅行社交涉，认为双方既然签订了合同，就应该遵守，不得再额外加价，故要求旅行社退还420元机票款。本案对照上述关于旅游合同价格变动的履行规则可知，刘某的要求是与法相悖的。飞机票的调价是属于执行政府定价，因此420元机票款由刘某承担。

3. 替代履行规则

合同是特定主体之间的权利义务关系，合同的履行应当贯彻亲自履行的原则，但根据协作履行的原则，《合同法》允许债务人向第三人履行债务、第三人向债权人履行债务的规则，这涉及到旅游合同亲自履行与替代履行的问题。

由于第三人不是原旅游合同的当事人，故债务人向第三人履行债务以及第三人向债权人履行债务必须符合一定的条件：①债务人向第三人履行债务，第三人向债权人履行债务，必须由旅游合同的当事人约定作出；②债务人不向第三人履行债务或者履行债务不符合约定，应当向债权人承担违约责任，第三人不向债权人履行债务或者是履行债务不符合约定，债务人应当向债权人承担违约责任。

实例　××××年3月，台湾某旅行社(以下简称甲社)组织了一个旅游团赴杭州、上海、重庆、武汉、北京五城市游览，由杭州某旅行社(以下简称乙社)负责接待并安排上述五地旅行游览活动。行至重庆，由重庆某旅行社接待(以下简称丙社)。按照行程计划，在重庆完成旅游后，乘船由重庆至武汉。故丙社副总经理王某告知甲社领队李小姐，三峡旅游船票需用现金购买，丙社为该旅游团预订了船票，请李小姐支付船票款。为此，李小姐将5 000元美金交付给王某，请其代为购买船票，并约定第二天早晨李小姐带团上船后，丙社派人负责将票送到。转天早晨，李小姐带团上船后，直至开船，不见丙社送票人的踪影。李小姐多方设法与王某联系上后询问船票事宜，王某称：由于乙社尚欠丙社债务四万余元未付，因此，这5 000元美金冲抵乙社债务，请李小姐向乙社结算。李小姐闻此大惊，愤而抗议。几经争辩，丙社王副总经理搁断电话，再也不接电话。李小姐又打电话向乙旅行社询问，乙社答称：丙社的这一做法事先未告知我社，事后亦未通知我社，我社对此事不负责任，认为甲社应向丙社索回此款。此时船方来找李小姐，请李小姐即付船票款，李小姐只得请各位团员凑钱支付了船款。之后，李小姐即以电话向旅游行政管理部门投诉，诉称丙社以欺诈手段，骗取其5 000元美金，强烈要求丙社立即返还5 000元美金，并依法承担欺诈的法律责任。上述情况，经查属实。

本案在旅游经营活动中较为常见，依据上述替代履行规则，丙社不能从甲社旅游团收取5 000美金以冲抵乙旅行社债务。因为甲社要成为第三人，向乙社的债权人丙社履行债务的话，其前提条件是乙社与丙社之间已经协商同意，并经甲社认可。而此案中丙社在收取5 000美金前后都未与乙社联系、协商，属无效行为。

4. 当事人变动的履行规则

旅游合同是当事人之间设立、变更、终止民事权利义务关系的协议。当事人的变动并未使当事人的权利能力和行为能力有所变化，因此其承担的履约义务不发生变化，当事人必须继续履行合同，反之则应承担违约责任。当事人变动的履行规则具体表现在两个方面。第一，旅游合同生效后，不得因经办人或当事人的姓名、名称的变更或者法定代表人、负责人、承办人的变动而不履行合同；第二，当事人一方发生合并与分立，原签订的旅游合同继续有效，由变更后的当事人承担或分别承担。

二、旅游合同的变更与转让

（一）旅游合同的变更

旅游合同一经成立，具有法律约束力以后，任何一方都不能任意变更合同，但由于在合同的履行过程中主客观条件的变化以及根据当事人意思自愿的原则，经过法定的程序，满足一定的条件，可以依法变更合同。

旅游合同的变更是指旅游合同成立以后，尚未履行完毕之前由合同当事人双方依法对原合同的内容所进行的修改或补充。其包括四层基本涵义：

1. 原合同关系存在

旅游合同变更发生在合同成立以后，没有完全履行之前的期间内，如果合同没有成立或者已经履行结束，则不可能产生变更的情形，故旅游合同变更，其原合同关系存在。

2. 合同内容部分变动

也就是说不是全部变动或修改，否则为重新订立合同。

3. 当事人协商一致

未经当事人协商一致，单方变更无效。

4. 变更须经批准的应当经批准

旅游合同的变更必须明确具体，合同变更内容约定不明确的，推定为未变更。

（二）旅游合同的转让

旅游合同的转让是指旅游合同当事人依法将合同规定的权利和义务全部或部分转让给第三者的合法行为。其具体涵义包括四点：①向第三人转让；②合同主体发生变化，但合同的内容不发生变化；③经对方同意或通知对方方可产生法律约束力；④转让涉及审批手续的，须经批准。

旅游合同的转让是旅游合同变更的一种特殊形式，它不是变更合同所规定的权利、义务的内容，而是变更合同的主体。而旅游合同的变更是针对合同内容而言，不是对合同主体而言，合同主体变化属于合同转让。旅游合同的变更与转让都是法律行为，都改变了原有合同的法律关系。

旅游合同的转让包括旅游合同权利转让与义务转让。前者是指合同中享受权利的一方当事人通过协议将自己的债权全部或部分转让给第三人的行为；后者是指合同中债务人将自己应当履行的义务全部或部分转让给第三人的行为。

旅游合同权利转让者应履行通知的义务，即表明债权人转让债权，只要对债务人履行通知义务即可，不必经债务人同意。而旅游合同义务的转让必须经债权人同意，否则该转让无效，这与合同权利转让有所不同。

三、旅游合同的解除与终止

（一）旅游合同的解除

旅游合同的解除是指旅游合同成立并生效后，因双方当事人的协议或者法定事由，而使合同权利义务关系终止的行为。也即在合同关系有效期未满前，当事人提前终止合同的效力。旅游合同的解除有协议解除和法定解除两种形式。

1. 协议解除

它是基于当事人的意思而解除合同的一种形式，是一种双方的法律行为。这是合同自愿原则在终止合同关系中的一种运用形式。

2. 法定解除

它是指合同成立后，未履行或者履行中，当事人一方行使法定解除权而终止。法定解除是一种单方法律行为，其与协议解除的主要区别在于法定解除是当事人一方行使法定解除权的结果。《合同法》第九十四条规定了五种法定解除合同的情形：

（1）因不可抗力致使不能实现合同目的；

（2）在履行期限届满之前，当事人一方明确表示或者以自己的行为表明不履行主要债务；

（3）当事人一方迟延履行主要债务，经催告后在合理期限内仍未履行；

（4）当事人一方迟延履行债务或者有其他违约行为致使不能实现合同目的；

（5）法律规定的其他情形。

旅游合同的当事人一方按照合同约定的条件或者按照法定的情形解除旅游合同，应当履行通知的义务，旅游合同自通知到达对方时解除生效。旅游合同的解除，其通知或协议应当采取书面形式。法律法规规定解除合同应当办理批准、登记等手续的，应当依法办理有关手续。旅游合同的解除不影响当事人要求赔偿的权利，不影响合同中约定的清算条款，不影响约定的解决争议的条款。

（二）旅游合同的终止

旅游合同的终止是指当事人双方终止合同关系，合同所确定的当事人之间的权利、义务关系消灭。旅游合同的解除是旅游合同终止的一种特殊形式，两者所发生的原因有所不同，但后果都是使原旅游合同的权利义务关系消灭。

《合同法》第九十一条规定了七种合同终止情形：

（1）债务已经按照约定履行；

（2）合同解除；

（3）债务相互抵消；

（4）债务人依法将标的物提存；

（5）债权人免除债务；

（6）债权债务同归于一人；

（7）法律规定或者当事人约定终止的其他情形。

第五节 违反旅游合同的责任

一、违约责任的概念

违反合同的责任，简称违约责任，是指合同当事人不履行或不完全履行合同所规定的义务，依据法律规定或合同约定所应承担的责任。

违约责任是合同法律制度中的一个十分重要的内容。它是保障合同当事人履行合同义务的重要举措，对于促进旅游合同的全面履行、弥补违约造成的损失，对于当事人以及整个社会的民事、经济活动都具有重要的意义。

违约责任是民事责任的一种，但又不同于其他民事责任。一方面，违约责任的产生是以合同的债务的存在为前提的，即有效旅游合同的履行可能产生违约，而无效旅游合同本来就不应履行，故不存在违约问题；另一方面，违约责任的产生是以合同当事人不履行合同义务为条件的，即在产生了违约事实的基础上的一种民事责任。

违约责任相对于其他民事责任而言，具有三大特性。第一，违约责任具有相对性。即违约责任只能在特定的当事人之间产生，合同以外的第三人不会承担违约责任，尽管违约有可能是第三人造成的，但当事人与第三人之间是另外的法律关系；第二，违约责任具有任意性。违约责任作为一种法律责任，有强制性特点，但仍有很大的任意性，即当事人可以在法律规定的范围内，对一方的违约责任作出事先的安排和设定；第三，违约责任具有补偿性和制裁性的双重属性。即补偿受害方，惩戒违约方，督促合同的全面履行，实现各自的利益。

二、违约责任的严格责任原则

（一） 严格责任原则的概念

严格责任原则是确定旅游合同当事人的民事违约责任的根据和标准，是确定违约责任的基础，对违约责任的构成要素、损害赔偿的范围、举证责任的承担等具有重要的意义。

严格责任原则是指除不可抗力外，只要当事人没有履行旅游合同或者履行旅游合同不符合约定，即有“违约事实”的存在，就必须承担违约责任。“违约事实”是客观条件，包括合同完全没有履行和合同没有完全履行两种情况。严格责任原则不要求证明旅游合同当事人的“过错事实”，即主观条件。过错是当事人违约时的一种心理状态，包括故意和过失。违约方无论是由于故意还是过失，主观上都有过错，都要承担违约责任。

在旅游合同的违约责任实施何种原则的问题上，我国立法有一个发展过程。原《经济合同法》违约责任的原则是过错责任原则，即是指在发生违约事实的情况下，要确定当事人有违约责任，必须要求能够证明当事人在主观上具备过错，即谁有过错，由谁承担违约责任，没有过错的当事人不承担违约责任。如果双方均有过错，则由双方各自承担各自的过错责任。

旅游合同采取严格责任原则，一是有利于促使旅游合同当事人认真履行合同义务，以避免违约情形发生后，违约方千方百计寻找理由，证明自己主观上不存在过错。二是有利于保护守约方的合法权益，发生违约事实后，守约方无须举证违约方具有主观过错，使其能够充分维护自身的合法利益。

（二）不可抗力

严格责任原则强调只有当发生不可抗力，才有可能免除承担违约责任。不可抗力是指不能预见、不能避免和不能克服的客观情况。

不能预见是指旅游合同当事人在订立旅游合同时，受当时的主、客观条件的限制，对旅游合同的履行过程中可能发生的不利于合同履行的客观情况无法预见，而不是在出现这种情况时，以行为人的认识能力来判断。例如，旅行社的旅游组织合同中，经常出现由于天气原因造成飞机等交通工具的延误，致使合同履行延误，产生违约的事实。如果旅行社与旅游者订立合同时离出团在三天以上，不承担违约责任，如果在两天以内则承担责任，因为通过48小时的天气预报，能预测未来两天的天气变化。

不能避免是指旅游合同当事人对于可能出现的意外情况尽管采取了及时合理的措施，但是在客观上并不能阻止这一意外情况的发生，即当事人主观上尽了最大努力，在客观上无法避免。

不能克服是指当事人没有能力克服。这与旅游合同当事人本身的能力有关。如果当事人只要采用一定的措施就可以避免或能够克服的，就不能认为是不可抗力。

不可抗力通常可包括两种情形：一是自然现象，如地震、水涝、洪灾等；二是社会现象，如政治骚乱、罢工、战争、瘟疫的流行等。

旅游合同当事人一方因不可抗力不能履行合同时，应当及时通知对方，向对方通报自己不能履行合同或者不能完全履行合同或者延期履行合同的情况和理由，以期得到对方的协助，共同采取措施，防止和减少损失。即不可抗力发生后，当事人应当履行通知义务和举证义务，否则，则不能部分或全部免除责任。

因不可抗力不能履行合同的，根据不可抗力的影响，部分或者全部免除责任。但不可抗力作为免责事由是有时间限制的，即迟延履行义务发生不可抗力的，不能免除责任。

实例　××××年2月，北京某旅行社接待香港某旅游团。按照旅游合同规定：该旅游团在北京游览4天，其中2月11日游长城、12日游颐和园、13日游故宫、14日游览市容后出境。该旅行社未征得旅游团同意，将游览长城改为2月14日，不料2月13日天降大雪，14日积雪封路，无法游览长城。该旅游团要求旅行社赔偿，但旅行社辩称，天降大雪属于不可抗力，不应承担责任。遂诉至质监所。

本案中旅行社的辩解不能成立，它未经旅游者同意擅自变更旅游行程属于违约行为。旅游者未能游览长城虽为天降大雪所致，但若按照原合同的约定2月11日游览长城，则可避免这一事实发生。因此按上述关于不可抗力的阐述，未游览长城不是不可避免和不能克服的。该旅行社不能以不可抗力为借口，拒绝赔偿香港旅游团损失。

三、违约责任的承担

（一）违约责任的承担主体

违约责任的承担主体是合同的当事人，因为只有当事人才是旅游合同所确立的权利义务法律关系的主体。当事人一方违约时，由违约方承担违约责任；当事人双方违约时，各自承担相应的违约责任；由于第三人原因造成当事人违约的，由违约当事人向另一方当事人承担违约责任，承担了违约责任的当事人可以保留对引起其违约的第三人的追偿的权利。例如，由于旅游饭店所提供的客房、餐饮等服务不当，造成旅行社未能按照与旅游者订立旅游合同的约定提供服务，使旅行社产生违约事实。此时，按照严格责任原则，旅行社应先行赔偿旅游者损失，即承担违约责任。然后该旅行社可根据自己与旅游饭店之间的合同关系进行对旅游饭店的追偿。

（二）违约责任的承担方式

1. 继续履行

继续履行是当事人承担违约责任的主要方式之一。继续履行是指当事人一方不履行合同或者履行合同的义务不符合约定时，另一方当事人可以要求其在合同履行期限届满后继续按照合同所约定的主要条款继续完成合同义务的行为。即如果违约行为并未使合同履行成为不必要、无意义，而且继续履行合同可以给守约方带来利益或减少损失，那么一方违约偿付了违约金、赔偿金后，守约方仍然可要求违约方在指定或双方约定的期限内，继续履行合同中规定的义务。例如，旅游饭店违反旅游合同，未能按照约定向旅行社或旅游者本人提供预订有效的客房，此时旅行社或者旅游者可以要求旅游饭店提供同一级别的或者级别略高的替代客房或床位，并承担由此产生的一切额外支出。

继续履行可以分为金钱债务的继续履行和非金钱债务的继续履行。对于非金钱债务的继续履行，《合同法》第一百一十条规定，下列情形可以不继续履行。

（1）法律或事实上不能履行；

（2）债务的标的不适于强制履行或者履行费用过高；

（3）债权人在合理的期限内未要求履行。

2. 补救措施

所谓补救措施，是指违约方采取的除继续履行、支付赔偿金、违约金、定金方式以外的其他措施，其目的在于消除、减轻因违约给对方造成的损失。例如，在旅游商品购销合同中，对于旅游商品质量约定不明的，受害方根据标的性质以及损失的大小，可以合理选择要求对方承担修理、更换、重做、退货、减少价款或者报酬等违约责任。

3. 赔偿损失

旅游合同当事人一方不履行合同义务或者履行合同义务不符合约定的，在履行义务或者采取补救措施后，对方还有其他损失的，应当赔偿损失。采取赔偿损失的方式，需要一定的条件。根据严格责任原则，构成违约赔偿损失的条件包括三个方面。

（1）必须有损害事实。这是承担赔偿损失的首要构成要件。

（2）必须有违约行为。如果仅有违约事实而无违约行为，即损害事实的发生是由于受害方自身或其他意外所导致，则合同另一方当事人不承担赔偿损失责任。

（3）违约行为与损害事实之间有因果关系，即损害事实的发生是由于损害行为所必然造成的。

四、违约责任的赔偿损失规则

（一）等额赔偿规则

等额赔偿损失规则是一种补偿性的违约责任的承担，即通过赔偿使受害方当事人的损失恢复到合同订立前的状态或者合同履行后受害人可以获得的利益的状态。也即损失赔偿相当于因违约所造成的损失。

（二）赔偿限制规则

为了体现旅游合同的公平原则，保护旅游合同当事人双方的权利和利益，赔偿损失在超过等额赔偿幅度时，实施一定的赔偿限制制度，即赔偿损失不得超过违反合同一方当事人订立合同时预见或者应当预见到的因违反合同可能造成的损失。

（三）经营欺诈惩罚赔偿规则

赔偿损失是补偿性的，不具有惩罚性。但是，如果旅游合同一方当事人采取欺诈的方法给另一方当事人造成了损失，则赔偿就具有惩罚性，即合同一方当事人可以要求对方增加赔偿其受到的损失。例如，旅游商店向旅游者提供的商品造成旅游者损失的，旅游者可以要求其增加赔偿的金额为旅游者购买该旅游商品价款的一倍。

（四）减少损失规则

旅游合同当事人有违约行为时，应当承担相应的违约责任，但这并不意味着允许没有违约的一方当事人在明知对方违约时，故意或者放任损失的扩大，以致加重违约方的赔偿责任。根据旅游合同的公平原则以及旅游合同协作履行的原则，当事人一方违约后，对方当事人应当采取适当措施防止损失的扩大，没有采取适当措施致使损失扩大的，不得就扩大的损失要求赔偿。当事人因防止损失扩大而支出的合理费用，由违约方承担。

实例　××××年×月。××等34名旅游者参加了某旅行社组织的赴桂林旅游的活动，春节期间由于到桂林的游客多，铁路运力紧张，原旅行社预定的北京至桂林的K5次列车变更改乘163次列车，由于车次的变更，因此旅游时间比原计划少了半天，游客对此不满，要求顺延一天返回。但因桂林地接社已按照旅行社双方合同约定购买了回程车票，而旅客拒绝返回，致使34张火车票作废，造成直接经济损失13 048元。××等34名游客在桂林滞留期间，经旅游局等有关部门多方做工作后，地接社又支付了回程费用，34名游客才返程。××等34名游客以旅行社违约为由，向旅游质量监督管理部门投诉，要求组团社给予赔偿。

旅游质量监督管理部门立案受理并经审查认定：

一、被投诉方改变出行车次，违反了双方签订的合同，应承担违约责任。

二、投诉人不按合同约定时间返程，一味强调对方违约，对被投诉人因违约愿意进行经济赔偿的主张拒不接受，并强行滞留桂林。依据《民法通则》第一百一十四条之规定："当事人一方因另一方违反合同受到损失的，应当及时采取措施，防止损失扩大。没有及时采取措施致使损失扩大的，无权就扩大的损失要求赔偿。"因此，投诉人应自行承担滞留桂林期间的费用。

五、预期违约

（一）预期违约的概念

预期违约是指在旅游合同订立之后履行期限届满之前，当事人一方明确表示或者以自己的行为表示不履行合同义务，另一方当事人要求其承担违约责任的一种合同救济方法。

预期违约起源于英美法等国家，是英美法等国家的判例发展起来的特有制度。其目的是守约方保护自己利益，减少因对方违约而造成损失，使可能遭受损失的当事人提前获得法律上的救济，防止其遭遇本来可以避免的损失的一种行之有效的方法。我国在新的《合同法》中施行了预期违约制度。

在现实的旅游经营活动中，旅游合同一方当事人已经发现对方资信情况不良或缺乏履行合同的诚意。例如，过去有不少合资经营的旅游企业，由于在谈判签约之前未能对外国合营者的资信情况作详细调查，草率签约，而签约后突然发现对方根本不可能按合同规定将自己认缴的出资额投入到合营企业的账户。在这种情况下，如果坐等履约的最后期限到来，会遭受许多不必要的损失，如果单方中止合同，另觅合作伙伴，又会使自己一方违约。在这种情形下，明智与合理的做法是采用预期违约制度，维护自己的合法利益。

（二）预期违约的构成要件

预期违约作为一种合同的违约救济制度，具有四个构成要件。

(1) 预期违约的合同是有效的合同。合同有效是合同履行的前提，无效合同不能履行，也就不存在预期违约的问题。

(2) 预期违约在时间上发生于合同订立之后，履行之前。预期违约是对将来的合同义务的一种违反，而实际违约是对已到期的合同义务的违反。预期违约是对期待债权的侵害，而非对现实债权的侵害。

(3) 预期违约的主张可以是旅游合同的任何一方当事人。只要对方当事人以明示的方式，或者从其行为中明确推断出将不履行合同，就可以使用预期违约制度来保护自己的权利，并不要求非违约方是负有先履行合同义务的当事人，此点与不安抗辩权的行使不同。不安抗辩权的行使人只能是负有先履行义务的一方当事人。

(4) 预期违约必须有表明当事人不履行合同义务的事实发生。不履行合同义务的事实既可以是通过明示方式，也可以是通过默示方式表现出来。不管是以口头形式还是以书面形式明确表示将不履行合同，都构成明示预期违约。以合同当事人的行为表明其将不履行合同，构成默示的预期违约。由于默示的预期违约只是一种推断，所以在认定时，应当取得充分的证据来证明，否则反会造成自己的违约，被对方追究违约责任。

（三）预期违约的法律效力

预期违约是可选择的违约补救手段。当事人是否采用“预期违约”制度保护自己，由自己决定。也即当事人可以等待让对方构成实际违约时，再提出实际违约的责任承担的主张。

在预期违约的情形发生时，另一方当事人可以解除合同，也可以不解除合同，非违约方可以进行选择。如果选择解除合同，则应当以书面形式通知违约方，在通知送达预期违约方时，合同解除。如果预期违约方不同意解除合同，守约方可以请求人民法院或仲裁机构来裁决。合同解除不影响非违约方要求赔偿损失的权利。

在明示预期违约的情形下，守约方一般可直接通知对方解除合同，并要求对方赔偿损失。在默示预期违约时，守约方一般可以中止履行合同，要求对方提供充分的履行保证，如果在合理的期限内对方未能提供充分的担保，守约方可以解除合同，如果提供了充分的履行担保，守约方则应恢复履行。

【本章小节】 本章重点介绍了旅游合同的的概念、特征和作用，阐述了旅游合同的基本原则和具体内容，并用大量的案例详细论证了旅游合同当事人的资格、旅游合同订立的形式和程序、旅游合同的担保、旅游合同的生效、无效旅游合同的判定、无效旅游合同的确认与处理、旅游合同的履行、旅游合同的变更与转让、旅游合同的解除与终止、违反旅游合同的责任等一系列重要问题。

【关键词】 旅游 合同 法律效力 责任

【思考题】 1. 试述旅游合同的订立过程。
2. 旅游合同有那些基本原则？
3. 试述旅游合同当事人的资格。
4. 试述旅游合同履行的规则。
5. 试述违约责任的赔偿损失规则。

第三章　出入境及旅行居留管理法规

学习要点：

1. 入出境有效证件。
2. 入出境管理和边境检查制度。
3. 对外国旅游者在我国居留和旅行的管理。
4. 中国公民出国旅游管理制度。

是否允许外国人入出国境，在什么条件下同意外国人入出国境，是一个国家的内政问题。随着国际社会政治、经济和文化等方面的交往日益增多，以及科学技术和现代交通工具迅速发展，各国之间的人员往来更加频繁。改革开放以后，外国旅游者以及其他有关人员出我国国境的数量不断增加，我国公民出入国境也日趋频繁。为此，我国从1985年开始，陆续颁布了一系列法律和法规对外国人的入出境、居留和旅行以及本国公民出入国境作了具体的规定。

第一节　入出境有效证件

任何一个国家的公民，在出自己的国境和进入别国的国境时，都必须持有国际上通行的有效证件，否则，边防检查人员有权拒绝其出入国境。

一、护照

（一）护照的概念

护照是主权国家发给本国公民出入境及到国外旅行、居留的合法身份证明和国籍证明。护照的英文叫Passport，意为通过口岸的通行证。任何国家都不允许没有护照的人进入其国境，护照是维护国家主权、保护本国公民利益和保障国际正常交往所必备的重要证件。

目前世界上大多数国家颁发的护照，一般可分为外交护照、公务护照和普通护照三种。个别国家只发一种护照（如英国）；少数国家发两种护照（如印度和巴基斯坦等）；也有的国家发四五种护照（如美国和法国等）。个别国家不分护照种类，只在护照上注明持照人的职业和身份。我国政府现在颁发的护照分为外交、公务、因公普通和因私普通护照四种。

每种护照均有一定的有效期限，各国不尽相同，分为1年、2年、5年或10年不等。我国的护照有效期为5年，过期前可到颁发护照的机关申请延期。颁发护照、签证的机关，通常是外交部或移民部门以及驻外外交使馆或领事机关。在国内，我国外交部、各省、自治区、直辖市外事办公室及由外交部授权的开放城市的外事办公室，负责颁发外交、公务和因公普通护照；公安部和各地公安机关负责颁发因私普通护照。在国外，我国驻外国大使馆、领事馆及外交部授权的机关负责颁发护照。

护照办妥后，要认真核对以下内容：姓名、籍贯、出生年、月、日和地点是否填写正确；有无授权发照人的签字和发照机关的盖章；护照日期和有效期有无写明；本人是否已在护照上签名。

（二）护照的种类

1. 外交护照

外交护照（diplomatic passport）主要发给从事外交工作的政府高级官员、外交及领事官员、参加国际会议的代表或政府代表团的成员等。也适用于驻外外交官的配偶和未成年子女。

2. 公务护照

公务护照（service passport）是发给国家公务人员的护照，也有的国家称这种供政府官员使用的护照为“官员护照”。此外，各国都把这种护照发给驻外使（领）馆中不具有外交身份的工作人员及其配偶和成年子女。

3. 普通护照

普通护照主要发给侨民和临时出国的一般公民。如旅游者和留学生通常领取因私普通护照（passport for private affairs），少数公派留学生根据需要也可领取因公普通护照（passport for public affairs）。

（三）护照的作用和内容

1. 护照的作用

公民在国际间往来，必须持有本国政府颁发的合法护照，同时护照内必须具有前往国的有效签证，这样才能离开本国国境，进入前往的国家或地区。如果持照人在国外旅行、居留期间发生意外，所在国首先必须依照其所持护照，判明身份和国籍，然后再决定如何处理。同样，护照颁发国的驻外机构也要根据护照来决定如何提供帮助或外交保护等。

2. 护照的内容

护照本身的内容，各个国家都比较相近。封面印有国徽和国名的全称及护照种类的名称，封底都印有使用护照的注意事项，封里一般都印有“请各国军政机关对持照人予以通行的便利和必要的协助”等。中华人民共和国护照的第1页印有持照人的护照号码、姓名、性别、身份、婚姻状况（新版护照已取消此项）、出生日期、出生地点、有效期至、身份证号码等，并贴有本人照片；第2页印有“中华人民共和国外交部请各国军政机关对持照人予以通行的便利和必要的协助”字样并附有英文译文；此外还有签发日期、签发地点和发照机关的盖章；第3页是关于偕行儿童的姓名、性别、出生日期、加注日期，并贴有儿童照片；第4页和第5页是延期页；第6至第8页是备注页；第9至第32页是签证页；最后一页是注意事项。其内容是：①护照为重要身份证件，应妥为保存，不得损毁、涂改、转让。②颁发护照和护照延期、加注及换发、补发，由省、自治区、直辖市公安厅（局）及授权的公安机关和中华人民共和国驻外国的外交代表机关、领事机关或者外交部授权的其他驻外机关办理。③已经在外国定居的公民要及时向中国驻外国的外交代表机关、领事机关办理加注手续。④护照遗失应立即向当地公安机关或者中国驻外国的外交代表机关、领事机关报告。最后是持照人签名栏目。也有的国家的护照上还包括持照人的职业、籍贯、身高、眼睛和头发的颜色、显著特征等。由于各国的护照都允许到期后可以延期，所有护照内都有“延期”专页和“备注”专页。为了方便各国颁发签证，护照内包括许多签证页，每一页上都印有“VISA”字样。

（四） 护照的领取、有效期和有效地区

1. 护照领取

(1) 申请人或申请人的法定监护人凭本人身份证领取护照、证件；同时出具领证收条。多人申请商务出国的，可让其中一人或法人代表凭所有申请人身份证领取护照、证件；

(2) 地、州、市（县）申请人需要在省公安厅出入境管理处领取护照、证件的，凭相关地、州、市（县）公安局出入境管理部门出具的同意申请人到省公安厅出入境管理处领取护照、证件的“批准通知书”领证；

(3) 申请人对领取的护照及有关证件认真核对无误后，要在“持照（证）人签名处”用钢笔亲笔签名。

2. 护照的有效期

目前我国护照的有效期为5年。护照到期后可延期两次，每次延期5年。旧版护照将不再办理延期，而是更换新版护照。

3. 护照的有效地区

有效地区是护照的重要内容之一，我国的护照上都印有“本护照前往世界各国有效”。有的国家的护照则印有“本护照限往X国有效”或“持照人不得前往X国及X地区”等字样。

（五） 护照的申请

中国公民出境旅游应申请办理普通护照。按照法律规定，申请应向户口所在地的市、县公安机关出入境管理部门提出，回答有关询问，履行下列手续：交验户口簿和其他户籍证明；提交出境申请表；提交所在单位对申请人出境的意见和旅游所需外汇的证明。办理探亲旅游，还应提交亲友的邀请证明、亲友生活保证书，并出示我公安机关的亲属关系说明。护照由持证人保存、使用，不得涂改、损坏，严防遗失。如果遗失护照，应报告主管部门，在登报申明或挂失声明后申请补发。因情况变化，需变更护照或加注的，应提交申请，携带加注事项证明或说明材料到指定的机关办理。

为方便中国公民办理护照，新版中国公民因私普通护照从2000年6月1日起率先在上海、江苏两地启用。为配合新版护照的启用，公安部出入境管理局已推出一系列便利措施，中国公民申领护照出国将更加简捷。

颁发护照动态 根据新的要求，今后全国大中城市公安机关必须自受理申请之日起在15个工作日完成护照审批签发的各项手续。对出国治病或探望危重病人、出国奔丧、出国参加紧急商务活动、出国留学、开学时间临近、公派出国留学、前往国入境许可证或签证有效期即将届满、公安机关认为确属紧急的其他情况的出国人员，公安机关将本着急事急办的原则，在5个工作日内完成签批护照的各项手续。同时，在申请人自愿要求的情况下，公安机关可以通过邮政特快专递方式向申请人送交护照。归侨、侨眷、60岁以上的公民、随父母或监护人出国的未满16周岁的公民，以及出国探望配偶、父母、子女的申请人，可免交国外亲友的邀请信和亲友在国外的居住证明。公民参加旅行社组织的旅游团队出国旅游，只需向公安机关提交有出国旅游经营权的旅行社出具的全额旅游费用发票，免交旅游行政部门出具的审核证明。同时，签发护照“一年一次使用有效”限制也将取消，取而代之的是统一颁发有效期5年、可多次使用的护照。

目前，世界上的一些国家开始使用数字护照。这种护照的大小如同信用卡，在磁条上存储着持卡人的手的全息摄影图。数字护照于1995年在美国对5万名旅行者进行试用取得成功后，又在加拿大、德国、荷兰和英国对通用卡和机器标准进行了国际试验。由于数字护照还可以存储眼睛和声音扫描信息，所以，它的使用还可能有助于制止国际恐怖活动。因为数字护照使伪造旅行证变得实际不可能。随着手的图像在旅行证件或智能卡上实现数字化，凭数字护照在几秒钟通关入境成为现实。

二、可以代替护照使用的证件和颁发单位

目前，有一些国家为旅游者颁发代替护照的证件，如法国的通行证、英国的旅行证、澳大利亚的身份证等。在我国，《中华人民共和国旅行证》、《中华人民共和国入出境通行证》和《海员证》等可以代替护照使用。

旅行证是中国旅游者出入境的主要证件，由中国驻外国的外交代表机关、领事机关或者外交部授权的其他驻外机关颁发，分 1 年一次有效和 2 年多次有效两种。旅行证由持证人保存、使用，需要变更或加注旅行证的记载事项，应提交变更材料、加注事项的证明或说明材料向颁证机关提出申请。入出境通行证是入出中国边境的通行证件，分 1 次有效和多次有效，由省、自治区、直辖市公安厅及其授权的公安机关签发。

三、签证

签证是主权国家官方机构发给本国和外国公民出入国境或者外国人在本国居留、居住的许可证明。签证均做在护照或其他身份证件上。

（一） 签证的种类

签证有多种分类方式。根据签证的性质分为外交签证、公务签证、普通签证和礼遇签证（少数国家有）；按作用分为非移民签证和移民签证。许多国家的入境签证还分为定居、旅游观光、留学、任职等项签证。有的国家只有入境、再入境和过境签证，而没有出境或出入境签证。按国际惯例，一般发给与护照相应的签证。但有的国家规定可以发给高于或低于护照种类的签证。

我国只对外国人发给签证。在 1994 年 7 月 15 日发布的《中华人民共和国外国人入境出境管理法实施细则》中规定：根据外国人来中国的身份和所持护照的种类，分别发给外交签证、礼遇签证、公务签证和普通签证。

签发普通签证时，根据外国人申请来中国的事由，在签证上标明相应的汉语拼音字母。

(1) D 字签证发给来中国定居的人员。须持有定居身份确认表。该表由申请人或者委托其在中国的亲属向申请定居地的市、县公安局出入境管理部门申请领取。

(2) Z 字签证发给来中国任职或者就业的人员及其随行家属。须有中国聘雇单位的聘请或者雇用证明，或者被授权单位的函电。

(3) X 字签证发给来中国留学、进修、实习 6 个月以上的人员。须有接受单位或者主管部门的证明。

(4) F 字签证发给来中国访问、考察、讲学、经商、进行科技文化交流及短期进修、实习等活动不超过 6 个月的人员。须有被授权单位的函电。

(5) L 字签证发给来中国旅游、探亲或者因其他私人事务入境的人员。其中 9 人以上组团来中国旅游的，可以发给团体签证。其中来华旅游的，须有中国旅游部门的接待证明，必要时须提供离开中国后前往国家（或地区）的飞机票、车票或者船票。

(6) G 字签证发给经中国过境的人员。须持有前往国家（或地区）的有效签证。如果申请人免办前往国家（或地区）的签证，须持有联程客票。

(7) C 字签证发给执行乘务、航空、航运任务的国际列车乘务员、国际航空器机组人员及国际航行船舶的海员及其随行家属，须按协议提供有关证明。

(8) J－1字签证发给来中国常驻的外国记者，J－2字签证发给临时来中国采访的外国记者。获得这两种签证均须有主管部门的证明。

（二）签证机关

中国政府在国外管理外国人入境、过境签证的机关是中国的外交代表机关、领事机关和外交部授权的其他驻外机关。一般情况下，外国人要进入中国国境，须在我国的驻外代表机关办理签证。特殊情况下，未在驻外代表机关办理签证，可在中国公安部授权的口岸签证机关办理签证。《中华人民共和国外国人入境出境管理法实施细则》规定，外国人持有中国国内被授权单位的函电，并持有与中国有外交关系或者官方贸易往来国家的普通护照，因下列事由确需紧急来华而来不及在上述中国驻外机关办理签证的，也可以向公安部授权口岸签证机关申请办理签证：

(1) 中方临时决定邀请来华参加交易会的；

(2) 应邀来华参加投标或者正式签订经贸合同的；

(3) 按约来华监装出口、进口商检或者参加合同验收的；

(4) 应邀参加设备安装或者工程抢修的；

(5) 应中方要求来华解决索赔问题的；

(6) 应邀来华提供科技咨询的；

(7) 应邀来华团组办妥签证后，经中方同意临时增换的；

(8) 看望危急病人或者处理丧事的；

(9) 直接过境人员由于不可抗拒的原因不能在24小时内乘原机离境或者需改乘其他交通工具离境的；

(10) 其他被邀请确实来不及在上述中国驻外机关申请签证，并持有指定的主管部门同意在口岸申办签证的函电的。

目前，公安部授权可办签证的有北京、上海、天津、大连、福州、厦门、西安、桂林、杭州、昆明、广州（白云机场）、深圳（罗湖、蛇口）、珠海（拱北）、海口、三亚、济南、青岛、烟台、威海、成都、南京、重庆、武汉、沈阳、满洲里等口岸。

（三）签证的内容

各国签证的内容大体相同，包括签证的有效期（validity，date of expiry，valid until）、停留期（duration of stay，period of stay，length of stay）、有效次数（times of validity）、入境口岸（port of entry）、偕行人员（accompanying persons）等。过境签证有效期为1月，逗留时间限为3天。入出某国的签证有效期为半年，逗留时间限为1月。超过一个月则需向有关部门办理延长手续。

中国旅游者出国前要提前办理签证，以免误事。办理签证时要仔细检查，注意前往国家和中途经过国家或停留国家的签证是否正确齐备。切忌未办理签证或签证过期硬行出国。即使是过境签证，也不要忽视。有的国家一旦发现外国人违反过境签证，即予以高额罚款或原机返回。

我国采用一次签证、多次签证和免除签证制度。外国人在我国入境、出境、过境，应在有效期内按指定的入出境口岸、交通工具和路线通行，中途非经许可不得停留，一般一次签证一次有效，有时也采用对等原则，办理多次签证，如乘务员签证。边民往来，访客朝圣可凭护照、过境通行证、边境公务证在指定的地点出入境。我国还与捷克、斯洛伐克、阿尔巴尼亚、朝鲜、南斯拉夫、罗马尼亚、马尔代夫、圣马力诺、智利、厄瓜多尔、秘鲁、保加利亚、巴基斯坦、哥伦比亚、玻利维亚、波兰、俄罗斯、乌拉圭、古巴、蒙古、伊朗、委内瑞拉、老挝、孟加拉国、土耳其、塞浦路斯、塞舌尔、越南、哈萨克斯坦、匈牙利、立陶宛、摩尔多瓦、土库曼斯坦、白俄罗斯、韩国等签订了互免签证协议，协议国公民持因公护照进入对方国家可以免办签证。

（四） 签证的申请

外国人申请签证须回答被询问的有关情况，并履行下列手续：

(1) 提供有效护照或者能够代替护照的证件；

(2) 填写签证申请表，交近期2寸半身正面免冠照片；

(3) 交验与申请入境、过境事由有关的证明。

外国人来中国定居或者居留1年以上的，在申请入境签证时，还须交验所在国政府指定的卫生医疗部门签发的，或者卫生部门签发的并经过公证机关公证的健康证明书。健康证明书自签发之日起6个月有效。

外国人持有联程客票并已订妥联程座位搭乘国际航班从中国直接过境，在过境城市停留不超过24小时，不出机场的，免办过境签证；要求离开机场的，须向边防检查站申请办理停留许可手续。

国际航行船舶在中国港口停泊期间，外国船员及其随行家属要求登陆，不出港口城市的，向边防检查站申请登陆证，要求在陆地住宿的，申请住宿证。有正当理由需前往港口城市以外的地区，或者不能随原船出境的，须向当地公安机关申请办理相应的签证。

中国公民凭护照或其他有效证件出入境，无需办理中国签证。但若作为允许旅游者前往一个国家或中途经过或停留的证件，中国旅游者在经批准出境获得护照和出境登记卡后，应申办欲前往国的签证或入境许可证。按国际惯例，一般按护照种类发给相应的签证，但也可以发给高于或低于护照种类的签证。出国旅游应向所去国的驻华使、领馆办理签证申请；没有使、领馆，也没有其他使馆代办业务的，则需到办理该国签证的国家办理。

（五）国外旅行团旅游签证通知权的行使

我国国际旅行社组织的到我国境内旅游的签证通知权和权限如下：

(1) 中央部门所属的国际旅行社组织的国际旅行团，由国家旅游局以函电通知驻外大使馆、领事馆和代表处，核发团体签证，或由中央部门所属国际旅行社将盖有国家旅游局签证通知专用章和统一编号的函件寄往国外旅行社，由国外旅行社持确认函电到我驻外代表机构办理签证。

(2) 省、自治区、直辖市所属国际旅行社组织的外国旅行团，只能由各省、自治区、直辖市旅游局以函电通知驻外大使馆、领事馆和代表处核发旅行团签证。

(3) 中国国际旅行社集团、中国旅行社集团和中国青年旅行社集团在国家旅游局委托范围内可代理国家旅游局行使国外旅行团签证通知权。

全国公安出入境管理工作会议2001年11月22日对我国出入境管理作出6项重大改革

为适应我国加入世贸组织后的新形势，加速与国际惯例的接轨，今后中国公民出国境不再需要提交境外邀请函，凭身份证、户口簿按需要可以申领护照，外籍人士在华居留可以申请中国“绿卡”。我国出入境管理工作将进行6项重大改革，无论是中国公民出国境还是外国人入境，手续将更加简捷，渠道将更加畅通。这6项重大改革措施包括：

续表

一、自2001年12月1日起,放宽赴港澳商务签注有效期限,最长可至3年。有效期3个月以下的赴港澳商务签注申请取消纳税、创汇数额限制,实行按需申领。同时取消赴港澳旅游的名额限制,方便内地居民赴港澳从事商务、旅游活动,推动内地和港澳地区企业间的交流与合作,促进港澳经济发展。 二、自2002年1月1日起,扩大口岸签证的办理对象,赋予口岸签证机关办理外国人团体旅游签证的职能,方便外国旅游团队入境,吸引更多的外国人来华旅游。 三、2002年内,取消公民出国境申请提交境外邀请函和签发出国护照附发出境登记卡的做法,进一步简化群众申请出国手续,方便群众申领出国境证照。 四、2002年内,在总结首都机场、浦东机场口岸设立中国公民入境专用通道工作经验的基础上,在虹桥、白云、外砂、高崎、沈阳、周水子、南京、福州机场、桂林、昆明10个空港口岸实行这一做法,方便公民回国,增强公民祖国荣誉感。 五、2003年前,借鉴国际通行的做法,建立中国的"绿卡"制度。对外籍高级管理和科技人才、投资数额较大的外籍投资者授予在华永久居留资格,给予持永久居留证件者免签证入境等优惠待遇,以吸引我国经济建设所需要的人才和资金。 六、2005年前,在全国大中城市实现公民凭身份证、户口簿按需要申领护照。在认真总结广东中山市实行凭身份证、户口簿申领护照试点经验的基础上,不断扩大实行这一办法的覆盖面,2002年起,在上海、珠海、顺德等城市进行试点。其他有条件的省、市、区也可根据当地条件选择1~2个大中城市报经公安部批准后进行试点。

第二节 入出境管理和边境检查制度

世界各国一般都制定专门的法律对入出国境的人员、交通工具和行李物品进行管理和检查。我国也不例外，从1985年开始，先后制定和颁布了《中华人民共和国公民出境入境管理法》、《中华人民共和国外国人入境出境管理法》、《中华人民共和国海关法》、《中华人民共和国国境卫生检疫法》和《中华人民共和国出境入境边防检查条例》等一系列法律和行政法规，对入出中国国境的人员、交通工具和行李物品的检查和管理作出了规定。

一、边防检查制度

为维护国家的主权、安全和社会秩序，便利出境、入境的人员和交通工具的通行，我国在对外开放的港口、航空港、车站和边境通道等口岸设立出境入境边防检查站，对出境、入境的人员及其行李物品、交通工具及其载运的货物实施边防检查。

（一） 对人员的检查和管理

1．出入境验证

出、入境人员抵达中国口岸后，必须按照规定填写出境、入境登记卡，向边防检查站交验本人的有效护照或其他出境、入境证件，经查验核准后，方可出境、入境。上、下外国船舶的人员，必须向边防检查人员交验出境、入境证件或者其他规定的证件，经许可后，方可上船、下船。

2．不准出入境的人员

《中华人民共和国出入境边防检查条例》第八条对不准出入境的人员作了规定：

（1）未持出境、入境证件的；

（2）持用无效出境、入境证件的；

（3）持用他人出境、入境证件的；
（4）持用伪造或者涂改的出境、入境证件的；
（5）拒绝接受边防检查的；
（6）未在限定口岸通行的；
（7）国务院公安部门、国家安全部门通知不准出境、入境的；
（8）法律、行政法规规定不准出境、入境的。

出境、入境人员有前款第（3）项、第（4）项或者中国公民有前款第（7）项、第（8）项所列情形之一的，边防检查站可以扣留或者收缴其出境、入境证件。对不准入境的外国人，一般令其乘原交通工具返回，或限制其活动范围，乘最后一班交通工具返回。另外，有关法律还对不准入境和不准出境的外国人作了具体的规定。不准入境的外国人是指：被中国政府驱逐出境，未满不准入境年限的；被认为入境后可能进行恐怖、暴力、颠覆活动的；被认为入境后可能进行走私、贩毒、卖淫活动的；患有精神病和麻风病、艾滋病、性病、开放性肺结核病等传染病的；不能保障其在中国期间所需费用的；被认为入境后可能进行危害我国国家安全和利益的其他活动的。不准出境的外国人是指：刑事案件的被告人和公安机关或者人民检察院或者人民法院认定的犯罪嫌疑人；人民法院通知有未了结民事案件不能离境的；有其他违反中国法律的行为尚未处理、经有关机关认定需要追究的。

3．对人员的其他检查和管理

抵达中华人民共和国口岸的船舶的外籍船员及其随行家属和香港、澳门、台湾船员及其随行家属，要求在港口城市登陆、住宿的，应当由船长或其代理人向边防检查站申请办理登陆、住宿手续。经批准登陆、住宿的船员及其随行家属，必须按照规定的时间返回船舶。登陆后有违法行为，尚未构成犯罪的，责令立即返回船舶，并不得再次登陆。

中华人民共和国与毗邻国家（地区）接壤地区的双方公务人员、边境居民临时出境、入境的边防检查，双方订有协议的，按协议执行；没有协议的，按《边防检查条例》执行。但毗邻国家的边境居民按照协议规定范围临时入境的，限于在协议规定范围内活动。需要到协议范围以外活动的，应当事先办理入境手续。

边防检查站认为有必要的，可以对出境、入境的人员进行人身检查。人身检查由两名与受检查人同性别的边防检查人员进行。

对有持用他人出境、入境证件嫌疑的；有持用伪造或者涂改的出境、入境证件嫌疑的；国务院公安部门、国家安全部门和省、自治区、直辖市公安机关、国家安全机关通知有犯罪嫌疑的；有危害国家安全、利益和社会秩序嫌疑的人员，边防检查站有权限制其活动范围，进行调查或者移送有关机关处理。

（二）对交通工具的检查和监护

1．交通工具检查的地点

出境、入境的交通运输工具离、抵口岸时，必须接受边防检查。对交通运输工具的入境检查，在最先抵达的口岸进行；出境检查，在最后离开的口岸进行。在特殊情况下，经主管机关批准，对交通运输工具的入境、出境检查，也可以在特许的地点进行。

2．报告和申报制度

交通运输工具的负责人或者有关交通运输部门，应当事先将出境、入境的船舶、航空器、火车离、抵口岸的时间、停留地点和运载人员、货物情况，向有关的边防检查站报告。

交通运输工具抵达口岸时，船长、机长或者其代理人必须向边防检查站申报员工和旅客的名单；列车长及其他运输工具的负责人必须申报员工和旅客的人数。

3. 交通工具行驶规则

出境、入境的交通运输工具在中国境内必须按照规定的路线、航线行驶。外国船舶未经许可不得在非对外开放的港口停靠。出境的交通运输工具自出境检查后到出境前，入境的交通运输工具自入境后到入境检查前，未经边防检查站许可，不得上下人员，装卸货物。

4. 监护情形

边防检查站对处于下列情形之一的出境、入境交通运输工具，有权进行监护：

（1）离、抵口岸的火车、外国船舶和中国客船在出境检查后到出境前，入境后到入境检查前和检查期间；

（2）火车及其他机动车辆在国（边）界线距边防检查站较远的区域内行驶；

（3）外国船舶在中国内河航行期间；

（4）边防检查站认为有必要进行监护的其他情形。

5. 推迟或阻止出、入境的条件

交通运输工具的负责人发现出境、入境的交通运输工具载运不准出境、入境人员，偷越国（边）境人员及未持有效出境、入境证件的人员的，应当负责将其遣返，并承担由此发生的一切费用。出境、入境的交通运输工具有下列情形之一的，边防检查站有权推迟或者阻止其出境、入境。

（1）离、抵口岸时，未经边防检查站同意擅自出境、入境的；

（2）拒绝接受边防检查、监护的；

（3）被认为载有危害国家安全、利益和社会秩序的人员或物品的；

（4）被认为载有非法出境、入境人员的；

（5）拒不执行边防检查站依法作出的处罚或者处理决定的；

（6）未经批准擅自改变出境、入境口岸的。

（三）对行李物品、货物的检查

根据《中华人民共和国出境、入境边防检查条例》的有关规定，边防检查站为了维护国家安全和社会秩序，可以对出境、入境人员携带的行李物品和交通运输工具载运的货物进行重点检查。

1. 对违禁物品的检查

出境、入境的人员和交通运输工具不得携带、载运法律和行政法规规定的危害国家安全和社会秩序的违禁物品；携带、载运违禁物品的，边防检查站除了将其扣留外，还要对携带人、载运违禁物品的交通工具的负责人依照有关法律、法规的规定进行处理。

2. 对秘密文件、资料的检查

任何人不得非法携带属于国家秘密的文件、资料和其他物品出境；非法携带属于国家秘密的文件、资料和其他物品的，边防检查站除了依法收缴外，还将对携带人依法处理。

3. 对武器的检查

出境、入境的人员携带或者托运枪支、弹药，必须遵守有关法律、行政法规的规定，向边防检查站办理携带或者托运手续；未经许可，不得携带、托运枪支弹药出境、入境。

二、海关检查制度

海关是主权国家设立的，对进出国境的货物、运输工具、旅客行李、邮递物品、货币、金银等执行监督管理、稽征关税、查禁走私的国家行政机关，分海关和陆关，统称为海关。

世界各国都制定了海关法。我国于1987年1月颁布了《中华人民共和国海关法》。进入中国国境的旅游者，应接受中国海关的检查。这种检查主要是对旅游者人、出境运输工具和行李物品的检查。

（一）对进出境运输工具的监督和检查

现代社会，旅游者不仅搭乘飞机、船舶或列车，而且在邻国之间往往驾驶车辆、船舶旅游。因此，各国都制定了对外国旅游者运输工具的监督和检查制度。我国海关法规定，运输工具到达或驶离时，其负责人要向海关如实申报，交验证单，并接受海关监督和检查。停留在设立海关地点的进出运输工具未经海关同意，不得擅自驶离。

（二）对进出境行李物品的监督和检查

根据海关法的有关规定，海关对入出境旅游者的行李物品的监督和管理主要包括旅游者个人携带进出境物品、邮寄进出境物品等。这些物品以自用、合理数量为限。进出国境的旅客必须将所带的行李物品交海关查验。在交验之前应该填写“旅客行李物品申报单”一式二份向海关申报。海关查验后签章，双方各执一份，旅游者回程时交海关查验。进出境物品的所有人应当如实向海关申报，并接受海关查验。海关对行李物品加封的标志，任何人（包括旅游者）不得擅自开启或损毁；经海关登记准予暂时免税进境或者暂时免税出境的物品，应当由旅游者本人携带出境或者进境。过境的旅游者未经海关的批准，不得将其所带的物品留在境内；进出境物品的所有人声明放弃的物品，在海关规定的期限内未办理手续或者无人认领的，由海关依法提取，并变卖处理。

同时，旅游者不得携带禁止进出境的物品。根据有关法律规定，旅游者申报的属于禁止进出境的物品，应由海关扣留，并限定6个月内由旅游者或者其代理人退运出境或退回国内任何地点，过期不退，即由海关没收。由于政治、文化、道德、卫生有害而被扣留的物品，都不发还，由海关按国家有关规定处理。旅游者携带的金银（包括黄金、白金、白银以及其制品）、珠宝、钻石饰物、货币、货币票据、有价证券、邮票和国家规定须经审查或检疫的物品，如果《海关对进出国境旅客行李物品监督办法》中没有规定，按照国家有关规定办理。由我方全程陪同的外国自费旅游团体和在我国境内无社会关系的外国人所携带的珠宝、首饰和金银饰物，可免予在海关申报表上登记。其他外国短期旅游者所携带的珠宝饰物和金银饰物在两件之内可免予登记，超过两件的全部登记。

目前，由于各国出入境旅游的人数大增，绝大多数国家在海关检查上简化了手续。有的国家免检，如西欧一些国家在海关处写明“不用报关”，或无人办公；有的国家实行口头申报，过关时只口头问一问，很少开箱检查；有的国家只填写海关申报单，过关时只口头问一问，很少开箱。只有少数国家在过关时既填申报单，又开箱检查。我国的海关也简化了手续。未带违禁物品和征税物品的人员，可以从绿色通道直接过关。

三、安全检查制度

中国海关和边防检查站，为了保证旅游者生命财产的安全，防止武器、凶器、爆炸品等有害安全的物品被带人，要对旅游者进行安全检查。检查的方法是通过安全门，使用磁性探测器近身检查、红外线透视、搜身、开箱检查等。

四、卫生检疫制度

卫生检疫是指国境卫生检疫机关依法律规定对进出国境的旅游者及其携带的动植物和交通运输工具等实施传染病检疫、监测和卫生监督。

为了防止传染病由国外传入或由国内传出，保护人体健康，各国政府都制定了卫生检疫法。我国于1986年12月颁发了《中华人民共和国卫生检疫法》，并于1989年3月由卫生部发布了《中华人民共和国卫生检疫法实施细则》等一系列法规。

《中华人民共和国卫生检疫法》第二条规定：在中华人民共和国国际通航的港口、机场以及陆地边境和国界江河的口岸设立国境卫生检疫机关，依照本法规定实施传染病检疫、监测和卫生监督。本法所指的传染病是指检疫传染病和监测传染病。检测传染病指鼠疫、霍乱、黄热病以及国务院确定和公布的其他传染病；监测传染病由国务院卫生行政管理部门确定和公布。

入境、出境的人员、交通工具、运输设备以及可能传染检疫传染病的行李、货物、邮包等物品都应当接受检疫，经国境卫生检疫机关许可方准入境或出境。在国外或国内有检疫传染病大流行的时候，国务院可以下令封锁有关国境或采取其他紧急措施。

（一） 对旅游者入出境检疫的规定

《中华人民共和国卫生检疫法》第二章对旅游者入出境检疫作了具体规定。

(1) 入境的旅游者和交通工具，必须在最先到达的国境口岸的指定地点接受检疫。除引航员外，未经国境卫生检疫机关许可，任何人不准上下交通工具，不准装卸行李、货物、邮包等物品。出境的旅游者和交通工具，必须在最后离开的国境口岸接受检疫。

(2) 来自外国的船舶、航空器因故停泊、降落在中国境内非口岸地点的时候，船舶、航空器的负责人应当立即向就近的国境卫生检疫机关或者当地卫生行政管理部门报告。除紧急情况外，未经国境卫生检疫机关或者当地卫生行政管理部门的许可，包括旅游者在内的任何人不准上下船舶、航空器，不准装卸行李、货物、邮包等。

(3) 国境卫生检疫机关依据检疫医师的检疫结果，对未染有传染病的旅游者、交通工具或已实施卫生处理的交通工具，签发入境检疫证或出境检疫证。

(4) 国境卫生检疫机关对检疫传染病的染疫人必须立即采取隔离措施。隔离期限根据医学检查结果确定；对检疫传染病染疫嫌疑人应当将其留验，留验期限根据该传染病的潜伏期决定。因患检疫传染病而死亡的尸体，必须就近火化。

(5) 接受入境检疫的旅游者的交通工具有下列情形之一的，应当实施消毒、除鼠、除虫或其他卫生处理。来自检疫传染病疫区的；被检疫传染病污染的；发现有与人类健康有关的啮齿动物或病媒昆虫的。如果旅游者拒绝对其交通工具进行卫生处理，除有特殊情况外，准许该交通工具在国境卫生检疫机关的监督下，立即离开我国国境。

（二） 对旅游者入出境卫生监测的规定

为了防止疫病传入或传出，保障进出旅游者和我国人民的健康，促进国际往来，我国1986年制定的《中华人民共和国卫生检疫法》对这方面的问题作了专门的规定：

(1) 国境卫生检疫机关对入出境人员实施传染病监测，并采取必要的预防、控制措施；

(2) 国境卫生检疫机关有权要求入境、出境的人员填写健康证明卡，出示某种传染病的预防接种证书，健康证明或其他有关证明；

(3) 对患有监测传染病的人，来自国外传染病流行区的人或与监测传染病密切接触的人，国境卫生检疫机关应当区别情况，发给就诊方便卡，实施留验或采取其他方法预防、控制措施，并及时通知当地卫生行政管理部门。

五、动植物检疫制度

为了保护我国农、林、牧、渔业生产和人体健康，维护对外贸易信誉，履行国际间义务，防止危害动植物的病、虫、杂草及其他有害生物由国外传入或国内传出，我国和世界其他国家一样，制定了动植物检疫的法律，在我国边境口岸设立了专门的口岸动植物检疫站，代表国家对入出境的动物、植物、植物产品及运载动植物的交通工具等执行检疫和检查。旅游者应主动接受检疫，并按有关规定入出境。

六、入出境口岸

《中华人民共和国外国人入境出境管理法》和《中华人民共和国公民出境入境管理法》对出入境口岸作了专门的规定。外国人入境、出境、过境，必须从对外国人开放的或者指定的口岸通行，接受边防检查机关的检查。外国人的交通工具入境、出境、过境，必须从对外国人开放的或者指定的口岸通行，接受边防检查机关的检查和监护。中国公民出境入境，从对外开放的或者指定的口岸通行，接受边防检查机关的检查。

我国 1980 年 4 月 17 日发布了一批供中外籍人员入出境的通行口岸，共 97 个，其中机场 20 个，港口 49 个，车站 28 个，分为三种类型。

（一） 对所有中外籍人员开放的入出境口岸

机场有：北京、上海虹桥、天津张贵庄、哈尔滨、沈阳、大连周水子、西安、昆明、乌鲁木齐、南宁、桂林、成都、南京、杭州、厦门高崎、福州义序、广州、海口。港口有：上海（包括宝钢、石化码头）；天津；辽宁的大连（包括新港）、营口；河北的秦皇岛；山东的青岛（包括黄岛）、烟台、石臼、威海、黄县龙口；江苏的南京、连云港、南通、张家口；浙江的宁波、温州；福建的福州、厦门、泉州；广东的广州（包括洲头咀）、黄埔（包括芳村）、汕头、汕尾、湛江（包括霞海南油码头）、蛇口（包括赤湾）、惠阳澳头、大平、开平三埠、珠海九洲、中山、江门、肇庆、番禺莲花山、台山广海、深圳大亚湾、深圳梅沙；广西的北海、防城、梧州；海南的海口、三亚、八所。车站有：辽宁的丹东；吉林的图们；内蒙古的满洲里、二连；西藏的聂拉木；新疆的红旗拉甫；广东的深圳罗湖、深圳文锦渡、深圳沙头角、珠海拱北、广州（火车站）。

（二） 仅限于毗邻国双方国家人员按证件指定通行的口岸

主要有：吉林的吉安、和龙县南坪、龙井县开山屯、龙井县三合、浑江市临江；黑龙江的绥芬河、黑河；新疆的霍尔果斯、巴克图、吐尔特；西藏的普兰、吉隆；云南的畹町、瑞丽。

（三） 经特殊批准方可入出境的口岸

机场有：新疆的和田；内蒙古的海拉尔。港口有：广东大铲岛、珠江口挂山岛、惠阳三门岛、拱北湾子；浙江的海门、舟山沈家门；福建的东山。车站有：广西的友谊关；云南的河口；西藏的亚东。

参考材料　我国公安出入境管理改革开放历程

出入境管理工作与国家的政治、经济、社会生活密切相关。改革开放后尤其是20世纪90年代以来，我国出入境管理工作加快从封闭型向开放型转变，一系列重大措施相继出台，公民出国境和外国人入境渠道日益拓宽。与时俱进的出入境管理工作，是我国20多年改革开放的一个缩影。1990年12月，公安部出入境管理局发出通知，开始审批我国公民参加旅游团队赴东南亚探亲旅游的出国申请。

1992年7月1日起，我国公民持因私护照再出境，无须再申领出境登记卡。同年8月15日，北京、上海、江苏、广东4省市启用92版护照。

1993年3月，新版出境登记卡开始启用。6月起，内地居民过境香港无须办理签证。

1994年3月，公安部发出通知，简化出国留学人员回国落户手续。8月，厦门高崎机场和和平码头口岸签证机关获准为外国人签发可在厦门停留5天的特区旅游签证。同年12月1日起，在香港的外国人由指定的旅行社组团进入深圳经济特区72小时免办签证。

1995年12月，澳门中旅社获准在澳门机场设立办证点，为台湾居民经澳门直接转机来祖国大陆办理一次入出境签注。1997年5月，海南、福建省口岸签证机关获授权对持有《台湾居民来往大陆通行证》的台湾居民予以办理一次入出境签注。

1998年3月，公安部发出通知，对内地居民往来香港从事商务等非公务活动的申请条件、审批办法等作出规定。同年7月、11月，中国国际旅行社成为内地居民赴香港、澳门旅游组团社。

1998年3月，祖国大陆公安机关办理台湾居民在祖国大陆停留延期、暂住加注、多次入出境签注的期限及范围得到进一步放宽。同年10月，台商办理多次入出境、暂住加注的有效期限得到进一步放宽。

1998年12月，紧急来华的外国人可补办签证。1999年1月1日，经国务院批准，允许过境上海的外国人停留48小时免办签证；上海口岸签证机关可为由指定旅行社组织的部分国家的旅游团办理团体旅游签证。

2000年4月，经国务院批准，允许到香港、澳门的外国人组团进入珠江三角洲地区旅游停留5天免办签证。同月，需二次进入香港旅游的内地旅游团队可获签发二次有效旅游签注，延长旅游签注期限。6月，全国公安机关陆续启用97版中华人民共和国护照。7月，公安部出入境管理局发出通知，要求为外籍高科技人才、高层次管理人员入境、居留提供便利。

2003年8月7日，公安部出台30项便民措施，其中5项为对出入境管理的改革内容，分别是：

① 居民凭身份证、户口等按需申领护照的范围，今年内由上海、南京等25个大中城市扩大到100个大中城市，达到全国大中城市总数的1/3。

② 在实行按需申领护照的大中城市，除规定的国家工作人员外，居民申请办理《往来港澳通行证》、《大陆居民往来台湾通行证》的，免交工作单位或者公安派出所的意见。

③ 自今年7月28日开始，广东省中山、东莞、江门、佛山市居民个人赴香港、澳门旅游的可以凭本人身份证、户口簿，申请办理《往来港澳通行证》用访问签注，签注有效期为3个月，分1次和2次往返有效，每次在港澳地区停留时间不超过7天，申请次数不受限制。申请人领取通行证后，可自行往来港澳地区。今年9月1日扩大到北京市、上海市和广东省广州、深圳、珠海市，2004年5月1日广东省扩大到全省。

④ 往来港澳商务签注的申请范围，由原来的具有独立法人资格的内地企业的员工，扩大到内地个体工商户和港澳地区注册的员工。

⑤ 对外国留学生签发与其在华学习相同期限的居留证，不再逐年办理延期手续。

第三节　对外国旅游者在我国居留和旅行的管理

外国旅游者是指从国外来我国旅行游览超过24小时的外国自然人和无国籍者。旅游者的法律地位，是指世界旅游组织通过召开国际旅游会议或国家与国家通过双边、多边会议以及国家通过法律所确认的旅游者在旅游活动中的权利和义务。它是旅游者在旅游活动中的地位在法律上的体现。外国旅游者的法律地位是指外国旅游者入境、出境、通过该国国境以及在该国居住、旅行、考察、经商办企业等期间的权利和义务。正确地认识和把握旅游者的法律地位对于保护旅游者的合法权益，促进旅游事业的发展具有重要意义。

一、外国旅游者的法律地位

（一）国际法规定的法律地位

旅游者在旅游过程中，会同旅游地国发生一系列的法律关系。其中首先涉及的问题是给旅游者什么待遇。一般说来，在国际交往中，根据国际法的规定，双方都可以以条约和协议的形式规定给外国人以下几种待遇：

1. 国民待遇

国民待遇又称公民待遇或平等待遇，是一国给予外国旅游者在民事方面与旅游地国的公民享有同等待遇。也就是将适用于本国公民的某些民事权利同样赋予给外国人。国民待遇体现了法律上给予外国旅游者的同等保护和不加歧视的原则，保证了外国人享有平等合理的待遇。它是通过国内立法和国际条约加以规定，被各国所普遍采用。主权国家给予外国人与本国公民之间大体相同的民事权利，既可以防止对外国人实行不公正的歧视待遇，又可避免外国人获得不合理的特权，有利于促进各国之间的经济交往和正常关系的发展。

在法律和条约中规定的国民待遇有以下显著特点：

(1) 执行国民待遇一般都是互惠的。各国给予他国旅游者的国民待遇，通常是以互惠原则为基础。

(2) 授予国民待遇一般都有特定的范围。各国国民待遇授予均限于公民的人身权、财产保护权、诉讼权、企业经营权、船舶遇难海上救助、发明专利、商标注册的申请与保护等方面。

(3) 国民待遇的适用一般都有一定的限制。尽管各国公民待遇的范围较为广泛，但按照国际法的规定，外国旅游者在旅游地国只享有民事权利，不享有政治权利。外国旅游者不得损害旅游地国的独立、主权和安全。外国旅游者在享有国民待遇时，要尊重旅游地国人民的风俗习惯。

同时各国为了自身的利益也规定了适用国民待遇的例外。如英国政府规定，不准外国人拥有船舶所有权，不得充任商船船长、总工程师、引水员。美国多数州不准外国人当律师。俄罗斯政府规定不准外国人担任飞行员、船员、公证员、领事职员等。

2. 最惠国待遇

这是一种民事经济法律关系，多用于经济交往中，指一国在贸易、航海、关税、公民的法律地位等方面给予另一国的优惠待遇不得低于现在或将来给予任何第三国的优惠待遇。这也是旅游者享受待遇的具体体现，即可按照条约中最优惠的条款享受待遇。最惠国待遇涉及三类国家：一是承担给予最惠国待遇的缔约的一方；二是已经或将来取得前类国家给予优惠的第三国；三是依第三国享有的最优惠待遇而享受该优惠的缔约另一方。最惠国待遇是国家之间在平等互惠基础上，通过签订双边或多边条约，规定某些方面给予缔约国的公民或法人最惠国待遇。这是一国境内外国人法律地位平等的标志。

最惠国待遇具有以下特点：

(1) 最惠国待遇是以双边或多边条约的形式加以规定的；

(2) 最惠国待遇的实施，以条约约定的适用范围为限；

(3) 凡提供优惠待遇的国家给予任何第三国的最优惠待遇，受惠国即可依据最惠国条款的规定，自动取得与第三国相同的待遇；

(4) 最惠国待遇是要求处于旅游地国的旅游者同第三国旅游者一样享有平等之待遇。

3. 互惠待遇

互惠待遇即两国根据平等互惠的原则，规定外国旅游者的权利和义务，双方都规定对对方公民给予规定的相等待遇。例如互免签证、承认驾驶执照、简化海关检查手续、简化旅游者的入境、过境、居留、旅行手续等。

1989年4月14日各国议会联盟和世界旅游组织通过了著名的《海牙旅游宣言》，该宣言对简化旅游、旅行、访问和旅游逗留的手续提出的建议主要有：

(1) 各国应明确确定在本国优先事项中的地位，考虑简化旅游手续，减少旅游限制性立法的影响，以不妨碍国际旅游业的发展；

(2) 为确保简化旅游手续，各国应进行各方面的规划和有效的协调，各国应在简化旅游手续方面通过一项国家的政策，并授权简化旅游手续委员会付诸实施；

(3) 各国应致力于对特殊旅游团体，如青年、残疾人和老年人，实施强化的简化旅游的手续。在这方面可考虑对被发放的旅游证件、护照、签证实行减免税和对公共交通实行优惠价格。

此外，各国应采取各种必要措施，为残疾人的旅行、访问和旅游逗留提供便利，满足他们的特殊需要和要求。

（二） 管辖权

1. 属地管辖权

按照国际法的规定，主权国家对外国人和无国籍人员实行属地优先权管辖。旅游地国应当保护外国旅游者的合法权益。国家可自主地规定外国旅游者的法律地位和待遇。外国旅游者须服从旅游地国的管辖，遵守旅游地国的法律法规。外国旅游者的生命及财产安全等合法权益受主权国家（包括国籍国和旅游地国）保护。当外国旅游者的权益受到非法侵害时，有权享有旅游地国法律的救济。反之，外国旅游者违反旅游地国法律法规的规定，造成他人或旅游地国国家损害时，有义务作为被告，受旅游地国法律的追诉。属地优先权被现代国际社会所肯定，它是国家主权的体现，是维护国际和平的需要。

2. 属人管辖权

属人优先权管辖是指本国国民即使在本国境外也适用本国法律。该国的国民必须忠于国籍国，其本国亦有义务为他提供保护。这是国际法上普遍实行的国际法准则。所有国家在规定外国旅游者法律地位时，还必须考虑外国旅游者对本国的义务及与外国旅游者本国所订条约的义务。国家如何对待外国旅游者，既涉及旅游地国与外国旅游者之间的权利和义务，也涉及旅游地国对外国旅游者本国的国际责任。一国通过外交途径对在国外的本国旅游者的合法权益所进行的保护，是国际社会通行的惯例，为各国所遵从。

根据国家主权原则，一方面国家享有对某领域内的外国人有属地优先权，另一方面也有保护其在外国的本国国民合法权益的属人优先权。就一个外国旅游者而言，他受到双重管辖，既要服从旅游地国管辖，也要服从国籍国的管辖，这就是外国人特定的法律地位的表现。

（三）我国规定的法律地位

我国现行宪法规定了外国旅游者在我国的法律地位。我国允许外国人在中国投资、经商、办中外合资经营企业、中外合作经营企业、外商独资企业，保护他们的合法权益，外国人的其他合法权益也受中国法律保护。同时，在中国境内的外国人，必须遵守我国的法律。

《中华人民共和国外国人入出境管理法》具体规定了外国旅游者在中国的法律地位。外国人入境、过境和在中国境内居留，必须经中国政府主管机关许可；外国人入境、出境、过境必须从对外国人开放的或者指定的口岸通行，接受边防检查机关的检查；中国政府保护在中国境内的外国人的合法权利和利益，外国人的人身自由不受侵犯，非经人民检察院批准或者决定或者人民法院决定，并由公安机关或者国家安全机关执行，不受逮捕。外国人在中国境内，必须遵守中国法律，不得危害中国国家安全，损害社会公共利益，破坏社会公共秩序。

二、居留制度

外国人在中国居留，必须持有中国政府主管机关签发的身份证件或者居留证件。身份证件或者居留证件的有效期限，根据入境的事由确定，在中国居留的外国人应当在规定的时间内到当地公安机关缴验证件。

（一）居留证的种类

1．外国人永久居留证

它是发给获得永久居留资格的外国人的一种证件。这种证件不仅是外国人的一种居留身份，而且是中国主管部门给予外国人的一种礼遇。我国法律规定，具有下列情况之一的外国人，有可能获得在中国的永久居留资格：①对中国的社会主义革命和建设有重大贡献的外国人；②在中国投资数额巨大、同中国企事业单位进行经济、科技文化合作需长期在中国居留的外国人；③长期在中国居住的知名人士或有其他特殊贡献的外国人。

2．外国人居留证

它是发给在中国居留1年以上的外国人的一种证件。外国人居留证的有效期可签发1~5年，由市、县公安局根据外国人居留的事由决定。对依照中国法律在中国投资或者同中国的企事业单位进行经济、科学技术、文化合作以及其他需要在中国长期居留的外国人，经中国政府主管机关批准，可以发给1~5年长期居留资格的证件。凡持定居签证（D）、职业签证（Z）、学习签证（X）的外国人，必须自入境之日起10日内到居住地公安机关办理居留手续。

3．外国人临时居留证

它是发给在中国居留不满1年的人员的一种证件。凡持有访问签证（F）、旅游签证（L）、过境签证（G）、乘务签证（C）的外国人，在签证注明的期限内在中国停留不需要办理居留证件。根据中国政府同外国政府签证的协议，免办签证的外国人在中国停留不超过30日的，不须办理居留手续。超过30日的，需办理外国人临时居留证。

外国人如果持D、Z、X签证在中国居留一年以下，可申请外国人临时居留证，该居留证的有效期为6~12月。

外国人申请居留证件须回答被询问的有关情况，并履行下列手续：①交验护照、签证和与居留事由有关的证明；②填写居留申请表；③申请外国人居留证的，还要交验健康证明书和近期2寸半身正面免冠照片2张。

对因为政治原因要求避难的外国人，经中国政府主管机关批准，准许在中国居留；对不遵守中国法律的外国人，中国政府主管机关可以缩短其在中国停留的期限或者取消其在中国居留的资格。持有居留证件的外国人在中国变更居留地点，必须依照规定办理迁移手续，并按规定申报住宿登记。

（二）临时居留的有关规定

外国人在中国境内临时住宿，应当依照规定办理住宿登记，如果在旅行社或宾馆居住，按国家制定的旅馆、旅行社法的规定办理，应出示有效护照或居留证件，填写临时住宿登记表，在非开放地区住宿，还要出示旅行证。外国人在中国的外国机构内或在中国的外国人家中住宿，在住宿人抵达后24小时内，由留宿机构、留宿人或者本人持住宿人的护照或居留证件向当地公安机关申报，并填写临时住宿登记表。对符合规定手续者，发给临时住宿登记卡。外国人在移动性工具内临时住宿，须在24小时内向当地公安机关申报，为外国人的移动性住宿工具提供场地的机构和个人，应在24小时内向当地公安机关申报。

外国人要临时住宿在中国境内的亲友家中，需于抵达后的24小时内由本人或留宿人持住宿人护照或其他有效证件以及留宿人的户口簿，到当地公安机关申报，填写临时住宿登记表；在农村的，须于72小时内向当地派出所或户籍办公室申报。住宿人在一地办理住宿登记手续后，又需到本市其他地区住宿的，需在所在地的户籍派出所重新办理住宿登记手续。临时离开本市时，住宿人需将临时住宿登记卡交回派出所保存，返回后可继续使用。当住宿人不再住宿时，应将临时住宿登记卡交回户籍派出所。

三、旅行规定

外国人来中国旅行，应按照中国的有关法律进行。外国人在我国旅游期间，应遵守我国法律、法规的规定，服从有关部门的管理，应同我国旅游者一样，爱护我国风景名胜区的景物、林木植被、野生动物、各项设施和文物。如有损毁景物、林木植被、捕杀野生动物或污染、破坏环境的，由有关部门或管理机关责令停止破坏活动，赔偿经济损失，并可根据情节处以罚款。对破坏风景名胜区游览秩序和安全制度，不听劝阻的，由有关部门或管理机构给予警告或罚款。属于违反有关治安管理规定的，由公安机关依法处罚，上述行为情节严重，触犯刑律的，依法追究刑事责任。

（一）在开放地区旅行的规定

外国人持有有效签证和居留证件，可以前往中国政府规定的对外国人开放的地区旅行，无须申请并获得许可。随着我国改革开放步伐的进一步加快，我国对外国人开放的地区不断扩大。至2002年3月，开放地区已达1 455个，除了北京、天津、上海三个直辖市外，重庆直辖市为19，还有河北省107个、山西省64个、内蒙古自治区64个、辽宁省13个、吉林省25个、黑龙江省35个、江苏省11个、浙江省30个、安徽省65个、福建省32个、江西省71个、山东省57个、河南省70个、湖北省62个、湖南省61个、广东省28个、广西壮族自治区78个、海南省18个、四川省93个、贵州省81个、云南省117个、西藏自治区5个、陕西省67个、甘肃省62个、青海省29个、宁夏回族自治区17个、新疆维吾尔族自治区71个。

（二）在未开放地区旅行的规定

按照我国法律规定，外国人前往不对外开放的地区旅行，必须向当地公安机关申请旅行证。外国人前往不对外国人开放的市、县旅行，须事先向所在市、县公安局申请旅行证，获准后方可前往。申请旅行证须履行下列手续：交验护照或居留证件；提供与旅行事由有关的证明；填写旅行申请表。

外国人未经允许，不得进入不对外国人开放的场所。外国人的旅行证的有效期最长为一年，但不得超过外国人所持签证或居留证件的有效期限。外国人领取旅行证后，如要求延长旅行证有效期，增加不对外国人开放的旅行地点，增加旅行人数，必须向公安局申请延期或变更。

第四节　中国公民出国旅游管理制度

随着改革开放的深入发展，中国公民的实际收入不断增加，许多公民不仅在国内旅游，还有到国外旅游的强烈愿望。为适应这一新形势的发展，加强对中国公民自费出国旅游的管理，规范出国旅游活动，保障参游人员的合法权益，1990 年，我国发布了《关于组织我国公民赴东南亚三国旅游的暂行管理办法》，后又根据《中华人民共和国公民出境入境管理法》及其实施细则、《旅行社管理条例》及其实施细则，1997 年 3 月 17 日经国务院批准，国家旅游局、公安部于 1997 年 7 月 1 日联合发布了《中国公民自费出国旅游管理暂行办法》这一具有历史意义的行政法规，对中国公民自费出国旅游作了规定。后又根据情况的发展，国务院于 2002 年发布了《中国公民出国旅游管理办法》（自 2002 年 7 月 1 日起施行，并宣布国家旅游局、公安部 1997 年 7 月 1 日发布的《中国公民自费出国旅游管理暂行办法》同时废止），对出国（境）旅游作了进一步的规范。

一、出国（境）旅游管理制度

出国旅游在广义上也称出境旅游，指持护照或其他有效证件前往其他国家或地区的旅游，包括边境游、港澳游和出国游。通常根据旅游费用来源可分为公费、自费以及其他三类。根据出境方式可分为有组织与非组织两类。我国目前所指出国（境）旅游特指中国公民自费出国（境）旅游，即由中国旅游企业组织中国公民以团队形式自费前往国（境）外旅游，包括探亲、访友等其他短期因私出国（境）事宜。

由于我国还是一个发展中国家，经济实力有限，不宜将外汇大量用于服务贸易出口，公费旅游、滞留不归等问题也对出国（境）旅游业务的发展构成障碍，因此，我国政府参照国际上的一般做法，对开办公民自费出国（境）旅游采取有计划、有组织、有控制发展的指导方针。有计划、有组织是指现阶段，从国际国内的实际情况出发，公民出国（境）旅游仍以团队形式进行，不办理散客出国（境）旅游业务，要求以团队的形式出入国境。有控制指对出国（境）旅游实行总量控制和配额管理，并对特许经营出国（境）旅游业务的旅行社进行审批和数量控制。

（一）总量控制、配额管理制度

国家旅游局根据上年度全国入境旅游的业绩、出国旅游目的地的增加情况和出国旅游的发展趋势，在每年的 2 月底以前确定本年度组织出国旅游的人数安排总量，并下达省、自治区、直辖市旅游行政部门。省、自治区、直辖市旅游行政部门根据本行政区域内各组团社上年度经营入境旅游的业绩、经营能力、服务质量，按照公平、公正、公开的原则，在每年的 3 月底以前核定各组团社本年度组织出国旅游的人数安排。国家旅游局对省、自治区、直辖市旅游行政部门核定组团社年度出国旅游人数安排及组团社组织公民出国旅游的情况进行监督。

国家旅游局统一印制《中国公民出国旅游团队名单表》，在下达本年度出国旅游人数安排时编号发放给省、自治区、直辖市旅游行政部门，由省、自治区、直辖市旅游行政部门核发给组团社。组团社按照核定的出国旅游人数安排组织出国旅游团队，填写《名单表》。旅游者及领队首次出境或者再次出境，均应当填写在《名单表》中，经审核后的《名单表》不得增添人员。

（二） 组团社审批制度

组团社是指经国家旅游行政管理部门批准，特许经营中国公民自费出国（境）旅游业务的国际旅行社。

1．组团社应当具备的条件

（1）取得国际旅行社资格满1年；

（2）经营入境旅游业务有突出业绩；

（3）经营期间无重大违法行为和重大服务质量问题。

2．审批程序

申请经营出国旅游业务的旅行社，应当向省、自治区、直辖市旅游行政部门提出申请。省、自治区、直辖市旅游行政部门应当自受理申请之日起30个工作日内，依据规定的条件对申请审查完毕。经审查不同意的，书面通知申请人并说明理由。经审查同意的，报国家旅游局批准。国家旅游局根据旅游业发展规划及合理布局的要求，批准旅行社经营出国旅游业务。未经国家旅游局批准取得出国旅游业务经营资格的，任何单位和个人不得擅自经营或者以商务、考察、培训等方式变相经营出国旅游业务。

（三） 出国目的地审批制度

出国目的地指我国政府批准，允许旅行社组织旅游团队前往的国家和地区。出国旅游的目的地国家，由国家旅游局会同国务院有关部门提出，报国务院批准后，由国家旅游局公布。任何单位和个人不得组织中国公民到国家旅游局公布的出国旅游的目的地国家以外的国家旅游；组织中国公民到国家旅游局公布的出国旅游的目的地国家以外的国家进行涉及体育活动、文化活动等临时性专项旅游的，须经国家旅游局批准。

开放中国公民出国（境）旅游目的地的条件是：对方是我国客源国，有利于双方旅游合作与交流；政治上对我友好，开展国民外交符合我国对外政策目标；旅游资源有吸引力，具备适合我国旅游者的接待服务设施；对我国旅游者在政治、法律等方面没有歧视性、限制性、报复性政策；旅游者有安全保障，具有良好的可进入性。

中国公民可以自费出境旅游的国家和地区最初只有新加坡、新西兰、马来西亚、泰国、菲律宾、韩国、日本、澳大利亚、印度尼西亚，加上香港、澳门两个特别行政区。从2001年6月10日起，我国新增越南、缅甸、柬埔寨、文莱四个国家作为出境旅游目的地。我国公民可以通过“出境游”的形式，在旅行社组织下，前往这几个国家旅游。在此以前，到这几个国家旅游采取的是“边境游”形式，游客办理的是边防证，只能选择汽车作为交通工具，因此，有些路程较远的地方，如胡志明市等就很难到达。采取“出境游”方式后，游客办理的是正式签证，所组成的旅游团还可与目前已批准为旅游目的地的旅游线路联结，并可过境香港、澳门。2002年，中国又相继开放了老挝、德国、尼泊尔、马耳他、埃及、土耳其等6个国家作为旅游目的地。2003年4月1日起，斯里兰卡、马尔代夫、南非、印度等4个国家开始正式组团，俄罗斯、乌克兰、瑞士、希腊、克罗地亚等国已批准为中国公民自费出境的旅游目的地，即将全面实施，芬兰和加拿大两国也正在谈判之中。2003 年 9 月，国家旅游局宣布，从 2003 年 11 月 1 日起可以正式组团前往克罗地亚、匈牙利、巴基斯坦和古巴四个国家。另外，我国与几乎所有的毗邻国家都展开了边境旅游。

（四）团队方式出国（境）旅游制度

团队是指由有经营权的旅行社组织的，3 人以上的出国（境）旅游团。现阶段，为保障参游人员的人身安全及合法权益，便于旅游服务质量的监督管理，防止旅游者非法滞留，涉足黄、赌、毒，我国规定，公民自费出国旅游主要以团队的形式进行，不开展散客旅游者出国（境）旅游的业务。组团社必须为旅游团派遣持有合格资格证书的领队，负责团队活动安排，代表组团社负责与境外接待社接洽，保证团队旅游服务质量，处理突发事宜，使团队的活动在领队的带领下进行。对于团队在境外遇到特殊困难和安全问题，领队须及时向我驻外使馆、驻外旅游办事处报告。对滞留不归的，组团社应及时向公安机关和旅游行政管理部门报告。有关查询、遣返等事项，组团社应予以协助，并垫付费用，事后向被遣返者追偿，协助有关部门做好团队行李验放等管理工作。组团社按照国家旅游局核定的出国（境）旅游配额人数组团，办理参游人员报名、交费手续，填写国家旅游局统一印制的《中国公民出国旅游团队名单表》，由国家旅游局或所在地省级旅游局加盖审核章后，报公安机关审验。参游人员到组团社报名后，按照国家的出入境管理法规向公安机关办理出入境手续。公安机关确认组团社和参游人员的合法资格后，依据有关法律、法规为参游人员办理出境旅游手续。

二、边境旅游

边境旅游是出国旅游的一部分，指经批准和指定的旅游部门组织和接待我国及毗邻国家的公民在双方政府商定的边境地区进行旅游活动。其特点是：由特定部门组织；接待对象主要是两个邻近国家的公民；通常有双边协议，并在规定的区域内进行；时间较短，不需要具备亲友提供的担保。

我国有漫长的边境线，发展边境旅游的条件十分优越。自 1987 年国务院批准辽宁省丹东市开办丹东至朝鲜新义州中朝一日游以来，至今已在边境开放了近 50 个旅游口岸，每年入出境参游人员已达 250 多万人次。经过近 10 年的发展，边境旅游业务日趋活跃，管理措施不断完善，边境旅游业务的种类不断增多，涉及到 7 个省区，时间也从过去的一日、三日游扩展到最多的十五日游，极大地促进了边境城市的旅游业发展，取得了显著的经济和社会效益。但是，在边境旅游业蓬勃发展的过程中，也出现了一系列新的问题。为了进一步扩大边境旅游业务，促进边境旅游业的健康发展，经国务院 1996 年 3 月 8 日批准，1997 年 10 月 15 日，国家旅游局、外交部、公安部、海关总署联合发布施行了《边境旅游暂行管理办法》，对边境旅游作了明确的规定。

（一）明确规定了主管部门

《办法》规定国家旅游局是边境旅游的行业主管部门，负责制定边境旅游有关政策和管理办法，对边境旅游进行宏观管理，批准承办边境旅游业务的旅行社。边境省、自治区旅游局依据有关法规制定边境旅游管理办法的实施细则，负责对本行政区域内的边境旅游业务进行管理、监督、指导和协调；边境市、县旅游局在上级旅游主管部门的指导下，负责协调管理本地区的边境旅游活动。

（二） 明确规定了申办条件和审批程序

《办法》规定，申请开办边境旅游业务的口岸城市必须是经国务院批准对外国人开放的边境市、县里正式批准的国家一、二类口岸，有旅游行政管理部门批准的可接待外国旅游者的旅行社，具备就近办理参游人员出入境证件的条件，具备交通条件和接待设施，同对方国家边境地区旅游部门签订了意向性协议。

（三） 明确规定了出入境手续

《办法》规定了我国公民参加边境旅游的办法和边境旅游的出入境手续。严禁公费参游，不准异地审办出境证件，旅游团队应整团出入境，严禁滞留不归或从事非法移民活动。

三、中国旅游者出入境的权利、义务和限制

（一） 出入境的权利

中国旅游者出入境的合法权益受中国法律保护，同时也受前往国法律的保护。当今世界上许多国家为发展旅游业，对旅游者在旅游活动中最关心的安全、服务质量、发生意外事故得到法律保障等问题通过立法建立相应法律制度，签订双边和多边协定规定外国旅游者应受到本国国民同等的法律保护，并给予若干优惠。中国旅游者也毫无例外地受到国外法律的保护。中国旅游者持护照出入本国国境不需办理签证；公安机关对于中国旅游者出境申请应在规定的时间内答复；申请人有权查询规定时间内没有审批结果的原因，受理部门应作答复；申请人认为不批准出境不符合法律规定，可向上一级公安机关申诉，受理机关应作出处理和答复；旅游者本人保存、使用其护照，非经法定事由和特定机关，不受吊销、收缴和扣押；旅游者有权按规定缴纳有关费用。

（二） 出入境的义务

中国公民出国旅游应申办有效证件及出境登记卡，并妥善保管护照等证件；由指定口岸或对外开放的口岸出入境，应向边检站出示中国护照或其他有效证件，填写出入境登记卡，接受“一关四检”的检查和其他检查，遵守中国及前往国家的法律，不得有危害祖国安全、荣誉和利益的行为。

（三） 出境限制

《中华人民共和国出境入境管理法》规定，有下列情形之一，不准出境：

(1) 刑事案件的被告人和公安机关或者人民检察院或者人民法院认定的犯罪嫌疑人；

(2) 人民法院通知有未了结民事案件的；

(3) 被判处刑罚正在服刑的；

(4) 正在被劳动教养的；

(5) 国务院有关机关认为出境后将对国家安全造成危害或者对国家利益造成重大损失的。

【本章小结】 本章详细介绍了护照和签证的概念、种类、作用和内容、申请程序和申请机关等，对我国边防检查制度、海关检查制度、安全检查制度、卫生检疫制度、动植物检疫制度和入出境口岸进行了阐述，明确了外国旅游者的法律地位、我国的居留制度和旅行规定，并对我国出国(境)旅游管理制度、边境旅游、中国旅游者出入境的权利和义务进行了总结。

【关键词】　入出境　有效证件　管理　检查　制度

【思考题】　1. 出入境有效证件有哪些?

2. 试述出入境管理和检查制度。

3. 试述外国旅游者的法律地位。

4. 试述我国公民出国（境）旅游管理制度。

第四章　旅游交通法规

学习要点：

1. 旅游交通法规概述。
2. 承运人的主要权利和义务。
3. 旅客的主要权利和义务。
4. 国际航空协定的主要内容。

旅游交通是实现旅游者空间转移的必要手段和途径。随着旅游事业的不断发展，作为旅游媒体的重要组成部分的交通运输将发挥越来越重要的作用。不论是在国内旅游，还是到国外旅游，旅游的动态过程旅行主要是靠交通工具来完成的。目前，国际上有关航空运输、铁路运输、公路运输、海上运输的国际公约比较齐全。我国也先后颁布了《民用航空法》、《铁路法》、《公路运输管理暂行条例》、《海上交通安全管理法》、《内河交通安全管理条例》、《旅游汽车、游船管理办法》等法律、法规，初步架构了我国旅游交通法规体系，为促进旅游业以及交通运输业的健康、持续发展奠定了基础。

第一节　旅游交通法规概述

一、旅游交通和旅游交通法规的产生

（一）旅游交通

1. 定义

旅游交通是在社会生产力发展到一定阶段以后，在人们对非生活必需和非生产性质的旅行游览活动的需求日益迫切，而公共客运交通工具与形式不能完全满足人们需要的情况下逐渐形成与发展起来的特殊交通运输形式。

旅游交通主要包括航空、铁路、公路、水运等 4 种基本运输方式。特定意义上的旅游交通，诸如旅游包机、旅游车、游船、景区索道等则是专门为旅游者提供交通运输服务的。但是旅游交通产品的替代性表明，旅游者绝非只乘坐旅游交通运输工具，他们使用最广泛、最频繁、最常见的还是公共交通运输工具，比如民航班机、普通汽车、普通火车、轮船、市内公交车、地铁以及出租车等。因此，旅游交通是随着交通运输业与旅游业的发展而发展的，是同整个交通运输系统联系在一起的，是大交通运输网络中的一部分，与通常所指的交通运输之间很难划分出一个明确的界限。

2. 特点

(1) 旅游交通产品具有季节性、区域性、替代性和不可储存性等特点

由于受气候、地理位置、节假日等条件的制约，旅游者的旅游活动的需求具有明显的季节性，特别是“假日经济”的到来，这种“排浪式”旅游消费模式，使旅游交通的季节性特征十分突出。由于旅游资源空间的赋存特点以及区域社会经济发展水平的差异，旅游交通空间上的区域性特征也十分突出。旅游交通产品的季节性与区域性特点，极易造成旅游交通运力与旅游需求在时间上的矛盾，导致旅游热点地区与温、冷点地区的旅游交通在空间配置上的矛盾恶化，因此加强旅游交通时间、空间的合理布局与调控十分必要。

(2) 旅游交通产品是无形的服务产品，具有不可储存性与替代性特点

不可储存性要求旅游交通部门充分利用现有运力，最大限度地提高客座利用效率，提高经济效益。替代性加剧了旅游交通部门、企业之间的竞争，加大旅游交通的经营难度，诱导行业的不正当竞争，损害旅游者、旅游业经营者的合法权益，扰乱正常的交通秩序。因此，加强旅游交通行业管理力度，规范旅游交通行为势在必行。

(二) 旅游交通法规的产生

现代旅游交通的产生是工业革命的直接产物。1769年瓦特发明的蒸汽机很快被运用到制造轮船、火车等交通工具上。1804年，英国的特里维西克制造了世界上第一台蒸汽机车；1807年，美国的富尔顿发明了世界上第一艘蒸汽机船；1825年，英国的斯蒂芬森建造了世界上第一条铁路；1903年美国的莱特兄弟试制成功世界上第一架飞机。民用交通运输业开始了新的发展时期，旅游交通亦进入现代发展时期，极大地促进和推动了现代旅游活动与旅游业发展。

旅游交通是现代旅游业的一个重要组成部分，是旅游业发展的先决条件，能调节旅游业的发展速度，促进旅游地的经济发展，是旅游经济收入的重要来源。随着旅游交通工具的种类越发齐全、交通设施越发完善，其对旅游活动的形式、内容、规模，对旅游产品线路的安排，对旅游资源的开发与空间配置等产生的影响越来越大，在旅游业的发展和经营中占十分重要的地位，起着巨大作用，被人们称为旅游业的大动脉。

旅游交通工具发展以后，交通运输企业与有关部门之间，特别是与旅客之间必然发生各种关系，有时还会因一方不履行或不适当履行客运合同义务，或由于一方侵权而致人伤害或财物损失而引起纠纷，出现各种矛盾和问题。例如，旅客的人身安全问题、行李物品安全问题、按时运输和正点到达问题等。所有这些，都需要运用有关法律和法规来进行调整。这样，旅游交通法规就应运而生了。

二、旅游交通法规

(一) 旅游交通法规的定义

旅游交通法规是调整旅游交通运输中各种关系的法律规范的总称。它包括三个方面的含义。

(1) 旅游交通法规是由一系列的法律规范构成的整体，而不是指某一部法律。构成旅游交通法规体系的有航空、铁路、海上、内河等运输方面的规范以及旅游景区、景点的索道等特殊交通工具的运输规范。

(2) 由于旅游交通的涉外性以及国际旅游联合交通的广泛存在，旅游交通法规体系中既包括国内旅游交通法规，又包括国际旅游交通规范。

(3) 旅游交通运输中的法律关系主要分为两大类：一是旅游交通运输管理关系；二是旅

游交通运输合同关系。这两类法律关系分属于纵向和横向法律关系，性质不同。

（二） 旅游交通法规的渊源

旅游交通法规的渊源是指旅游交通法律规范的各种表现形式，主要包括三个方面内容。

1. 旅游交通管理体制

我国的旅游交通管理体制，主要实行国务院领导下的部门管理体制。国家旅游局、民航局、铁道部、交通部等旅游交通主管部门，按照“统一领导、分级管理”的原则，对旅游车船运输、民航运输、铁路运输、公路和水上运输进行部门管理。各类、各级交通运输管理部门构成我国旅游交通管理体制的综合体系，行使旅游交通管理的职能，即完成旅游交通运输和经营活动中的计划、组织、指挥、调节、监督等5项职能。

我国民航管理体制分为两级管理，即国家民航局和地方民航管理局，各级民航管理部门拥有不同的职责。中国民航局是国务院主管全国民航运输行业的直属机构，下辖6个地区民航管理局，即华北管理局、东北管理局、西南管理局、西北管理局、华东管理局和中南管理局，作为一级政府机构对本地区的民航运输实行行业管理。2003年9月15日，中国民航管理体制改革出台重大举措，继联合重组六大集团后，决定在今年年底前，除民航地区管理局所在的北京、辽宁、上海、广东、四川、陕西、新疆等省（区、市）的民航安全监管和市场监管工作，仍由地区管理局负责外，撤销其余23个民航省（区、市）局，所管辖的93个机场移交地方政府管理，改革的核心内容是要把政府对机场的管理与机场生产经营分开，政府对机场的行业监管职能与资产管理职能分开，以推动民航管理体制改革的进一步深化。机场移交地方政府管理后，原则上以省（区、市）为单位组建机场管理公司，实行企业化经营，统一管理省（区、市）内机场。

目前我国铁路运输实行铁道部、铁路局、铁路分局、基层站等4级管理体制。按照《铁路法》第三条规定，铁道部主管全国的铁路工作，铁道部既是全国铁路运输的行政管理部门，又是国家铁路运输的生产经营部门，兼负行政和企业的双层管理职能。我国现有北京、沈阳、哈尔滨、呼和浩特、郑州、济南、上海、广州、柳州、成都、兰州、乌鲁木齐等12个铁路局，局下设62个铁路分局。

交通部是国务院主管全国公路和水运的行政管理部门。我国的公路运输实行国家交通部、省交通厅、市交通局、县交通局和乡交通站5级管理体制；水运实行交通部和所在城市双重领导、以地方为主的管理体制。

国家旅游局是国务院主管全国旅游业的直属机构，在旅游车船管理方面设置综合业务司，负责管理本行业的旅游车船业务工作，协调与民航、铁路、交通部门之间的关系，形成3级协调管理体制。

一是高层协调。通过国务院的有关部门对国家旅游局与民航、铁路、交通部门就运力空间配置、交通网络的布局、运价、优惠政策等问题，协商达成一致。

二是中层协调。主要是旅游部门与交通各部门就运输计划进行的协调。特别是旅游旺季，与交通部门之间就缓解交通压力进行的商讨。

三是基层协调。由地方旅游局与交通各部门就计划执行、客源流向、流量预报、售票等方面进行的协调。

2. 旅游交通国内法

世界各国立法机关制定的，用于调整其境内旅游交通运输关系的法律、法规，对加强交通运输管理、形成交通领域良好的秩序，协调客运关系、规范承运人与旅客的权利义务关系以及正确处理各类旅游交通矛盾与纠纷发挥了重要作用。

我国先后制定了一系列调整交通运输关系的单项法律、法规。在航空运输方面，有《国内民航旅客、行李运输规则》、《中国民航旅客、行李国际运输规则》、《中华人民共和国航空法》、《民用航空安全保卫条例》、《国内航空运输旅客身体损害赔偿暂行规定》、《民用航空运输不定期飞行管理暂行规定》等。在铁路运输方面，有《旅客意外伤害强制保险条例》、《铁路路外人员伤亡事故处理暂行规定》、《旅客发生急病死亡处理办法》、《铁路旅客及行李包裹运输规程》、《中华人民共和国铁路法》等。在公路、海上运输方面有《公路汽车旅客运输规则》、《公路运输管理暂行条例》、《海上轮船旅客及行李包裹运送试行规则》、《水路运输管理暂行条例》等。

3. 旅游交通国际公约

世界其他国家，诸如日本、美国、法国等都有较为完备的国内旅游交通法规体系。由于各国交通运输法都是根据本国的需要，依本国的具体情况而制定，所以，不同国家的规定差异较大。对于国际旅游而言，同一性质、同一或类似的交通运输纠纷在不同的发生地根据不同国家的法律，常会有迥异的结果，这对国际游客大为不利，故世界各国以及国际社会都在极力寻求广泛、合理的旅游交通合作关系，制定一系列的国际法律文件。各国只要加入或签字批准，就需遵守这些统一规定。

为协调世界各国政府有关旅游交通运输的经济和法律事务，促进世界旅游交通业的发展，充分维护与保障旅游者的合法权益，世界上成立了许多旅游交通运输方面的国际组织。诸如，国际民用航空组织（International Civil Aviation Organization，ICAO）、国际航空运输协会（International Air Transport Association，IATA）、国际铁路联盟（International Union of Railways，IUR）、国际海事组织（International Maritime Organization，IMO）等。

在世界旅游交通运输的国际组织和有关国家政府的努力下，制定了一系列的国际交通运输方面的国际公约，其范围涉及航空、铁路、海上运输等。诸如，1961 年在瑞士伯尔尼签订的《国际铁路运输公约》，是目前调整国际铁路客运关系的一项基本公约，该公约于 1975 年生效；1961 年签订的《布鲁塞尔公约》是国际海上旅客运输的主要国际公约；以 1929 年《华沙公约》为核心，包括一系列补充修正性公约或议定书在内的，调整国际航空运输关系的国际公约体系基本建立。这些国际交通运输公约在公约的适用范围、旅客的人身安全及赔偿、行李损害责任及赔偿、诉讼时效、承运人与旅客的权利义务关系等方面都作出了详细的规范，为解决旅游交通运输方面的国际纠纷提供了法律依据。

三、旅游交通法规的基本原则

（一） 安全运输原则

安全运输是旅游交通的基本要求，亦是旅游交通法规的重要内容与原则。旅游交通运输的目的，是使旅游者及其行李物品实现安全、准时、快捷、舒适、方便的空间转移，确保旅游者得以进行正常的旅行、游览活动。如果旅游交通安全得不到保障，意味着不能实现旅游交通的目的和意义，给旅游业和旅游者造成损失与危害。例如，1994 年的“千岛湖事件”，给我国旅游入境旅游市场造成极大的负面影响；1999 年 10 月 3 日，贵州省兴义市马岭风景区发生的缆车坠毁特大恶性事故造成 14 人死亡、22 人受伤，给旅游者带来了巨大损失，给旅游地声誉、形象造成极大损害。

要真正做到严格遵守安全运输原则，应做好如下工作：

（1）旅游交通管理人员和工作人员要牢固树立安全运输意识。通过开展交通运输安全年、安全月、安全日等活动，建立健全交通安全奖惩制度，使旅游交通运输企业及其职工树立“安全第一”的思想。

（2）加强旅游交通企业职工的培训。旅游交通管理部门应坚持运输企业职工的技术培训与业务考核制度，不断提高职工的技术水平，熟悉交通规则和机、车、船安全管理制度，认真执行驾驶操作规范，严格持证上岗以及岗位责任制度。

（3）保障交通工具和设施的良好性能。交通工具与设施是旅游交通运输的物质基础，因此各类交通工具以及交通道路、围栏、隧道、涵洞等设施必须加强管理与保护，做到出机、车、船前的检查同日常检查、定期检查与维护等工作结合起来。

（4）加强对旅客及其行李的安全检查。

（二）计划运输原则

计划运输原则是旅游交通法规的一项重要原则。计划运输原则是由旅游活动的性质以及旅游交通产品的特点决定的。散客的旅游活动在时间、地点的安排上有一定的计划性，团体旅游者更具有严格的游览计划。旅游者游览计划的实现程度如何，在很大程度上取决于旅游交通运输计划的配合与支持。如果旅游交通运输的计划不周密，往往会造成各旅游地运力的空间分布失调，引起旅游热点地区交通拥挤与温、冷点地区运力过剩的矛盾，影响旅游接待合同的全面履行，诱发旅游纠纷。

交通部门与交通企业应当遵守国家有关法律、法规，加强市场的调查研究，编制和实施旅游交通运输计划。编制和实施旅游交通计划要从全局出发、综合平衡、保证重点、全面安排。旅游运输计划确定以后，还要按照先重点、后一般，先计划内、后计划外的次序，有组织地进行旅游运输活动，保证旅游旺季、旅游热点地区的旅游者能“进得来、出得去、散得开”。

旅游接待部门和交通运输部门的密切配合，相互协调，是制定和实施旅游交通计划的另一重要环节。一方面，旅行社应根据多年的接待量，搞好本年度、本季度，甚至本月的旅游接待量预测，向交通部门提供运输计划，以便交通部门统筹安排运力；另一方面，在特殊情况下，如1999年云南昆明世界园艺博览会期间，“五一”、“十一”等节假日里，旅游者蜂拥而至，需要临时变更旅游运输计划，旅行社应当及时通知有关交通运输部门，共同商讨解决问题的对策，采取一致措施，保证旅游交通运输按计划执行。

（三）合理运输原则

合理运输是指通过科学管理手段，根据旅游流空间流向与流量特征，合理选择各种旅游交通工具，精心编排旅游线路，以最小的成本，取得最佳的社会经济效益的运输。合理运输的意义，从宏观上看，能节约旅游交通运力、经济地使用运输工具、提高交通运输效率、节省交通运输费用，进而促进旅游交通业发展；从微观上看，可使旅游者减少旅游交通费用、空间转移时间，赢得更多的时间进行游览活动。合理运输是旅游交通法规的基本原则，也是旅游部门与交通部门的共同任务，为此应做好以下工作。

（1）科学编排旅游线路。旅游线路应根据旅游者的流向、流量和需求等方面特点编排。旅游者在流向上，首先从四面八方集中流向旅游热点地区或航空港，然后以旅游热点为主要目的地进行单向流动或环状流动，而不像公共交通运输那样呈往返式双向流动。

旅游线路举例　澳大利亚贝宁国际旅行社在组织访华旅游团时设计的4条旅游线路

1. 长江风情旅游线路：澳大利亚—香港—上海—武汉—重庆—桂林—香港—澳大利亚；

2. 中国历史文化游览线：澳大利亚—北京—西安—上海—苏州—杭州—桂林—广州—澳大利亚；

3. 丝绸之路旅游线路：澳大利亚—香港—西安—兰州—嘉峪关—敦煌—乌鲁木齐—吐鲁番—乌鲁木齐—喀什—乌鲁木齐—北京—澳大利亚；

4. 西藏探险旅游线路：澳大利亚—广州—成都—拉萨—成都—桂林—广州—澳大利亚。

这4条旅游线路表明，澳大利亚的旅游者主要集中流向北京、广州、上海、西安等一类地区或航空港，并以这些热点地区为中心进行单向或环向流动。由于受气候、季节、市场供求关系、节假日、节庆活动等影响，旅游交通在流量上呈现突增或突减的特点。在旅游交通工具的安排上，由于旅游者有求异、求特的需求，希望体验不同交通工具的乐趣，应合理安排不同类型的交通工具，满足游客需求。

（2）制定各种运输工具的协作方式，充分发挥各种运输方式的潜力与优势。

（3）改善交通运输管理模式，完善旅游交通基础设施。

合理运输的原则要求根据现有的运输条件，针对旅游运输的特点，合理安排交通运力，综合平衡各种交通方式与交通网络的空间生产力布局，科学引导旅游流向与流量，最终满足广大旅游者的旅游交通需求，促进旅游业发展。

在实际的旅游交通运营生产过程中，除必须坚持安全运输、计划运输、合理运输三大原则外，还应根据旅游交通运输的特点，遵循正点运输、快捷运输、舒适运输、灵活运输以及游览性运输等5个原则。

四、旅游运输合同的成立与终止

旅游运输合同是旅游交通法规所调整的一种横向法律关系，是旅游交通法规的重要调整对象，同时也受《合同法》中第十七章“运输合同”的规范。

（一）旅游运输合同的成立

旅游运输合同是指承运人将旅客或者行李物品从起运地点运输到约定地点，旅客、托运人或者收货人支付票款或者运输费用的协议。它包括客运合同、货运合同与多式联运合同三种形式。

旅游运输合同的成立时间是一个极其重要的问题，因为一旦旅游运输合同成立，在承运人与旅客之间便确立起因旅游运输合同而产生的权利义务关系，双方必须按照合同规定各自享受和实现权利并履行相应的义务，如果一方由于自己的原因给对方造成损害，就应承担法律责任。从旅游交通运输的实际情况看，旅游运输合同的成立通常有两种情况。

1. 直接购买成立的旅游运输合同

在实际旅游运输业务中，旅客往往直接到机场、车站、码头等售票窗口购票，或者到它们所设立的售票点、代办点等处购票。这种由旅客尤其是散客的直接上门购票所产生的旅游运输合同关系，表面上看来，承运人与旅客之间并没有签订书面的正式协议，但承运人出具的运输凭证，旅客照章交费取得承运人签发的乘客票和行李票，即证明旅游运输合同的成立，成立的时间以承运人出具票据，旅客拿到票据时为依据。

乘客票和行李票是旅游运输合同成立的有力凭证，是一种高度简化形式的，非以双方签字形式出现的书面格式合同。值得注意的是乘客票除飞机票之外都是不记名的，可以自由转让，持有乘客票（除飞机票以外）的当事人虽然可能变更，但承运人不得据此不履行承运义务，否则应承担违约责任。

2. 预定成立的旅游运输合同

按照旅游业的业务特点，旅客或者除旅客以外的第三人（如旅行社）可以通过信件、电报、电传、电子邮件等各种有效形式向承运人预定旅游交通工具。如果承运人对旅客或第三人的预定要约予以承诺，则旅游运输合同宣告成立，成立时间以承运人的承诺到达要约人时为依据。如果旅客不能按照约定前来取得运输凭证（乘客票和行李票），或者到期承运人不能向旅客提供约定运输服务均属于违约行为，应承担各自的违约责任。

（二） 旅游运输合同的终止

旅游运输合同的终止即承运人与旅客之间的权利义务关系的消灭，一般有以下四种终止情形。

1. 自然终止

即旅客支付了票款或者运输费用，承运人按照约定旅游线路将旅客安全、快捷、舒适、正点送达约定地点，旅客离开交通工具开始，旅游运输合同终止。

2. 延期终止

一般而言，旅游运输合同可以是定期的，也可以是不定期的，但旅客应当持有效客票乘运，在客票的乘运期间、乘运路段区间乘运。如果旅客因自己的原因不能按照客票记载的时间乘坐，应当在约定的时间内办理延期乘坐的变更手续，如果旅客超出客票所约定的乘运区间，应当向承运人补交客票款，在这种情形下，承运人与旅客之间形成新的旅游运输合同关系，旅游运输合同继续延续至新的旅游运输合同的终止。

3. 驱逐终止

旅客如果在乘运期间实施各种违法犯罪行为，或者违反国家有关旅游交通法规的规定，承运人有权单方解除合同，将其驱逐，双方旅游运输合同关系终止。

我国客运合同规定，旅客应当持有效客票乘运，如果旅客无票乘运、超程乘运、越级乘运或者持失效客票乘运，应当补交票款，承运人可以按照规定加收票款。旅客不交付票款的，承运人可以拒绝运输。旅客不得随身携带或者在行李中夹带易燃、易爆、有毒、有腐蚀性、有放射性以及有可能危及运输工具上人身和财产安全的危险物品或者其他违禁物品。旅客坚持携带或者夹带违禁物品，不听劝阻，承运人可以拒绝运输，终止旅游运输合同。

4. 违约终止

如果承运人或旅客严重违反了旅游运输合同的约定义务，另一方当事人有权终止合同关系。例如，承运人无法提供约定的交通工具，擅自变更交通线路，擅自增加不合理运输费用等，旅客可以终止合同，追究承运人的违约责任。

第二节　承运人的主要权利和义务

旅游运输合同是规定承运人与旅客之间权利义务关系的协议，双方在法律地位上是平等的，权利义务也是对等的，各自应在遵循平等、自愿、公平、诚实信用原则的基础上，履行各自的义务，取得设定的权利。

一、承运人的权利

（一）收取运输费用与服务费的权利

承运人向旅客提供交通运输服务，有权要求旅客支付票款或运输费用。如果由于旅客的原因导致的误机、漏乘、错乘、客票遗失、超程乘运、超级乘运等引起客票变更、补票、退票服务，可按照规定合理、合法收取相应的服务费用。

我国铁路、公路、水路的旅客运输都明确规定，退票必须在一定时间内办理。火车必须在开车前，公路汽车必须在开车前20分钟，轮船必须在开航前2小时，办理退票手续。如遇特殊情况，火车、汽车可以在开车后2小时之内办理，轮船可以在开船后1小时以内办理。火车团体客票（30人及其以上）退票，必须在开车前6小时办理，特殊情况可酌情办理。各种情形的退票，均应收取退票费。

实例　培训临时取消，78张火车票险成废纸

2003年5月27日晚，武汉正和公司准备送员工到广州培训，一次购得78张28日晚6:30分从汉口站发车的团体火车票，价值10 920元。28日下午3时左右，广州方面突然来电称：当地防“非典”办公室要求培训人员暂缓到广州，培训临时取消。因团体退票期限已过，眼见一沓车票将成废纸，公司领导在心急如焚之时只好与武汉铁路分局客运营销处联系。该处负责人回答，如果广州公司能出具证明是因“非典”特殊原因不能成行，可以作特殊情况退票。下午5时左右，公司工作人员拿到了广州方面的传真，汉口火车站退票窗口按特殊情况办理了退票手续。

我国《国内民航旅客、行李运输规则》规定，团体旅客（15人及其以上）订座后自愿取消和变更，民航可按照以下办法收取退座手续费：

(1) 在航班规定起飞日7天以前提出，不收取费用。

(2)在航班规定起飞时间前7天以内，72小时以前提出，每人收取票价10%的退座手续费。

(3) 在航班规定起飞时间前72小时至规定起飞日前一天中午12时前提出，或到此时仍不购订座之票，均收取票价20%的退座手续费。

如果团体旅客购票后自愿退票，按照下列规定收取退票费：

(1) 在航班规定起飞日7天以前提出，每人收取4元费用。

(2) 在航班规定起飞时间前7天以内，72小时以前提出，每人收取票价10%的退票手续费。

(3) 在航班规定起飞时间前72小时至规定起飞日前一天中午12时前提出，或到此时仍不购订座之票，均收取票价20%的退票手续费。

(4) 在航班规定起飞日前一天中午12小时以后至航班规定起飞前退票的，收取50%的退票费。

(5) 团体旅客误机，客票作废，票款不退。

（二）在一定情况下，承运人有拒乘的权利

通常情况下，承运人不得无故拒绝旅客乘运的要求，但是旅客及其行李物品如果违反了有关旅游交通法规的规定，承运人可以拒绝其乘运，甚至可以驱逐旅客。例如，旅客无票乘运、超程乘运、越级乘运或者持失效客票乘运，应当补交票款，承运人可以按照规定加收票款。旅客不交付票款的，承运人可以拒绝运输。旅客不得随身携带或者在行李中夹带易燃、易爆、有毒、有腐蚀性、有放射性以及有可能危及运输工具上人身和财产安全的

危险物品或者其他违禁物品。旅客坚持携带或者夹带违禁物品，不听劝阻，承运人可以拒绝运输。

我国《国内民航旅客、行李运输规则》有载运限制的规定：

(1)对于无成人陪伴的儿童（8岁以下）拒绝乘运。

(2)孕妇及病残者，须持有医疗单位出具的适宜乘机的证明，经民航同意方可，否则拒绝乘运。

(3)对于因精神病或健康情况，可能危及自身或影响其他旅客安全的旅客，民航不予载运，已购客票，按照退票处理。

(4)对违反政府法律、法令和民航规章的旅客，民航应拒绝其乘机，已购客票作废，票款不退。

（三）有要求旅客赔偿的权利

如果旅客违反旅游运输合同的约定，例如，旅客预定机座，在约定的期限内未能前来购买定座客票，给航空部门造成损失的，承运人有权要求其赔偿。在旅游运输过程中，旅客损害或破坏旅游交通工具、交通设施，旅游交通部门或企业有权要求其赔偿，情况严重的，依法由司法机关处理。

案例 窗外飞石伤旅客,运输企业赔损失

1995年4月,旅客魏某乘坐248次快车从广州返回武汉,运行途中的第二天上午9时左右,被一块突然从窗外飞进的面包大石块砸中左腰部,当时疼痛难忍,后找列车员要了两片去痛片,服下后症状稍有缓解。列车到达终点站武昌站后,魏某由人护送回家。回家后不久就感到全身不适,脸色苍白,直冒冷汗,于当日下午在家人的陪同下到医院,检查确诊为“脾破裂”,入院作了“脾脏修补术”。后又因此引起并发症入院治疗,支付医药费数千元,加上误工工资、营养费、交通费、鉴定费等共计近万元。为此,魏某先后就以伤害赔偿与铁路有关部门进行协商,并经人民法院主持调解,按照《铁路法》和《民法通则》的规定赔偿了魏某的损失。

《铁路法》第五十八条规定:“因铁路行车事故及其他铁路运营事故造成人身伤亡的,铁路运输企业应当承担赔偿责任;如果人身伤亡是因不可抗力或者由于受害人自身的原因造成的,铁路运输企业不承担赔偿责任。”但对于第三者原因造成的人身伤亡由谁来承担赔偿责任,《铁路法》规定得不够明确具体。为此,最高人民法院于1994年10月27日下发了《关于审理铁路运输损害赔偿案件若干问题的解释》,明确规定:“在铁路旅客运送期间因第三者责任造成旅客伤亡,旅客或其继承人要求铁路运输企业先予赔偿的,应予支持。铁路运输企业赔付后,有权向有责的第三者追偿。”从本案来看,旅客魏某在乘坐火车的途中,因为第三者的过错造成了人身伤害,住院治疗,造成了人身和财产损失,其合法的损害赔偿请求应予支持。但鉴于人身伤害的发生是由于第三者的责任造成的,并且又无法找到第三者,因此,按照《铁路法》和最高人民法院《解释》的规定,由铁路运输企业承担赔偿责任是正确的。

二、承运人的义务

（一）保障人身财产安全

承运人应当保证其提供的旅游交通运输服务符合保障人身、财产安全的要求。对可能危及人身、财产安全的情形，应当向旅客作出真实的说明和明确的警示，并说明和标明正确使用或者接受服务的方法以及防止危害发生的方法。我国民航、铁路、公路、水运等部门和企业对旅客的安全乘运的要求与说明、旅客的安全检查，对旅客托运的行李物品数量、大小、包装、安检以及各类交通工具自身的适宜载运旅客所必须具备的天气、基本设施、基本服务条件等都作出了明文规定。

我国《民航法》规定，飞机在飞行前应当对民用航空器实施必要的检查，未经检查不得起飞。发现民用航空器、机场、气象条件不符规定，不能保障安全飞行的，不得飞行。同时还有严格周密的旅客安全检查制度：一是检查证件。要检查核对每位旅客的飞机票、登机牌、身份证；二是检查行李物品。旅客随身携带和托运的各种行李物品均应接受仪器检查，必要时必须开箱检查；三是进行人身检查。旅客必须经过安全门接受检查，必要时使用仪器对身体局部作进一步细微检查，杜绝安全隐患。

因发生在民用航空器或其他交通工具上，或者在旅客上、下交通工具过程中，或者交通运输期间的事件，造成旅客人身伤亡，旅客随身携带行李物品毁灭、遗失或者损坏，旅客托运的行李包裹的毁灭、遗失或者损坏，承运人应当承担责任。如果承运人能证明旅客人身伤亡是由于旅客本人的健康状况造成的，承运人不承担责任；如果能证明旅客随身携带或托运的行李物品的毁灭、遗失或者损坏是由行李物品本身的自然属性、质量或者缺陷、承运人或者其受雇人、代理人以外的人包装货物且货物包装不良而造成的，承运人不承担责任；如果旅客人身、财产的损失是由于战争或者武装冲突等原因所造成的，则承运人不承担责任。

（二）提供正点、快捷、舒适服务

旅游者的旅游活动包括旅行与游览，其中游览是目的，旅行是实现游览这一目的的手段。与一般旅行者相比较，旅游者的旅游活动具有更强的计划性和连贯性。旅游运输作为旅游者与旅游目的地的沟通桥梁，做到正点、快捷、舒适运输有利于旅游活动的正常开展，否则会影响旅游活动的进程，从而会导致旅游者与旅行社之间的合同在履行时发生纠纷，给旅游者与旅游经营者都带来损失。

《合同法》规定，合同当事人一方因第三人的原因造成违约的，应当向对方承担违约责任，当事人赔偿以后，可以向导致违约的第三人追偿。在旅行社组织团体旅游的现实实践中，往往由于旅游交通企业自身的原因导致旅客延误行程，减少游览的景点数，造成旅游者与旅行社之间的合同履行纠纷。旅行社在赔偿旅游者以后，可以向旅游交通运输企业要求赔偿。

我国《民航法》以及《国内民航旅客、行李运输规则》规定，组织旅客运输应提供良好的服务准则，保障安全、迅速、舒适、便利地完成运输任务，定期航班的航行、暂停、终止经营航线，应报国务院民用航空运输主管部门批准。民航航班的班期时刻，是民航组织运输和旅客安排旅行的依据，不得随意变更。航班由于天气、机务、航行等方面的原因在中途站延误，由此引起的额外食宿费由民航负担，同时应向旅客赔偿其他因延误而造成的损失。

三、航空承运人的责任

依据《民用航空法》的规定，承运人的责任主要包括：承运人对旅客的责任；承运人对旅客随身携带物品的责任；承运人对旅客托运行李的责任；承运人对延误旅客、行李运输的责任；关于国内航空运输承运人的赔偿责任；关于国际航空运输承运人的赔偿责任；承运人责任的免除或者减轻的规定等几个方面的问题。

（一）承运人对旅客的责任

《民用航空法》第一百二十四条规定：“因发生在民用航空器上或者在旅客上、下民用航空器过程中的事件造成旅客人身伤亡的，承运人应当承担责任；但是，旅客的人身伤亡是由于旅客本人的健康状况造成的，承运人不承担责任。”此项规定是关于承运人对旅客人身伤亡的责任的规定。其含义如下：

1. 承运人对因发生在民用航空器上或者旅客上、下民用航空器过程中的事件造成的旅客人身伤亡承担责任。

(1) 承运人承担责任的对象是旅客。因为旅客是与承运人之间存在着航空运输合同关系的一方当事人，通常情况下，旅客即是运输客票的持票人；但承运人同意某人不经其出票而登机时，该乘机人员虽不持有客票但仍是旅客。承运人仅对发生在民用航空器上或者在其上、下民用航空器过程中的事件造成的旅客人身伤亡承担责任。

(2) 承运人承担民事责任的范围仅限于旅客的人身伤亡，而不包括旅客精神上的伤害，也不包括因旅客的伤亡给他人造成的精神痛苦。

(3) 承运人承担民事责任的前提是旅客人身伤亡是因发生在民用航空器上或在其上、下民用航空器过程中的事件造成的，且这一事件与旅客的人身伤亡存在着因果关系。

(4) 承运人的责任期间是“在民用航空器上或者在旅客上、下民用航空器的过程中”。凡在该期间以外造成旅客人身伤亡的，承运人不承担责任。

2. 对完全是由于旅客本人的健康状况即旅客的疾病而造成的旅客人身伤亡不承担责任。

3. 对部分由旅客本人的健康状况造成的旅客人身伤亡，承运人应当部分承担责任。

(二) 承运人对旅客随身携带物品和托运行李的责任

旅客随身携带物品和托运行李统称为行李。《民用航空法》第一百二十五条规定：“因发生在民用航空器上或者在旅客上、下民用航空器过程中的事件，造成旅客随身携带物品毁灭、遗失或者损坏的，承运人应当承担责任。因发生在航空运输期间的事件，造成旅客的托运行李毁灭、遗失或者损坏的，承运人应当承担责任。旅客随身携带物品或者托运行李的毁灭、遗失或者损坏完全是由于行李本身的自然属性、质量或者缺陷造成的，承运人不承担责任。”此项规定的含义如下：

(1) 承运人应当对因发生在航空器上或者上、下民用航空器过程中的事件造成的旅客随身携带物品和托运行李的毁灭、遗失或者损坏承担部分责任。

(2) 旅客随身携带物品和托运行李的毁灭、遗失或者损坏完全是由于行李本身的自然属性、质量或者缺陷造成的，承运人不承担责任。因为这些情况的发生一方面与航空器的航行活动无关，另一方面也是承运人无法预料、无法防范的。

(3) 对部分因旅客随身携带物品和托运行李的自然属性、质量或者缺陷造成该物品的毁灭、遗失或者损坏，承运人仍应承担部分责任。

“航空运输期间”是指在机场内、民用航空器上或者机场外降落的任何地点，托运行李、货物处于承运人掌管之下的全部期间。它不包括机场外的任何陆路运输、海上运输、内河运输过程；但是，此种陆路运输、海上运输、内河运输是为了履行航空运输合同而装载、交付或者转运，在没有相反证据的情况下，所发生的损失视为在航空运输期间发生的损失。

(三) 承运人对延误旅客、行李运输的责任

《民用航空法》第一百二十六条规定：“旅客、行李或者货物在航空运输中因延误造成的损失，承运人应当承担责任；但是，承运人证明本人或者其受雇人、代理人为了避免损失的发生，已经采取一切必要措施或者不可能采取此种措施的，不承担责任。”

上述规定中的“航空运输中”是指承运人的责任期间，承运人仅对在其责任期间造成的旅客、行李迟延运输负责，而不对在此期间外因其他运输方式的延误造成的损失负责，而且“延误”是指承运人未能按照运输合同约定的时间将旅客、行李运抵目的地。运输合同约定

的时间，一般指承运人的班机时刻表或者机票载明的旅客抵达目的地的时间。此外，从国际航空司法实践看，航班的撤消也作延误处理。

在运输中，若承运人不能证明延误是因天气条件、机械损坏等无法控制的原因造成的，或者不能证明承运人本人或其受雇人、代理人已尽应有的努力采取了一切合理的必要措施确保航班的正点起飞和准确到达终点，就应对因延误引起的下列损失承担责任：

(1) 旅客在等待另一航班过程中所支出的特殊费用。

(2) 旅客误乘下一经停地点航班的损失。

(3) 旅行社购买另一航空公司机票而额外支出的票款。

（四） 国内航空运输承运人的赔偿责任

《民用航空法》第一百二十八条规定："国内航空运输承运人的赔偿责任限额由国务院民用航空主管部门制定，报国务院批准后公布执行。"

承运人责任限制制度是指发生重大的航空事故时，作为责任人的承运人，一般情况下可以根据法律的规定，将自己的赔偿责任限制在一定范围内进行赔偿的法律制度。根据这一制度，当航空运输过程中发生的旅客人身伤亡、行李物品灭失、损坏的数额没有超出法定责任限额时，承运人应当按实际损失赔偿旅客或者托运人；当损失数额超过责任限额时，承运人仅在法定责任限额内承担赔偿责任，对法定限额以外的损失数额则不予赔偿。当然，赔偿责任限制制度不仅考虑到承运人利益的保护，也要考虑到合同对方当事人利益的保护，这种对合同对方当事人利益的保护，一般体现在允许合同对方当事人另行约定高于法定责任限额的赔偿责任限额。就该合同而言，该赔偿责任限额一经约定即取代法定责任限额，一旦发生损失且损失额巨大时，承运人将要在双方约定的赔偿责任限额的范围内承担责任。

赔偿责任限制制度具体体现在我国《国内航空运输旅客身体损害赔偿暂行规定》中。该规定适用于国内航空旅客运输中发生的旅客身体损害赔偿，承运人按照该《规定》应当承担赔偿责任的，对每名旅客的最高赔偿金额为人民币 7 万元。此外，旅客可以自选向保险公司投保航空运输人身意外伤害险。此项保险金额的给付，不得免除或减少承运人应当承担的赔偿金额。

（五） 国际航空运输承运人的赔偿责任

《民用航空法》第一百二十九条规定，国际航空运输承运人的赔偿责任限额按如下执行：

(1) 对每名旅客的赔偿责任限额为 16 600 计算单位；但是旅客可以同承运人书面约定高于本项规定的赔偿责任限额。

(2) 对托运行李或者货物的赔偿责任限额，每千克为 17 计算单位。

(3) 对每名旅客随身携带的物品赔偿责任限额为 322 计算单位。

以上规定所称"计算单位"是指国际货币基金组织规定的特别提款权；其人民币数额为法院判决之日、仲裁机构裁决之日或者当事人协议之日，按照国家外汇管理机关的国际货币基金组织的特别提款权对人民币的换算办法计算得出的人民币数额。

无论是在国内航空运输还是在国际航空运输中的赔偿责任限制，只要能够证明在航空运输中的损失是由于承运人的故意或者重大过失造成的，承运人就无权援用上述赔偿责任限制制度，即承运人不仅无权援用法定的赔偿责任限额，同时也无权援用约定的赔偿责任限额。在这种情况下，承运人将承担无限责任。

（六） 承运人责任免除或者减轻的规定

《民用航空法》第一百二十七条规定："在旅客行李运输中，经承运人证明，损失是由索赔人的过错造成或者促成的，应当根据造成或者促成此种损失的过错的程度，相应免除或者减轻承运人的责任。旅客以外的其他人就旅客死亡或者受伤提出赔偿请求时，经承运人证明，死亡或者受伤是旅客本人的过错造成或者促成的，同样应当根据造成或者促成此种损失的过错的程度，相应免除或者减轻承运人的责任。”

关于旅客、行李运输中承运人的免责问题，法律规定的含义主要包括以下内容：

(1) 在旅客、行李运输中，损失如果完全是由于索赔人的过错造成的，应当免除承运人的责任。

(2) 在旅客、行李运输中，损失是由于索赔人的过错促成的，应当根据促成此种损失的过错的程度，相应减轻承运人的责任。

所谓过错是指行为人的故意或过失的行为或者不行为。如旅客在托运行李时有申报危险品的义务而没有申报；旅客的代理人在代旅客提取行李时不慎将行李丢失或损坏等。

四、铁路运输企业的责任

（一）铁路运输企业违约责任

由于铁路运输企业的原因而造成旅客不能按车票载明日期、车次乘车的，铁路运输企业应当承担法律责任，即退还全部票款或安排改乘到达相同目的地站的其他列车。在这种情况下，旅客改乘列车，铁路运输企业不得收取任何费用。

（二）铁路运输企业对行李物品的赔偿责任

《铁路法》规定：铁路运输企业应当对承运的货物、包裹、行李自接受承运时起到交付时止的灭失、短少、变质、污染或者损坏，承担赔偿责任。

1. 保价运输责任

托运人或者旅客根据自愿申请办理保价运输的，按照实际损失赔偿。但最高不超过保价运输额度。

保价运输是指旅客、托运人在托运货物、行李和包裹时，可以按照货物、行李和包裹的实际价值向铁路运输企业申明价格，并按照申明的价格支付相应的运输费用，在发生物品损坏时，铁路按照申明的价格进行赔偿。保价运输是针对限额赔偿而规定的一种法律制度，因为在铁路运输中实行限额赔偿制度仅仅是保护了承运人的利益，对于广大旅客或托运人来说，限额赔偿不能满足其对赔偿的要求，这对旅客和托运人来说是不公平的。为了保障托运人的利益和在铁路运输中贯彻我国民法的公平原则，法律不仅规定了限额赔偿，保护铁路运输企业的合法权益，而且也给托运人和旅客要求得到合理赔偿以一条出路，这就是保价运输。

2. 非保价运输责任

未按保价运输承运的，按照实际损失赔偿，但最高不超过国务院铁路主管部门规定的赔偿限额。如果损失是由于铁路运输企业的故意或者重大过失造成的，不适用赔偿限额的规定，按照实际损失赔偿。

托运人或者旅客根据自愿可以向保险公司办理货物运输保险，保险公司按照保险合同的约定承担赔偿责任。

托运人或者旅客根据自愿，可以办理保价运输，也可以办理货物运输保险；还可以既不办理保价运输，也不办理货物运输保险。铁路运输企业和保险公司不得以任何方式强迫托运人或者旅客办理保价运输或者货物运输保险。

（三）铁路运输企业对责任的具体承担

为了明确铁路运输企业对旅客的赔偿并维护旅客的合法权益，1994年8月30日，经国务院批准，铁道部发布了《铁路旅客运输损害赔偿规定》（以下简称《规定》），其主要内容如下：

1. 适用范围

凡是在中华人民共和国境内的铁路旅客运输中发生的旅客人身伤亡及其自带行李损失，依照《规定》应当由铁路运输企业赔偿的，均可适用该《规定》。这里的"铁路旅客运输中"是指自旅客经剪票进站至到达行程终点出站时止。"旅客"是指持有效车票凭证乘车的人员以及按照国务院铁路主管部门有关规定免费乘车的儿童；此外，经铁路运输企业同意，根据铁路货物运输合同，随车护送货物的人，也被视为旅客。

2. 赔偿限额

铁路运输企业依照该《规定》应当承担赔偿责任的，对每名旅客人身伤亡的赔偿责任限额为人民币4万元，自带行李损失的赔偿责任限额为人民币800元。铁路运输企业和旅客可以书面约定高于上述规定的赔偿责任限额。此外，铁路运输企业依照《规定》给付赔偿金，不影响旅客按照国家有关铁路旅客意外伤害强制保险规定获取保险金。

3. 索赔时效

旅客或者其继承人向铁路运输企业要求赔偿的请求，应当自事故发生之日起1年内提出，铁路运输企业应当自接到赔偿请求之日起30日内答复。

4. 免责事由

由于不可抗力或者旅客自身原因造成人身伤亡和自带行李损失的，铁路运输企业不承担赔偿责任。

第三节　旅客的主要权利和义务

一、旅客的权利

（一）享有按规定免费携带行李物品的权利

我国民航、铁路、公路、水运旅客运输对旅客随身携带的行李物品的免费重量有不同的规定，在规定的范围内，旅客享有的此项权利，任何人和单位不得干预。

(1) 民航规定：每一全票的旅客免费交运行李额，头等舱（包括成人票和儿童票）40千克，公务舱30千克，经济舱20千克。婴儿票无免费行李额。

(2) 铁路规定：大人20千克，小孩10千克，外交人员35千克。

(3) 公路规定：大人10千克，小孩5千克。

(4) 轮船规定：大人30千克，小孩15千克。

（二）享有按规定购买优惠票的权利

客运客票是旅客乘坐旅游交通工具的具有法律效力的凭证。我国民航、铁路、公路、水运的客票分为不同的档次。不同等级的客票的价款不同。对于不同的购票主体，享有不同的购票优惠。

我国民航按照乘机对象的不同具体分为成人票、革命残废军人票、儿童票和婴儿票四个类别。革命残废军人按票价的80%购票；年龄满2周岁，未满12岁的儿童，按成人票价的

50%购买儿童票；未满2周岁的婴儿按成人票价的10%购买婴儿票，但该票不提供座位，如需要单独占取座位时，应购买儿童票。成人旅客携带未满2周岁的婴儿超过一名时，超过的人数应购买儿童票，并提供座位。铁路运输规定，1米以下儿童免票，每个成人可带2名，超过部分购1/4票；1米～1.3米购半票，1.3米以上购成人票。公路运输规定，1米以下儿童免票，但只能带1名，不供应座位，超过部分购半票；1米～1.3米购半票，供给座位。水运规定，1.1米以下儿童免票，1.1米～1.3米购儿童票。

（三）享有按规定享有服务的权利

旅客有权享用约定的交通工具，交通运输部门不得擅自改变交通运输的班次、运输起止时间，交通工具的类型、档次等。在交通运输期间，旅客有权享受到交通部门提供的一切免费的或者收费的服务和设施设备。例如，我国《国内民航旅客、行李运输规则》规定：旅客在航空中的膳食由民航安排，在空中免费供应，在地面费用旅客自理。旅客持订妥座位的联程票，在联程站的住宿，由民航安排，费用自理。航班在中途站延误，民航按规定免费向旅客提供饮料、食品。航班不正常时在中途站过夜，民航免费向旅客提供膳宿。因民航原因，航班在始发站延误、取消，民航按规定向旅客免费提供膳宿。另外，在航空运输中旅客发生疾病或受到意外伤害应得到及时的医疗服务；旅客享有民航车辆接送、小件行李物品寄存、行李物品搬运等服务。

航班误点可获赔偿　首个航空协定实施

以前航班延误、取消，旅客焦急、无奈，现在再遇这类情况，旅客可以要求赔偿。全国首个《航空客运消费者权益保护应急措施协定》2003年4月24日在沪实施，旅客可借此维护自己的合法权益。

这项在全国航空领域维权中首开先河的《协定》，对规范解决航空服务领域的消费纠纷，具有较强的可操作性。现已有从上海始发国内航班的东航、云南航、西北航、南航、海南航、北航、厦门航、深圳航、武汉航、四川航10家航空公司签约确认《协定》所规定的处理办法。《协定》将在10家航空公司所承运的始发国内54个城市的108条航线、282个航班上执行。

根据《协定》，因航空公司自身原因造成航班变更、取消或延误，应在20分钟内向旅客说明解释，并尽快安排旅客成行，或免费安排餐食和休息。虽能当日成行，但延误超过4小时的，补偿每位旅客不低于100元，或提供等值标准的相关服务；次日成行的，补偿每位旅客不低于200元，或提供等值标准的相关服务。由于航空公司及其授权代理人超额售票，导致旅客不能按时登机的，应尽快安排转乘其他航班。能当天转乘的，航空公司免费提供餐食，并补偿每位旅客不低于实付票价的10%或提供等值标准的相关服务；当天无法安排转乘的，免费提供餐食和休息，并补偿不低于实付票价的20%或提供等值标准的相关服务。

（四）享有按规定获得赔偿的权利

由于承运人的违约造成的违约责任以及由于承运人的原因导致的旅客人身或财产的损失等侵权行为，旅客享有按规定获得赔偿的权利。

值得注意的是，在旅游交通运输中所引起的违约责任与侵权责任虽均属于民事责任，但两者又有较为明显的区别。首先，违约责任是对旅游交通运输合同当事人约定义务的违反，是对相对权利的侵犯，而侵权责任是对法定义务的违反，是对绝对权利的侵犯；其次，违约责任是在订立旅游交通运输合同时，即已存在的法律关系，而侵权责任是由于侵权行为的发生，而使当事人双方产生法律关系，分别成为债权人和债务人。在旅游交通运输中发生的民事纠纷，往往会同时导致两种责任，受害人可以在两种责任之中任选一项获得赔偿。

二、旅客的义务

旅客应遵守旅游交通运输的有关规定的义务，主要有以下方面。

（一） 支付合法费用

承运人向旅客提供交通运输服务，有权要求旅客支付票款或运输费用。如果由于旅客的原因导致的误机、漏乘、错乘、客票遗失、超程乘运、超级乘运等引起客票变更、补票、退票服务，应按照规定支付相应的服务费用。例如，铁路规定：由于旅客自身的原因，造成不能按时乘车的法律后果应当由旅客自己负责，铁路运输企业不承担法律责任；但是，旅客可以按照铁路的规定，办理退票或改乘其他列车的手续，并缴纳规定的退票或改乘的签证费用。旅客退票实际上是向铁路运输企业提出解除铁路运输合同的请求，铁路运输企业按照旅客的要求办理了退票手续，则双方之间的合同即告解除。由于是旅客单方解约，所以应向铁路交纳违约费用，即“退票费”。旅客要求办理改乘手续，实际上是向铁路运输企业提出变更合同的请求，铁路运输企业按照旅客的要求改签了车票的乘车车次、日期，则是与旅客之间成立了新的旅客运输合同，双方当事人应当按照新的合同享受权利、承担义务。在变更合同的情况下，旅客也应承担相应的法律责任，即向铁路支付签证费以及其他规定的手续费。

（二） 接受相关检查

旅客乘机、车、船应接受相关的客票检查、行李检查，甚至身份检查。

（三） 遵守有关规定

按照有关规定，在购票、托运行李物品时，应该出具相应的证明。旅客变更运输合同的内容或者终止运输合同时，必须符合有关规章的规定与约定。

旅客携带或者托运的行李物品不得夹带武器、易燃、易爆、有毒、有腐蚀性、有放射性、可聚合物质、磁性物质以及其他危险物品。旅客也不得携带国家法律、法规和规章禁止携出、携人或者过境的物品。旅客乘坐飞机不得随身携带武器，不准在交运的行李物品中夹带机密文件、保密资料、技术资料、外交信袋、证券、货币、易碎物品、流质物品、贵重物品如金银、首饰、手表、照相机等，不得携带小动物以及其他妨碍公共卫生、秩序和容易损坏飞机、污染环境的物品。

旅客托运行李物品时对运输单或者托运单上的各项声明、说明，应认清、理解并认真填写各项要求填写的内容。

铁路旅客乘车规定

《铁路法》规定：“旅客乘车应当持有效车票，对无票乘车或者持失效车票乘车的，应当补收票款，并按照规定加收票款；拒不交付的，铁路运输企业可以令其下车。”

旅客乘车旅行必须具备的条件是应当持有效车票。所谓“有效车票”是指铁路车站出售的、有规定的乘车期限、上下车站和票面指定的乘车车次的车票。如果旅客无票乘车或者持无效车票乘车，通常情况下，铁路运输企业可以根据有关规章的规定补收票款，并加收一定的票款。加收票款的具体数额一般由国务院铁路主管部门规定。旅客持失效车票或者无票乘车，实际上是一种侵害铁路运输企业合法权益的行为。依照我国民法规定，实施侵权行为的加害人，应当承担相应的法律责任。

根据《铁路旅客及行李包裹运输规程》的规定，对于不符合乘车条件的，按下列规定处理：

1. 无票或者持失效火车票乘车的，应自乘车站至发现时的最近前方停车站止，加倍补收所乘列车的票款，如继续乘车时，可另行补收票款。

2. 持伪造车票或者涂改车票的，除加倍补收所乘列车区间的票款外，还可交公安机关处理。持用过期车

续上表

票，借用、涂改市郊定期客票的，从有效期终了的次日起至发现日止，按票面记载的区间每日往返各一次，加倍补收所乘列车的票款，同时收回原票，并通知其单位。 3. 持用票价低的车票、越席乘坐票价高的坐席、卧铺或者越级乘坐高等级别列车的，如是经列车和车站同意的，只补收乘车区间车票的票价差额；如未经同意的，则加倍补收乘车区间的票价差额。 4. 持市郊客票乘坐非指定列车的，按无票处理，并加倍补收所乘列车的票款。持市郊客票中途下车的前程失效，但持市郊定期客票未按日、时乘车中途下车时，应另行补收所乘区间的票价。 5. 旅客使用减价票，但没有减价凭证或者不符合减价条件，加倍补收全价票价与减价票的差额，旅客未按票面指定的车次、日期乘车，车票又未经剪口，应另行补收所乘列车乘车区间的票款；如经车站剪口，应换发代用票，但对错乘后乘车两小时以上的旅客的车票则应按失效车票处理。 6. 持站台票送客的人员不准上车。如已经上车未及时声明的，应在最近前方停车站下车，并补收所乘列车的票款。如在开车后20分钟内仍不声明的，或者有意持站台票上车的，则按无票乘车处理。确因时间来不及买票的，经车站发给补票证或者因特殊情况经列车长同意上车的旅客，应补收旅客所乘列车至下车站时止的票款。应买票而未买票的小孩，补收小孩票；超过140厘米而持有小孩票乘车的，应补收小孩票与全价票的差额。 7. 对违章乘车拒绝补款的人员，列车工作人员可以责令其下车，并编制客运记录，交市、县所在地或三等以上车站处理。车站对列车和本站发现的上述人员，应通知其单位并追缴应收票款。

第四节　国际航空协定的主要内容

一、国际航空协定的法律渊源

鉴于国际航空运输涉及到世界各主权国家的领空问题，因此加强国际航空的协调与合作十分必要。1929年10月12日，德国、奥地利、前苏联、比利时、巴西、法国等23个国家在华沙共同签订了《华沙公约》，全称为《统一国际航空运输某些规则的公约》。为适应国际航空运输的发展，根据国际航空运输的实际，不断对《华沙公约》进行修改和补充，形成了以《华沙公约》为核心，包括一系列补充修正性公约或议定书在内的调整国际航空运输的国际公约体系。它包括：1929年签订的《华沙公约》；1955年签订的《海牙议定书》；1961年签订的《瓜达拉哈拉公约》；1971年签订的《危地马拉议定书》；1975年签订的《蒙特利尔第1、2、3号附加议定书和第四号议定书》。

上述公约、协定等主要就保护旅客人身安全，确定航空运输企业法律责任及赔偿，协调国际航空运输权益等方面的内容达成一致。《华沙公约》体系是目前国际航空运输上的重要法典，缔约国都在按这一体系的统一规定处理责任与赔偿问题。我国分别于1958年7月和1975年8月批准了《华沙公约》和《海牙议定书》。1979年12月11日加入了1966年的《蒙特利尔协议》。中国民用航空局参照上述有关国际公约，结合我国航空运输实际，制定了《中国民航旅客、行李国际运输规则》，于1984年10月1日起施行。

二、国际航空协定的适用范围

国际航空协定适用于国际航空运输。国际航空运输是指承运人与旅客所订立的合同，不论运输中有无间断或转运，其始发地和目的地在两个缔约国领土内，或虽在一个缔约国领土内而在另一缔约国甚至非缔约国有一个约定的经停点的任何运输。

三、国际航空运输承运人的责任公约

国际航空协定所确立的承运人责任制度，是一种可以减责或免责的、有限额的但限额可以突破的过失责任制度。在这一制度下采用过失推定原则，即在运输过程中若发生损害，首先推定承运人犯有过失，要承担责任。承运人如果想减免责任就必须证明其没有过失或不完全是他的过失所造成。因此举证的责任不在旅客而在承运人。

《华沙公约》明确规定了承运人的责任范围。在航空器上或者上、下航空器的过程中，对于旅客因死亡、受伤或身体上的任何其他损害而产生的损失，承运人应负连带责任；对于交运的行李物品或者货物的延误、毁灭、遗失或者损坏而产生的损失发生在航空运输期间，承运人负连带责任。

国际航空协定规定，承运人如果证明他及其雇佣人员为了避免损失的发生已经采取了一切必要的措施或不可能采取这种措施时，承运人不承担责任；如果承运人证明损失的发生是由于受害人的过失造成或促成的，法院可以按照它的法律规定免除或者减轻承运人的责任。但国际航空协定同时规定：承运人不出具客票而承运旅客；承运人开具的客票不合格；损失的发生是由于承运人的有意的不良行为造成等三种情形下，承运人无权援引公约关于免除或者限制承运人责任的规定。

四、国际航空协定的赔偿公约

《华沙公约》对每位旅客损害赔偿的最高限额为125 000金法郎。对每千克行李的最高赔偿限制额为400金法郎。旅客可以办理声明价值并交纳附加费，承运人在损害事故发生后，按旅客的声明价值进行赔偿。1955年的《海牙议定书》中，将旅客损害赔偿责任限制额由125 000金法郎提高到250 000金法郎。1966年达成的《蒙特利尔协议》对前往、来自或停经美国的每一旅客的责任限额提高到7.5万美元（包括法律费用），或者5.8万美元（不包括法律费用）；并对旅客的赔偿采取绝对责任制。

《中国民航旅客、行李国际运输规则》规定，由连续承运人共同承担的运输中，中国民航承担运输的航段，其责任限制额与上述一致。例如，我国参加《华沙公约》签字后，中国民航国际客运规则明确规定，凡持有国际客票的旅客搭乘中国民航飞机，在运载过程中遇有伤亡或其他身体上的损害而发生损失时，或持有国际客票的旅客交运的行李在中国民航承运过程中遇有遗失、损坏或短少时，经查确系中国民航的责任，由中国民航按《华沙公约》的有关条款负赔偿责任。中国民航以公司名义于1979年12月11日加入1966年的《蒙特利尔协议》后，对于乘坐中国民航来往于美国的旅客，如果人身财产受到侵害，将按较高的标准予以赔偿。

【本章小结】　本章介绍了旅游交通、旅游交通法规、旅游交通法规的基本原则、旅游运输合同的成立与终止、承运人的主要权利和义务、航空承运人的责任、铁路运输企业的责任、旅客的主要权利和义务等有关旅游交通法规的基本内容，并对国际航空协定的法律渊源、国际航空协定的适用范围、国际航空运输承运人的责任公约、国际航空协定的赔偿公约作了重点阐述。

【关键词】 旅游交通 承运人 旅客 权利 义务 协定

【思考题】 1. 承运人对旅客承担哪些责任?
2. 关于承运人责任免除或减轻有哪些规定?
3. 旅客有哪些主要权利?
4. 承运人对旅客随身携带物品和托运的行李承担怎样的责任?
5. 试述旅游运输合同终止的主要形式。

第五章 旅游资源保护法规

学习要点：

1. 旅游资源及旅游资源保护法概述。
2. 人文旅游资源的法律保护。
3. 自然旅游资源的法律保护。
4. 其他相关资源的保护。
5. 旅游资源的开发管理。

旅游资源是一个国家或地区旅游事业赖以生存的物质基础。能否对旅游资源进行有效的开发、利用和保护，不仅直接关系到旅游业的兴衰，而且直接影响到旅游业能否可持续发展。因此，用法规的形式对旅游资源进行有效的管理和保护已引起了越来越多的国家的重视。我国政府对保护旅游资源一直十分重视，建国之初就由中央人民政府颁布了行政法规对相关的资源进行保护。

第一节 旅游资源及旅游资源保护法概述

一、旅游资源及其基本构成

（一） 旅游资源

对旅游资源的认识，目前存在两种不同的观点。一种观点从传统的旅游资源观出发，认为旅游资源是指吸引旅游者前往观赏的各种自然风光、历史遗迹、建筑成就、民族风情以及人文习俗等。这种相对静止的旅游资源观将旅游资源分为自然旅游资源和人文旅游资源两大类。前者包括地貌、水文、气候、动植物、化石等。后者主要包括反映古今人类政治、经济、文化、艺术和宗教等活动的人文景观和民俗。另一种观点从现代的旅游资源观出发，认为旅游资源是自然界和人类社会凡能对旅游者产生吸引力，可以为旅游业开发利用，并可产生经济效益、社会效益和环境效益的各种事物和因素。这种动态的旅游资源观既包括了物质形态方面的因素，如自然因素和人类制造的有形产品，也包括了更高一层次的超物质形态的人文因素，如文化的、经济的因素等。其外延比传统的旅游资源观要宽得多。这种旅游资源观要求人们在认识旅游资源时必须具备三种意识。

1. 整体意识

资源要素是一个复合要素，它由众多内涵不同、功能各异的单项资源组合而成，如自然风光、寺庙建筑、经济环境等等。另外，旅游资源各组成部分之间的关系既是并列的，又是重叠交叉的。因此，在衡量某地旅游资源的特点状况时，必须进行综合考察，具备整体意识。

2. 发展意识

旅游资源是一个动态概念。在不同的发展阶段，对旅游资源的内涵必须有不同的认识。对旅游资源的利用也应适时而改变。“不同的发展阶段”主要指区域旅游业发展的不同历史阶段和全国乃至世界旅游业发展的不同历史阶段两个部分。因此，发展意识包括微观和宏观两个方面的意识。

3. 市场意识

对旅游资源的认识、发展和变化并不是杂乱无章的。它也有自己应遵循的规律，即以市场需求为导向。对旅游资源的评价、开发总是与市场的需求相一致的。所以，我们在衡量市场需求时，既要预测需求总量，又要加强市场定位方面的工作。

（二） 旅游资源基本构成

根据旅游市场需求状况，通常人们将旅游资源的基本构成分为基本因素和推进因素两大类。

1. 基本因素

基本因素是一个国家先天拥有的、适宜于发展旅游业的资源要素，包括自然旅游资源和人文旅游资源两大类。

自然旅游资源主要由适宜的气候条件、优美的自然风光和珍奇的动植物以及天然的疗养条件等组成。它经历了数亿年的演化而成，无需人类过多改造就可以给游客带来美的享受。如世界自然遗产和一些风景名胜区就是如此。凭借此类旅游资源可以发展观光、度假型旅游项目。其显著特点是资源的模仿性差，如海南岛的海滨浴场，黄山的云海、奇峰等根本无法模仿或复制，具有独特性和垄断性。

人文旅游资源主要包括历史文物古迹、民俗传统文化等。凭借此类资源可以发展文化型旅游项目。它可以满足旅游者对文化差异的猎奇和认同等方面的需求。我国有五千年的文明历史，在人文旅游资源方面的优势明显。其显著特点是独特性强。任何民族或国家的传统文化、本土文化都具有相对独立性。与此同时，它还有极大的脆弱性。特别是后者，往往被一般的旅游开发者、管理者所忽视。普通的异地旅游者在认知和区别一种陌生的外来文化物态时，也只停留在表象观止的层次上，而对其深层次的文化内涵认识不够，甚至误解和扭曲。文化旅游不仅具有经济意义，还具有一定的社会文化意义。它对于挖掘和重塑传统文化功不可没。但如果发展文化旅游项目仅停留在对传统文化的简单复制，甚至断章取义的层次上，必然会产生恶劣的负作用，终将损害经济效益和社会文化效益。

2. 推进因素

推进因素是指超出基本因素之上的，通过投资和发展而创造的因素，如经济因素、区位条件等。

经济因素指经济实力或潜力。它在旅游经济活动中不仅仅充当资本供应的角色，而且也是一种重要的资源吸引物。我们只有从资源要素的高度来谈经济，才能对经济因素在旅游活动中的地位有正确的认识。凭借经济因素的旅游项目属于商贸型旅游。这种旅游在旅游业中的地位举足轻重，因为商贸旅游者的消费水平和重复旅游率都很高。当然，经济因素在旅游业中的利用是有条件的。只有当具备了强大的经济实力或潜力的时候，吸引大量的、以商贸活动为目的的商贸旅游者才能成为现实。在20世纪90年代，东亚太区域出现了一批新兴的旅游发达国家或地区，如新加坡、泰国、中国、中国香港等。这与该地区的经济在世界经济格局中的显著地位是分不开的。

位是分不开的。这也充分说明，经济因素在资源吸引力要素中处于不可缺少或不容忽视的地位。

区域因素是指优越的地理位置或良好的竞争环境。在世界上，借助优越的地理位置或良好的竞争环境，使旅游业勃兴的成功范例很多。比如新加坡，它地域狭小，自然及人文旅游资源并不丰富。但它所处的东西方石油运输枢纽位置，给它的旅游业注入了长盛不衰的活力剂，使之能够跻身世界旅游业发展十五强之列，不能说与其优越的区位条件无关。

二、旅游资源分类

中华人民共和国国家质量监督检验检疫总局 2003 年 2 月 24 日发布、2003 年 5 月 1 日实施的中华人民共和国国家标准《旅游资源分类、调查与评价》（GB/T18972-2003）的分类结构中，将旅游资源划分为“主类”、“亚类”、“基本类型”3 个层次，其中主类 8 个、亚类 31 个、基本类型 155 个。

（一）自然旅游资源基本类型

根据《旅游资源分类、调查与评价》（GB/T18972-2003）表 1 的划分，自然旅游资源分为 4 个主类、17 个亚类、71 个基本类型（详见表 5-1）。

表 5－1　自然旅游资源分类表

主类	亚类	基本类型
A 地文景观	AA 综合自然旅游地	AAA 山丘型旅游地 AAB 谷地型旅游地 AAC 沙砾石地型旅游地 AAD 滩地型旅游地 AAE 奇异自然现象 AAF 自然标志地 AAG 垂直自然地带
	AB 沉积与构造	ABA 断层景观 ABB 褶曲景观 ABC 节理景观 ABD 地层剖面 ABE 钙华与泉华 ABF 矿点矿脉与矿石积聚地 ABG 生物化石点
	AC 地质地貌过程形迹	ACA 凸峰 ACB 独峰 ACC 峰丛 ACD 石(土)林 ACE 奇特与象形山石 ACF 岩壁与岩缝 ACG 峡谷段落 ACH 沟壑地 ACI 丹霞 ACJ 雅丹 ACK 堆石洞 ACL 岩石洞与岩穴 ACM 沙丘地 ACN 岸滩
	AD 自然变动遗迹	ADA 重力堆积体 ADB 泥石流堆积 ADC 地震遗迹 ADD 陷落地 ADE 火山与熔岩 ADF 冰川堆积体 ADG 冰川侵蚀遗迹
	AE 岛礁	AEA 岛区 AEB 岩礁
B 水域风光	BA 河段	BAA 观光游憩河段 BAB 暗河河段 BAC 古河道段落
	BB 天然湖泊与池沼	BBA 观光游憩湖区 BBB 沼泽与湿地 BBC 潭池
	BC 瀑布	BCA 悬瀑 BCB 跌水
	BD 泉	BDA 冷泉 BDB 地热与温泉
	BE 河口与海面	BEA 观光游憩海域 BEB 涌潮现象 BEC 击浪现象
	BF 冰雪地	BFA 冰川观光地 BFB 长年积雪地
C 生物景观	CA 树木	CAA 林地 CAB 丛树 CAC 独树
	CB 草原与草地	CBA 草地 CBB 疏林草地
	CC 花卉地	CCA 草场花卉地 CCB 林间花卉地
	CD 野生动物栖息地	CDA 水生动物栖息地 CDB 陆地动物栖息地 CDC 鸟类栖息地 CDE 蝶类栖息地
D 天象与气候景观	DA 光现象	DAA 日月星辰观察地 DAB 光环现象观察地 DAC 海市蜃楼现象多发地
	DB 天气与气候现象	DBA 云雾多发区 DBB 避暑气候地 DBC 避寒气候地 DBD 极端与特殊气候显示地 DBE 物候景观

（二）人文旅游资源基本类型

根据《旅游资源分类、调查与评价》（GB/T18972－2003）表2的划分，人文旅游资源分为4个主类、14个亚类、84个基本类型（详见表5－2）。

表5－2 人文旅游资源分类表

主类	亚类	基本类型
E遗址遗迹	EA史前人类活动场所	EAA人类活动遗址 EAB文化层 EAC文物散落地 EAD原始聚落
	EB社会经济文化活动遗址遗迹	EBA历史事件发生地 EBB军事遗址与古战场 EBC废弃寺庙 EBD废弃生产地 EBE交通遗迹 EBF废城与聚落遗迹 EBG长城遗迹 EBH烽燧
F建筑与设施	FA综合人文旅游地	FAA教学科研实验场所 FAB康体游乐休闲度假地 FAC宗教与祭祀活动场所 FAD园林游憩区域 FAE文化活动场所 FAF建设工程与生产地 FAG社会与商贸活动场所 FAH动物与植物展示地 FAI军事观光地 FAJ边境口岸 FAK景物观赏点
	FB单体活动场馆	FBA聚会接待厅堂（室）FBB祭拜场馆 FBC展示演示场馆 FBD体育健身场馆 FBE歌舞游乐场馆
	FC景观建筑与附属型建筑	FCA佛塔 FCB塔形建筑物 FCC楼阁 FCD石窟 FCE长城段落 FCF城（堡）FCG摩崖字画 FCH碑碣(林) FCI广场 FCJ人工洞穴 FCK建筑小品
	FD居住地与社区	FDA传统与乡土建筑 FDB特色街巷 FDC特色社区 FDD名人故居与历史纪念建筑 FDE书院 FDF会馆 FDG特色店铺 FDH特色市场
	FE归葬地	FEA陵区陵园 FEB墓(群) FEC悬棺
	FF交通建筑	FFA桥 FFB车站 FFC港口渡口与码头 FFD航空港 FFE栈道
	FG水工建筑	FGA水库观光游憩区段 FGB水井 FGC运河与渠道段落 FGD堤坝段落 FGE灌区 FGF提水设施
G旅游商品	GA地方旅游商品	GAA菜品饮食 GAB农林畜产品与制品 GAC水产品与制品 GAD中草药材及制品 GAE传统手工产品与工艺品 GAF日用工业品 GAG其他物品
H人文活动	HA人事记录	HAA人物 HAB事件
	HB艺术	HBA文艺团体 HBB文学艺术作品
	HC民间习俗	HCA地方风俗与民间礼仪 HCB民间节庆 HCC民间演艺 HCD民间健身活动与赛事 HCE宗教活动 HCF庙会与民间集会 HCG饮食习俗 HGH特色服饰
	HD现代节庆	HDA旅游节 HDB文化节 HDC商贸农事节 HDD体育节

三、旅游资源调查

中华人民共和国国家质量监督检验检疫总局2003年2月24日发布、2003年5月1日实施的中华人民共和国国家标准《旅游资源分类、调查与评价》(GB/T18972－2003）中，对旅游资源的调查提出了基本要求，并对旅游资源调查进行了分类。

（一） 基本要求

(1) 按照本标准规定的内容和方法进行调查。

(2) 保证成果质量，强调整个运作过程的科学性、客观性、准确性，并尽量做到内容简洁和量化。

(3) 充分利用与旅游资源有关的各种资料和研究成果，完成统计、填表和编写调查文件等项工作。调查方式以收集、分析、转化、利用这些资料和研究成果为主，并逐个对旅游资源单体进行现场调查核实，包括访问、实地观察、测试、记录、绘图、摄影，必要时进行采样和室内分析。

(4) 旅游资源调查分为“旅游资源详查”和“旅游资源概查”两个档次，其调查方式和精度要求不同。

（二） 旅游资源详查

1. 调查准备

(1) 成立调查组

调查组成员应具备与调查区旅游环境、旅游资源、旅游开发有关的专业知识，一般应吸收旅游、环境保护、地学、生物学、建筑园林、历史文化、旅游管理等方面的专业人员参与。并按照调查的要求，进行技术培训。出发前准备实地调查所需的设备（如定位仪器、简易测量仪器、影像设备等）和多份“旅游资源单体调查表”。

(2) 明确资料收集范围

在旅游资源详查的过程中，要收集与旅游资源单体及其赋存环境有关的各类文字描述资料（包括地方志书、乡土教材、旅游区与旅游点介绍、规划与专题报告等）；与旅游资源调查区有关的各类图形资料，重点是反映旅游环境与旅游资源的专题地图；与旅游资源调查区和旅游资源单体有关的各种照片、影像资料。

2. 实地调查的程序与方法

(1) 确定调查区内的调查小区和调查线路

为便于运作和此后旅游资源评价、旅游资源统计、区域旅游资源开发的需要，将整个调查区分为“调查小区”。调查小区一般按行政区划分（如省级一级的调查区，可将地区一级的行政区划分为调查小区；地区一级的调查区，可将县级一级的行政区划分为调查小区；县级一级的调查区，可将乡镇一级的行政区划分为调查小区），也可按现有或规划中的旅游区域划分。

调查线路按实际要求设置，一般要求贯穿调查区内所有调查小区和主要旅游资源单体所在的地点。

(2) 选定调查对象

选定下述单体进行重点调查：具有旅游开发前景，有明显经济、社会、文化价值的旅游资源单体；集合型旅游资源单体中具有代表性的部分；代表调查区形象的旅游资源单体。

对下列旅游资源单体暂时不进行调查：品位明显较低，不具有开发利用价值的；与国家现行法律、法规相违背的；开发后有损于社会形象的或可能造成环境问题的；影响国计民生的；某些位于特定区域内的。

(3) 填写《旅游资源单体调查表》

对每一调查单体分别填写一份“旅游资源单体调查表”（见本标准附录B）。

（三） 旅游资源概查

旅游资源概查适用于了解和掌握特定区域或专门类型的旅游资源调查。要求对涉及到的旅游资源单体进行调查。

调查技术要点参照“旅游资源详查”中的各项技术要求。但概查可以简化工作程序，如不需要成立调查组，调查人员由其参与项目的组织协调委派；资料收集限定在与专门目的所需要的范围;可以不填写或择要填写“旅游资源单体调查表”等。

（四）提交文（图）件

1. 文（图）件内容和编写要求

全部文（图）件包括《旅游资源调查区实际资料表》、《旅游资源图》、《旅游资源调查报告》。旅游资源详查和旅游资源概查的文（图）件类型和精度不同，旅游资源详查需要完成全部文（图）件，包括填写《旅游资源调查区实际资料表》，编绘《旅游资源地图》，编写《旅游资源调查报告》。旅游资源概查要求编绘《旅游资源地图》，其他文件可根据需要选择编写。

2. 文（图）件产生方式

（1）《旅游资源调查区实际资料表》的填写

调查区旅游资源调查、评价结束后，《旅游资源调查区实际资料表》由调查组填写。栏目内容包括：调查区基本资料、各层次旅游资源数量统计、各主类、亚类旅游资源基本类型数量统计、各级旅游资源单体数量统计、优良级旅游资源单体名录、调查组主要成员、主要技术存档材料。

（2）《旅游资源图》的编绘

“旅游资源图”表现五级、四级、三级、二级、一级旅游资源单体。“优良级旅游资源图”表现五级、四级、三级旅游资源单体。

《旅游资源图》在“等高线地形图”（比例尺视调查区的面积大小而定，较大面积的调查区为1∶50 000～1∶200 000，较小面积的调查区为1∶5 000～1∶25 000，特殊情况下为更大比例尺）和“调查区政区地图”等工作地图的实际位置上标注旅游资源单体（部分集合型单体可将范围绘出）。单体符号一侧加注旅游资源单体代号或单体序号。各级旅游资源使用下列图例（表5-3）。

表5-3　旅游资源图图例

旅游资源等级	图例	使用说明
五级旅游资源	■	1. 图例大小根据图面大小而定，形状不变。 2. 自然旅游资源（旅游资源分类表中主类A、B、C、D）使用蓝色图例；人文旅游资源（旅游资源分类表中主类E、F、G、H）使用红色图例。
四级旅游资源	●	
三级旅游资源	◆	
二级旅游资源	□	
一级旅游资源	○	

（3）《旅游资源调查报告》的编写

各调查区编写的旅游资源调查报告，基本篇目包括：前言；调查区旅游环境；旅游资源开发历史和现状；旅游资源基本类型；旅游资源评价；旅游资源保护与开发建议；主要参考文献和附图（《旅游资源图》或《优良级旅游资源图》）。

附录 A(规范性附录)

表 A.1　旅游资源基本类型释义

主类	亚类	代码	基本类型	简要说明
A 地文景观	AA 综合自然旅游地	AAA	山丘型旅游地	山地丘陵区内可供观光游览的整体区域或个别区段。
		AAB	谷地型旅游地	河谷地区内可供观光游览的整体区域或个别区段。
		AAC	沙砾石地型旅游地	沙漠、戈壁、荒原内可供观光游览的整体区域或个别区段。
		AAD	滩地型旅游地	缓平滩地内可供观光游览的整体区域或个别区段。
		AAE	奇异自然现象	发生在地表面一般还没有合理解释的自然界奇特现象。
		AAF	自然标志地	标志特殊地理、自然区域的地点。
		AAG	垂直自然地带	山地自然景观及其自然要素(主要是地貌、气候、植被、土壤)随海拔呈递变规律的现象。
	AB沉积与构造	ABA	断层景观	地层断裂在地表面形成的明显景观。
		ABB	褶曲景观	地层在各种内力作用下形成的扭曲变形。
		ABC	节理景观	基岩在自然条件下形成的裂隙。
		ABD	地层剖面	地层中具有科学意义的典型剖面。
		ABE	钙华与泉华	岩石中的钙质等化学元素溶解后沉淀形成的形态。
		ABF	矿点矿脉与矿石积聚地	矿床矿石地点和由成景矿物、石体组成的地面。
		ABG	生物化石点	保存在地层中的地质时期的生物遗体、遗骸及活动遗迹的发掘地点。
	AC 地质地貌过程形迹	ACA	凸峰	在山地或丘陵地区突出的山峰或丘峰。
		ACB	独峰	平地上突起的独立山丘或石体。
		ACC	峰丛	基底相连的成片山丘或石体。
		ACD	石(土)林	林立的石(土)质峰林。
		ACE	奇特与象形山石	形状奇异、拟人状物的山体或石体。
		ACF	岩壁与岩缝	坡度超过60°的高大岩面和岩石间的缝隙。
		ACG	峡谷段落	两坡陡峭、中间深峻的"V"字型谷、嶂谷、幽谷等段落。
		ACH	沟壑地	由内营力塑造或外营力侵蚀形成的沟谷、劣地。
		ACI	丹霞	由红色砂砾岩组成的一种顶平、坡陡、麓缓的山体或石体。
		ACJ	雅丹	主要在风蚀作用下形成的土墩和凹地(沟槽)的组合景观。
		ACK	堆石洞	岩石块体塌落堆砌成的石洞。
		ACL	岩石洞与岩穴	位于基岩内和岩石表面的天然洞穴，如溶洞、落水洞与竖井、穿洞与天生桥、火山洞、地表坑穴等。
		ACM	沙丘地	由沙堆积而成的沙丘、沙山。
		ACN	岸滩	被岩石、沙、砾石、泥、生物遗骸覆盖的河流、湖泊、海洋沿岸地面。
	AD 自然变动遗迹	ADA	重力堆积体	由于重力作用使山坡上的土体、岩体整体下滑或崩塌滚落而形成的遗留物。
		ADB	泥石流堆积	饱含大量泥砂、石块的洪流堆积体。
		ADC	地震遗迹	地球局部震动或颤动后遗留下来的痕迹。
		ADD	陷落地	地下淘蚀使地表自然下陷形成的低洼地。
		ADE	火山与熔岩	地壳内部溢出的高温物质堆积而成的火山与熔岩形态。
		ADF	冰川堆积	冰川后退或消失后遗留下来的堆积地形。
		ADG	冰川侵蚀遗迹	冰川后退或消失后遗留下来的侵蚀地形。
	AE 岛礁	AEA	岛区	小型岛屿上可供游览休憩的区段。
		AEB	岩礁	江海中隐现于水面上下的岩石及由珊瑚虫的遗骸堆积成的岩石状物。

续上表

B 水域风光	BA 河段	BAA	观光游憩河段	可供观光游览的河流段落。
		BAB	暗河河段	地下的流水河道段落。
		BAC	古河道段落	已经消失的历史河道段落。
	BB 天然湖泊与池沼	BBA	观光游憩湖区	湖泊水体的观光游览区或段落。
		BBB	沼泽与湿地	地表常年湿润或有薄层积水，生长湿生和沼生植物的地域或个别段落。
		BBC	潭池	四周有岸的小片水域。
	BC 瀑布	BCA	悬瀑	从悬崖处倾泻或散落下来的水流。
		BCB	跌水	从陡坡上跌落下来落差不大的水流。
	BD泉	BDA	冷泉	水温低于20℃或低于当地年平均气温的出露泉。
		BDB	地热与温泉	水温超过20℃或超过当地年平均气温的地下热水、热汽和出露泉。
	BE 河口与海面	BEA	观光游憩海域	可供观光游憩的海上区域。
		BEB	涌潮现象	海水大潮时潮水涌进景象。
		BEC	击浪现象	海浪推进时的击岸现象。
	BF 冰雪地	BFA	冰川观光地	现代冰川存留区域。
		BFB	长年积雪地	长时间不融化的降雪堆积地面。
C 生物景观	CA 树木	CAA	林地	生长在一起的大片树木组成的植物群体。
		CAB	丛树	生长在一起的小片树木组成的植物群体。
		CAC	独树	单株树木。
	CB 草原与草地	CBA	草地	以多年生草本植物或小半灌木组成的植物群落构成的地区。
		CBB	疏林草地	生长着稀疏林木的草地。
	CC 花卉地	CCA	草场花卉地	草地上的花卉群体。
		CCB	林间花卉	灌木林、乔木林中的花卉群体。
	CD 野生动物栖息地	CDA	水生动物栖息地	一种或多种水生动物常年或季节性栖息的地方。
		CDB	陆地动物栖息地	一种或多种陆地野生哺乳动物、两栖动物、爬行动物等常年或季节性栖息的地方。
		CDC	鸟类栖息地	一种或多种鸟类常年或季节性栖息的地方。
		CDD	蝶类栖息地	一种或多种蝶类常年或季节性栖息的地方。
D 天象与气候景观	DA 光现象	DAA	日月星辰观察地	观察日、月、星辰的地方。
		DAB	光环现象观察地	观察虹霞、极光、佛光的地方。
		DAC	海市蜃楼现象多发地	海面和荒漠地区光折射易造成虚幻景象的地方。
	DB 天气与气候现象	DBA	云雾多发区	云雾及雾凇、雨凇出现频率较高的地方。
		DBB	避暑气候地	气候上适宜避暑的地区。
		DBC	避寒气候地	气候上适宜避寒的地区。
		DBD	极端与特殊气候显示地	易出现极端与特殊气候的地区或地点，如风区、雨区、热区、寒区、旱区等典型地点。
		DBE	物候景观	各种植物的发芽、展叶、开花、结实、叶变色、落叶等季节现象。
E 遗址遗迹	EA 史前人类活动场所	EAA	人类活动遗址	史前人类聚居、活动场所。
		EAB	文化层	史前人类活动留下来的痕迹、遗物和有机物所形成的堆积层。
		EAC	文物散落地	在地面和表面松散地层中有丰富文物碎片的地方。
		EAD	原始聚落遗址	史前人类居住的房舍、洞窟、地穴及公共建筑。
	EB 社会经济	EBA	历史事件发生地	历史上发生过重要贸易、文化、科学、教育事件的地方。
		EBB	军事遗址与古战场	发生过军事活动和战事的地方。
		EBC	废弃寺庙	已经消失或废置的寺、庙、庵、堂、院等。

续上表

	文化活动遗址遗迹	ECD	废弃生产地	已经消失或废置的矿山、窑、冶炼场、工艺作坊等。
		EBE	交通遗迹	已经消失或废置的交通设施。
		EBF	废城与聚落遗迹	已经消失或废置的城镇、村落、屋舍等居住地建筑及设施。
		EBG	长城遗迹	已经消失的长城遗迹。
		EBH	烽燧	古代边防报警的构筑物。
F建筑与设施	FA综合人文旅游地	FAA	教学科研实验场所	各类学校和教育单位、开展科学研究的机构和从事工程技术实验场所的观光、研究、实习的地方。
		FAB	康体游乐休闲度假地	具有康乐、健身、消闲、疗养、度假条件的地方。
		FAC	宗教与祭祀活动场所	进行宗教、祭祀、礼仪活动场所的地方。
		FAD	园林游憩区域	园林内可供观光游览休憩的区域。
		FAE	文化活动场所	进行文化活动、展览、科学技术普及的场所。
		FAF	建设工程与生产地	经济开发工程和实体单位,如工厂、矿区、农田、牧场、农场、茶园、养殖场、加工企业以及各类生产部门的生产区域和生产线。
		FAG	社会与商贸活动场所	进行社会交往活动、商业贸易活动的场所。
		FAH	动物与植物展示地	饲养动物与栽培植物的场所。
		FAI	军事观光地	用于战事的建筑物和设施。
		FAJ	边境口岸	边境上设立的过境或贸易的地点。
		FAK	景物观赏点	观赏各类景物的场所。
	FB单体活动场馆	FBA	聚会接待厅堂(室)	公众场合用于办公、会商、议事和其他公共事物所设的独立宽敞房舍,或家庭的会客厅室。
		FBB	祭拜场馆	为礼拜神灵、祭祀故人所开展的各种宗教礼仪活动的馆室或场地。
		FBC	展示演示场馆	为各类展出演出活动开辟的馆室或场地。
		FBD	体育健身场馆	开展体育健身活动的独立馆室或场地。
		FBE	歌舞游乐场馆	开展歌咏、舞蹈、游乐的馆室或场地。
	FC景观建筑与附属型建筑	FCA	佛塔	通常为直立、多层的佛教建筑物。
		FCB	塔形建筑物	为纪念、镇物、表明风水和某些实用目的的直立建筑物。
		FCC	楼阁	用于藏书、远眺、巡更、饮宴、娱乐、休憩、观景等目的而建的二层或二层以上的建筑。
		FCD	石窟	临崖开凿,内有雕刻造像、壁画,具有宗教意义的洞窟。
		FCE	长城段落	古代军事防御工程段落。
		FCF	城(堡)	用于设防的城体或堡垒。
		FCG	摩崖字画	在山崖石壁上镌刻的文字,绘制的图画。
		FCH	碑碣(林)	为纪事颂德而筑的刻石。
		FCI	广场	用来进行休憩、游乐、礼仪活动的城市内的开阔地。
		FCJ	人工洞穴	用来防御、储物、居住等目的而建造的地下洞室。
		FCK	建筑小品	用以纪念、装饰、美化环境和配置主体建筑物的独立建筑物,如雕塑、牌坊、戏台、台、阙、廊、亭、榭、表、舫、影壁、经幢、喷泉、假山与堆石、祭祀标记等。
	FD居住地与社区	FDA	传统与乡土建筑	具有地方建筑风格和历史色彩的单个居民住所。
		FDB	特色街巷	能反映某一时代建筑风貌，或经营专门特色商品和商业服务的街道。
		FDC	特色社区	建筑风貌或环境特色鲜明的居住区。
		FDD	名人故居与历史纪念建筑	有历史影响的人物的住所或为历史著名事件而保留的建筑物。
		FDE	书院	旧时地方上设立的供人读书或讲学的处所。
		FDF	会馆	旅居异地的同乡人共同设立的馆舍，主要以馆址的房屋供同乡、同业聚会或寄居。

续上表

		FDG	特色店铺	销售某类特色商品的场所。
		FDH	特色市场	批发零售兼顾的特色商品供应场所。
	FE 归葬地	FEA	陵寝陵园	帝王及后妃的坟墓及墓地的宫殿建筑，以及一般以墓葬为主的园林。
		FEB	墓(群)	单个坟墓、墓群或葬地。
		FEC	悬棺	在悬崖上停放的棺木。
	FF 交通建筑	FFA	桥	跨越河流、山谷、障碍物或其他交通线而修建的架空通道。
		FFB	车站	为了装卸客货停留的固定地点。
		FFC	港口渡口与码头	位于江、河、湖、海沿岸进行航运、过渡、商贸、渔业活动的地方。
		FFD	航空港	供飞机起降的场地及其相关设施。
		FFE	栈道	在悬崖绝壁上凿孔架木而成的窄路。
	FG 水工建筑	FGA	水库观光游憩区段	供观光、游乐、休憩的水库、池塘等人工集水区域。
		FGB	水井	向下开凿到饱和层并从饱和层中抽水的深洞。
		FGC	运河与渠道段落	正在运行的人工开凿的水道段落。
		FGD	堤坝段落	防水、挡水的构筑物段落。
		FGE	灌区	引水浇灌的田地。
		FGF	提水设施	提取引水设施。
G旅游商品	GA 地方旅游商品	GAA	菜品饮食	具有跨地区声望的地方菜系、饮食。
		GAB	农林畜产品及制品	具有跨地区声望的当地生产的农林畜产品及制品。
		GAC	水产品及制品	具有跨地区声望的当地生产的水产品及制品。
		GAD	中草药材及制品	具有跨地区声望的当地生产的中草药材及制品。
		GAE	传统手工产品与工艺品	具有跨地区声望的当地生产的传统手工产品与工艺品。
		GAF	日用工业品	具有跨地区声望的当地生产的日用工业品。
		GAG	其他物品	具有跨地区声望的当地生产的其他物品。
H人文活动	HA 人事记录	HAA	人物	历史和现代名人。
		HAB	事件	发生过的历史和现代事件。
	HB艺术	HBA	文艺团体	表演戏剧、歌舞、曲艺杂技和地方杂艺的团体。
		HBB	文学艺术作品	对社会生活进行形象的概括而创作的文学艺术作品。
	HC 民间习俗	HCA	地方风俗与民间礼仪	地方性的习俗和风气，如待人接物礼节、仪式等。
		HCB	民间节庆	民间传统的庆祝或祭祀的节日和专门活动。
		HCC	民间演艺	民间各种表演方式。
		HCD	民间健身活动与赛事	地方性体育健身比赛、竞技活动。
		HCE	宗教活动	宗教信徒举行的佛事活动。
		HCF	庙会与民间集会	节日或规定日子里在寺庙附近或既定地点举行的聚会，期间进行购物和文体活动。
		HCG	特色饮食风俗	餐饮程序和方式。
		HCH	特色服饰	具有地方和民族特色的衣饰。
	HD 现代节庆	HDA	旅游节	定期和不定期的旅游活动的节日。
		HDB	文化节	定期和不定期的展览、会议、文艺表演活动的节日。
		HDC	商贸农事节	定期和不定期的商业贸易和农事活动的节日。
		HDD	体育节	定期和不定期的体育比赛活动的节日。

续上表

附录 B(规范性附录)

旅游资源单体调查表格式

表 B.1(单体序号　单体名称)旅游资源单体调查表

基本类型:

代号	;其他代号:　　　　　　　　　　　　　;		
行政位置	东经　　°　　　　　,北纬　　°		
地理位置	性质与特征(单体性质、形态、结构、组成成分的外在表现和内在因素,以及单体生成过程、演化历史、人事影响等主要环境因素)		

旅游区域及进出条件(单体所在地区的具体部位、进出交通、与周边旅游集散地和主要旅游区/点之间关系):

保护与开发现状(单体保存现状、保护措施、开发情况):

共有因子评价问答(你认为本单体属于下列评价项目中的哪个档次,应该得多少分数,在最后的一列内写上分数)

评价项目	档次	本档次规定得分	你认为应得的分数
单体为游客提供的观赏价值,或游憩价值,或使用价值如何?	全部或其中一项具有极高的观赏价值、游憩价值、使用价值。	30~22	
	全部或其中一项具有很高的观赏价值、游憩价值、使用价值。	21~13	
	全部或其中一项具有较高的观赏价值、游憩价值、使用价值。	12~6	
	全部或其中一项具有一般观赏价值、游憩价值、使用价值。	5~1	
单体蕴含的历史价值,或文化价值,或科学价值,或艺术价值如何?	同时或其中一项具有世界意义的历史价值、文化价值、科学价值、艺术价值。	25~20	
	同时或其中一项具有全国意义的历史价值、文化价值、科学价值、艺术价值。	19~13	
	同时或其中一项具有省级意义的历史价值、文化价值、科学价值、艺术价值。	12~6	
	历史价值、文化价值、科学价值,艺术价值具有地区意义。	5~1	
物种是否珍稀,景观是否奇特,此现象在各地是否常见?	有大量珍稀物种,或景观异常奇特,或此类现象在其他地区罕见。	25~20	
	有较多珍稀物种,或景观奇特,或此类现象在其他地区很少见。	19~13	
	有少量珍稀物种,或景观突出,或此类现象在其他地区少见。	12~6	
	有个别珍稀物种,或景观比较突出,或此类现象在其他地区较多见。	5~1	
如果是个体,有多大规模?如果是群体,其结构是否丰满?疏密度怎样?各类现象是否经常发生?	独立型单体规模、体量巨大;组合型旅游资源单体结构完美、疏密度优良级;自然景象和人文活动周期性发生或频率极高。	15~13	
	独立型单体规模、体量较大;组合型旅游资源单体结构很和谐、疏密度良好;自然景象和人文活动周期性发生或频率很高。	12~9	
	独立型单体规模、体量中等;组合型旅游资源单体结构和谐、疏密度较好;自然景象和人文活动周期性发生或频率较高。	8~4	
	独立型单体规模、体量较小;组合型旅游资源单体结构较和谐、疏密度一般;自然景象和人文活动周期性发生或频率较小。	3~1	
是否受到自然或人为干扰和破坏,保存是否完整?	保持原来形态与结构。	5~4	
	形态与结构有少量变化,但不明显。	3	
	形态与结构有明显变化。	2	
	形态与结构有重大变化。	1	

续上表

在什么范围内有知名度？在什么范围内构成名牌？	在世界范围内知名，或构成世界承认的名牌。	10～8	
	在全国范围内知名，或构成全国性的名牌。	7～5	
	在本省范围内知名，或构成省内的名牌。	4～3	
	在本地区范围内知名，或构成本地区名牌。	2～1	
开发旅游后，多少时间可以开发旅游？或可以服务于多少游客？	适宜游览的日期每年超过300天，或适宜于所有游客使用和参与。	5～4	
	适宜游览的日期每年超过250天，或适宜于80%左右游客使用和参与。	3	
	适宜游览的日期超过150天，或适宜于60%左右游客使用和参与。	2	
	适宜游览的日期每年超过100天，或适宜于40%左右游客使用和参与。	1	
本单体是否受到污染，环境是否安全？有没有采取保护措施使环境安全得到保证？	已受到严重污染，或存在严重安全隐患。	－5	
	已受到中度污染，或存在明显安全隐患。	－4	
	已受到轻度污染，或存在一定安全隐患。	－3	
	已有工程保护措施，环境安全得到保证。	3	

本单位得分		本单位可能的等级		级	填表人		调查日期	年 月 日

附录C（规范性附录）

调查区实际资料表格式

表C.1（单体名称）调查区实际资料表

调查区名称		调查时间	年 月 日至 年 月 日
行政位置			

A. 调查区基本资料

调查区概况（面积、行政区划、人口、所处的旅游区域）

调查工作过程（工作程序和调查重点，提交主要文件、图件）

调查区旅游开发现状和前景（总体情况、产业地位、旅游开发潜力、旅游开发）

B. 各层次旅游资源数量统计

系列	标准数目	调查区	
		数目	占全国比例（%）
主类	8		
亚类	31		
基本类型	155		

C. 各主类、亚类旅游资源基本类型数量统计

地文景观	37		
综合自然旅游地	7		
沉积与构造	7		
地质地貌过程形迹	14		
自然剧变遗迹	7		
岛礁	2		
水域风光	15		
河段	3		
天然湖泊与池沼	3		

续上表

瀑布	2		
泉	2		
河口与海面	3		
冰雪地	2		
生物景观	11		
树木	3		
草原与草地	2		
花卉地	2		
野生动物栖息	4		
天象与气候景观	8		
光现象	3		
天气与气候现象	5		
遗址	12		
史前人类活动场所	4		
社会经济文化活动遗址遗迹	8		
建筑与设施	50		
综合人文旅游地	12		
单体活动场馆	5		
景观建筑与附属性建筑	11		
居住地与社区	8		
归葬地	3		
交通建筑	5		
水工建筑	6		
旅游商品	7		
地方旅游商品	7		
人文活动	15		
人事记录	2		
艺术	2		
民间习俗	7		
现代节庆	4		

D. 各级旅游资源单体数量统计

等级	优良级旅游资源			普通级旅游资源		未获等级
	五级	四级	三级	二级	一级	
数量						

E. 优良级旅游资源单体名录(不敷需要时请另加纸)

五级
四级
三级

F. 调查组主要成员

责任	姓名	专业	职称	分工	责任	姓名	专业	职称	分工
组长					成员				
副组长					成员				
成员					成员				

续上表

成员					成员				
成员					成员				
成员					成员				
G. 主要技术存档材料(不敷需要时请另加纸)									
类别									
文字资料（出版物、内部资料）									
调查记录（采访记录、测试数据）									
调查图件（原始地图、实际资料图）									
影像资料									
填表人		联系方式			单 位： 电 话： 电子信箱：			填表日期： 年 月 日	

四、旅游资源评价

（一） 旅游资源定性评价

一般来说，对旅游资源进行定性评价通常从旅游资源的基本构成（包括基本因素和推进因素）、旅游资源的特色（包括古、幽、野、奇、特、秀等方面的特色）、旅游资源的价值（包括观赏、文化和科学价值）、旅游资源的景观集中程度、旅游资源的内涵（包括愉悦度、奇特感、完整度、科普价值、历史文化底蕴、宗教文化、休养娱乐性、体育健身条件、安全保障等方面）、旅游资源的市场前景、景观类型和组合状况、旅游资源综合开发条件（政府主导程度、区位条件、交通可进入性、城镇依托条件、环境容量、社会承载力、物质保障等方面）进行评价。

（二） 旅游资源定量评价

1. 定量评价指标体系的确立

按照中华人民共和国国家质量监督检验检疫总局 2003 年 2 月 24 日发布、2003 年 5 月 1 日实施的中华人民共和国国家标准《旅游资源分类、调查与评价》（GB/T18972 - 2003）的要求，设“评价项目”和“评价因子”两个档次。评价项目为“资源要素价值”、“资源影响力”、“附加值”。其中,“资源要素价值”项目中含“观赏游憩使用价值”、“历史文化科学艺术价值”、“珍稀奇特程度”、“规模、丰度与几率”、“完整性”等 5 项评价因子。“资源影响力”项目中含“知名度和影响力”、“适游期或使用范围”等 2 项评价因子。“附加值”含

“环境保护与环境安全”1项评价因子。

2. 计分方法

基本分值用评价项目和评价因子的量值表示。资源要素价值和资源影响力总分值为100分，其中：“资源要素价值”为85分，分配如下：“观赏游憩使用价值”30分、“历史科学文化艺术价值”25分、“珍稀或奇特程度”15分、“规模、丰度与几率”10分、“完整性”5分。“资源影响力”为15分，其中，“知名度和影响力”10分、“适游期或使用范围”5分。“附加值”中“环境保护与环境安全”分正分和负分。每一评价因子分为4个档次，其因子分值相应分为4档（详见表5-4）。

3. 计分与等级划分

根据对旅游资源单体的评价，得出该单体旅游资源共有综合因子评价赋分值。依据旅游资源单体评价总分，将其分为五级，从高级到低级为：五级旅游资源，得分值域≥90分；四级旅游资源，得分值域≥75~89分；三级旅游资源，得分值域≥60~74分；二级旅游资源，得分值域≥45~59分；一级旅游资源，得分值域≥30~44分。未获等级旅游资源，得分≤29分。其中，五级旅游资源称为“特品级旅游资源”；五级、四级、三级旅游资源被通称为“优良级旅游资源”；二级、一级旅游资源被通称为“普通级旅游资源”。

表5-4　旅游资源评价赋分标准

评价项目	评价因子	评价依据	赋值
资源要素价值（85分）	观赏游憩使用价值（30分）	全部或其中一项具有极高的观赏价值、游憩价值、使用价值。	30~22
		全部或其中一项具有很高的观赏价值、游憩价值、使用价值。	21~13
		全部或其中一项具有较高的观赏价值、游憩价值、使用价值。	12~6
		全部或其中一项具有一般观赏价值、游憩价值、使用价值。	5~1
	历史科学文化艺术价值(25分)	同时或其中一项具有世界意义的历史价值、文化价值、科学价值、艺术价值。	25~20
		同时或其中一项具有全国意义的历史价值、文化价值、科学价值、艺术价值。	19~13
		同时或其中一项具有省级意义的历史价值、文化价值、科学价值、艺术价值。	12~6
		历史价值、或文化价值、或科学价值,或艺术价值具有地区意义。	5~1
	珍稀或奇特程度(15分)	有大量珍稀物种,或景观异常奇特,或此类现象在其他地区罕见。	15~13
		有较多珍稀物种,或景观奇特,或此类现象在其他地区很少见。	12~9
		有少量珍稀物种,或景观突出,或此类现象在其他地区少见。	8~4
		有个别珍稀物种,或景观比较突出,或此类现象在其他地区较多见。	3~1
	规模、丰度与几率（10分）	独立型旅游资源单体规模、体量巨大；集合型旅游资源单体结构完美、疏密度优良级;自然景象和人文活动周期性发生或频率极高。	10~8
		独立型旅游资源单体规模、体量较大；集合型旅游资源单体结构很和谐、疏密度良好;自然景象和人文活动周期性发生或频率很高。	7~5
		独立型旅游资源单体规模、体量中等；集合型旅游资源单体结构和谐、疏密度较好;自然景象和人文活动周期性发生或频率较高。	4~3
		独立型旅游资源单体规模、体量较小；集合型旅游资源单体结构较和谐、疏密度一般;自然景象和人文活动周期性发生或频率较小。	2~1
	完整性（5分）	形态与结构保持完整。	5~4
		形态与结构有少量变化,但不明显。	3
		形态与结构有明显变化。	2
		形态与结构有重大变化。	1

续上表

资源影响力（15分）	知名度和影响力（10分）	在世界范围内知名，或构成世界承认的名牌。	10 ~ 8
		在全国范围内知名，或构成全国性的名牌。	7 ~ 5
		在本省范围内知名，或构成省内的名牌。	4 ~ 3
		在本地区范围内知名，或构成本地区名牌。	2 ~ 1
	适游期或使用范围（5分）	适宜游览的日期每年超过300天，或适宜于所有游客使用和参与。	5 ~ 4
		适宜游览的日期每年超过250天，或适宜于80%左右游客使用和参与。	3
		适宜游览的日期超过150天，或适宜于60%左右游客使用和参与。	2
		适宜游览的日期每年超过100天，或适宜于40%左右游客使用和参与。	1
附加值	环境保护与环境安全	已受到严重污染，或存在严重安全隐患。	–5
		已受到中度污染，或存在明显安全隐患。	–4
		已受到轻度污染，或存在一定安全隐患。	–3
		已有工程保护措施，环境安全得到保证。	3

五、旅游资源保护法及主要内容

由于旅游资源在发展旅游业中具有特别重要的地位，加之旅游资源在具有独特性、垄断性的同时，还有脆弱性和不可再生性。所以，世界各国都制定了相应的法规对之进行有效的保护。我国政府也针对不同的旅游资源，制定了相应的旅游资源保护法来进行保护。

（一）旅游资源保护法的概念

旅游资源保护法是国家对旅游资源保护、开发和利用的各种法律、法规和规章的总称。最主要的旅游资源保护法规有：《风景名胜区管理条例》、《文物保护法》等。其他一些法律中也有关于保护旅游资源的条款。如《中华人民共和国环境保护法》、《森林法》、《草原法》和《海洋环境保护法》等。

我国政府对旅游资源的保护重视较早。早在1950年5月，中央人民政府就颁发了《古迹、珍贵文物、图书及稀有生物保护办法》，提出对文物古迹要“妥为保护，严禁破坏、损毁及散失”；对“珍贵化石稀有生物（如四川万县云松、松番大熊猫等），各地人民政府应妥为保护，严禁任意采捕”。1951年5月颁布了《关于地方文物名胜古迹的保护管理办法》；1961年3月4日，国务院又公布了第一批全国重点文物保护单位名单，并制定了《文物保护管理暂行条例》，对文物保护管理权限、范围、机构、办法、出口、奖惩等均作了具体的规定。然而，十年动乱使我国的法制建设遭受了一场全面的浩劫。保护旅游资源方面的法规和管理制度遭到践踏，大量的人文旅游资源被毁损，大量的自然旅游资源在乱开乱采中遭到破坏。直到粉碎“四人帮”，结束长达10年的文化大革命后，我国的法制建设才得到恢复。在保护旅游资源的法制建设方面，1979年9月13日，第五届全国人大常委会第十一次会议原则通过了《中华人民共和国环境保护法（试行）》，1991年和2002年又进行了两次修改，1982年11月19日，第五届全国人大常委会第二十五次会议通过了《中华人民共和国文物保护法》，1985年6月7日国务院颁发了《风景名胜区管理暂行条例》，2005年7月6日《旅游景区质量等级评定管理办法》发布，2003年3月24日，中华人民共和国国家质量监督检验检疫总局发布了《旅游资源分类、调查与评价》、《旅游规划通则》和《旅游区（点）质量等级的划分与评定》，2006年9月19日，国务院正式发布《风景名胜区管理条例》等多部法律、法规，使我国在保护旅游资源方面逐步进入依法管理的轨道。

(二) 旅游资源保护法的主要内容

1.规定了旅游资源保护的范围

现行的有关旅游资源保护的法律法规首先确立了要保护的范围。例如，《中华人民共和国文物保护法》第二条规定，在中华人民共和国境内，下列文物受国家保护：

(1) 具有历史、艺术、科学价值的古文化遗址、古墓葬、古建筑、石窟寺和石刻、壁画。如北京的周口店中国猿人遗址、洛阳的古墓博物馆、承德的热河行宫、大同的云冈石窟等，都是具有历史、艺术、科学价值的文物，也是具有极高知名度的旅游胜地。

(2) 与重大历史事件、革命运动或者著名人物有关的以及具有重要纪念意义、教育意义或者史料价值的近代、现代重要史迹、实物、代表性建筑。例如，南京的太平天国天王府遗址、南昌的“八一”起义总指挥部旧址、绍兴的鲁迅故居等。

(3) 历史上各时代珍贵的艺术品、工艺美术品。例如，秦代兵马俑、汉代云鸟纹刺绣、唐三彩低温釉陶、宋代菱花镜，以及元、明、清各代的瓷器、玉器、刺绣等，都是我国古代文化的艺术瑰宝和旅游者渴望观赏的艺术珍品。

(4) 历史上各时代重要的文献资料以及具有历史、艺术、科学价值的手稿和图书资料等。例如，中国革命博物馆展出的“五四”运动的照片、旗帜和传单，《共产党宣言》的第一个中译本等。

(5) 反映历史上各时代、各民族社会制度、社会生产、社会生活的代表性实物。例如，四川凉山彝族奴隶制社会博物馆、庐山白鹿洞书院、景德镇的古窑作坊群、山西丁村文化遗址及明清民宅建筑群等。

国务院公布的《风景名胜区管理条例》第二条也对保护的范围作了规定。

2.规定了旅游资源管理机构的职权和任务

为了使有关旅游资源开发、利用、保护的各种法律、法规得到落实，国家设立了专门的旅游资源保护机构，如文物保护机构、风景名胜区管理机构、自然保护区管理机构、环境保护机构等。对这些机构的组织、职权和任务，都在相应的法律、法规中作了明确的规定。

3.规定了旅游资源开发利用保护原则

旅游资源保护法明确规定了旅游资源开发、利用和保护的原则。任何与旅游资源事务有关的单位，都应遵守这些原则。如对风景名胜区和文物评定等级和分级管理的原则；保护环境和自然资源、防治污染和其他公害原则；各级人民政府制定城乡建设规划时，事先要由城市规划部门会同文化行政管理部门商定对本行政区各级文物保护单位的保护措施，并纳入规划等。

4.规定了各级旅游资源主管机构和旅游者的义务

旅游资源各级主管机构和旅游者在开发利用和享受旅游资源的权利时，必须承担相应的保护义务。如风景名胜区的居民和旅游者应当爱护风景名胜区内的景物、林木、植物、野生生物和各项设施，遵守有关规章制度等。

5.规定了有关的法律责任

为了保证有关法律法规的实施，对违反法律法规、破坏旅游资源者或保护旅游资源的失职者，都规定了相应的罚则。不履行或不适当履行法律规定的义务时，要承担相应的法律责任。2002 年 10 月 28 日九届人大常委会第三十次会议通过修订后的《中华人民共和国文物保护法》比 1991 年修改的《中华人民共和国文物保护法》多了许多处罚内容，并对原来的条款作了修改，加大了对破坏文物、危及文物安全的行为的处罚力度，增加对文物保护的法律条款。除了原来的行政处罚和追究刑事责任外，还增加了承担民事责任的条款。例如，《文物保护法》第六十五条规定：“违反本法规定，造成文物灭失、损毁的，依法承担民事责任。”

第二节 人文旅游资源的法律保护

人文旅游资源是指人类历史发展过程中所形成的各种有形古物或无形的文化传统。我国是一个历史悠久、幅员辽阔、民族众多的文明古国，名胜古迹琳琅满目，历史文物不计其数，风土人情魅力无穷，人文旅游资源十分丰富。构成人文旅游资源景观的主要有文化遗址、历史名城、古代建筑、古典园林、帝王陵墓、宗教圣地、雕绘艺术、博物馆、革命旧址、现代建筑、民族风情、工艺美术、名菜佳肴等。要使这丰富多彩的人文旅游资源长盛不衰，永远放射中华民族灿烂的光辉，必须利用相应的法律进行有效的保护。

一、人文旅游资源保护法概述

为保护我国丰富多彩的人文旅游资源，我国在《中华人民共和国宪法》第二十二条中明确规定："国家保护名胜古迹、珍贵文物和其他重要历史文化遗产。"与此同时，国家还制定和颁布了一系列有关保护人文旅游资源的法律、法令、法规和规范性文件。

法律中最主要的有《中华人民共和国文物保护法》、《中华人民共和国水下文物保护法》等。此外，《中华人民共和国环境保护法》、《中华人民共和国海关法》、《中华人民共和国城市规划法》、《关于惩治盗掘古文化遗址古墓葬犯罪的补充规定》、《治安管理处罚条例》等国家法律中也有许多保护人文旅游资源的内容。

国务院颁布和批准颁布的行政法规有《全国重点文物保护单位名单》、《中华人民共和国文物保护法实施细则》、《关于进一步加强环境保护的决定》、《河道管理条例》、《国务院关于进一步加强文物工作的通知》、国务院批转国家建委等部门《关于保护我国历史文化名城的请示》的通知等。

由国家有关机关根据法律、行政法规的规定制定颁发的部门规章和规章性文件主要有文化部颁发的《文物出境、鉴定管理办法》、国家计委、国家环境保护委员会颁发的《建设项目环境保护设计规定》、国家文物局颁发的《全国重点文物保护单位保护范围、标志说明、记录档案和保管机构工作规范（试行）》等。

许多省、自治区、直辖市人民代表大会及其常委会还根据当地的具体情况，制定了许多地方性法规。

我国还参加和批准了《保护世界文化和自然遗产公约》、《关于武装冲突情况下保护文化遗产的公约》、《关于禁止和防止非法进口文化遗产和非法转让其所有权的方法的公约》等国际上通用的公约，使之成为我国人文旅游资源保护法的组成部分。

二、文物及其所有权

（一） 文物的分类

文物是指遗留在社会上或埋藏在地下的历史文化遗产。根据不同的标准，可将文物分成多种类型。

1．历史文物和革命文物

根据文物的性质，可将文物分为历史文物和革命文物。历史文物是指各个历史时期遗留下来的遗迹和遗物。如古文化遗址、古墓葬、石刻艺术、古建筑、古代生产工具、古代生活用品、古代兵器和各种文化艺术品。革命文物是指反映中国人民在各个革命阶段反对帝国主义、封建主义和官僚资本主义斗争中遗留下来的遗物和有纪念意义的旧址，常分为旧民主主义革命时期（1840—1919年）、新民主主义革命时期（1919—1949年）和中华人民共和国成立以来三个时期。

2．出土文物和传世文物

根据文物的来源，可将文物分为出土文物和传世文物。出土文物是文物考古工作者从地下发掘出来，或者在工农业建设过程中和其他动土活动中从地下发掘出来的地藏文物，主要指历史文物。传世文物是解放前私人收藏的文物、祖传的文物和宫廷官府收藏的文物，包括历史文物和革命文物，还有废旧物资回收部门拣选出来的文物。

3．馆藏文物和散存文物

根据文物的保存方法，可将文物分为馆藏文物和散存文物。馆藏文物是指国家文物单位收藏和保管的文物，包括历史文物、革命文物、出土文物和传世文物。散存文物是指流散在社会上单位和个人保存的尚未被国家文物部门收藏和保管起来的文物，包括出土文物和传世文物。

4．固定文物和可移动文物

按文物的移动状况，可将文物分为固定文物和可移动文物。固定文物是指不能移动的文物，又称文物保护单位，如古遗址、古建筑、古墓葬、石刻等。可移动文物是指可搬动的文物，如墓葬中出土的文物、馆藏文物、私人收藏的文物等。历史上各时代重要实物、艺术品、文献、手稿、图书资料、代表性实物等可移动文物，分为珍贵文物和一般文物；珍贵文物分为一级文物、二级文物、三级文物。

（二）文物的所有权

我国2002年10月28日修订通过的《文物保护法》第五条规定："中华人民共和国境内地下、内水和领海中遗存的一切文物，属于国家所有。""古文化遗址、古墓葬、石窟寺属于国家所有。国家指定保护的纪念建筑物、古建筑、石刻、壁画、近代现代代表性建筑等不可移动文物，除国家另有规定的以外，属于国家所有。"

依照上述法律规定，属于国家所有的文物的范围是很大的。同时，我国《宪法》还规定国有财产神圣不可侵犯。也就是说，任何单位、任何个人侵犯国有文物，必将受到国家法律的严惩。

我国除了国家所有的文物外，还有相当数量的文物属于集体所有和个人所有。如家传的古器物、书画、私家园林；具有历史价值和民族特色的生活用品、生产工具；具有文物价值和地方特色的民居、祠堂、牌坊；私人购置和从先辈手中继承下来的文物等。对于这些文物，国家法律也明确规定予以保护。《文物保护法》第六条规定："属于集体所有和私人所有的纪念建筑物、古建筑和祖传文物以及依法取得的其他文物，其所有权受法律保护。文物的所有者必须遵守国家有关文物保护的法律、法规的规定。"

三、对文物保护单位的法律保护

（一）文物保护单位的分级

《文物保护法》第三条规定："古文化遗址、古墓葬、古建筑、石窟寺、石刻、壁画、近代现代重要史迹和代表性建筑等不可移动文物，根据它们的历史、艺术、科学价值，可以分别确定为全国重点文物保护单位，省级文物保护单位，市、县级文物保护单位。”同时，我国《文物保护法》对文物保护单位的公布作了规定。

1. 县、自治州、市级文物保护单位

市级和县级文物保护单位，分别由设区的市、自治州和县级人民政府核定公布，并报省、自治区、直辖市人民政府备案。

2. 省、自治区、直辖市级文物保护单位

省级文物保护单位，由省、自治区、直辖市人民政府核定公布，并报国务院备案。

3. 全国重点文物保护单位

国务院文物行政部门在省级、市、县级文物保护单位中，选择具有重大历史、艺术、科学价值的确定为全国重点文物保护单位，或者直接确定为全国重点文物保护单位，报国务院核定公布。截至2001年7月，国务院已公布了五批全国重点文物保护单位，共1 268处。其中1961年3月公布第一批，180处；1982年2月公布第二批，62处；1988年1月公布第三批，258处；1996年12月公布第四批，250处；2001年7月公布第五批，518处。

尚未核定公布为文物保护单位的不可移动文物，由县级人民政府文物行政部门予以登记并公布。

（二） 文物保护管理机关及其职责

《文物保护法》第八条规定：“国务院文物行政部门主管全国文物保护工作。地方各级人民政府负责本行政区域内的文物保护工作。县级以上地方人民政府承担文物保护工作的部门对本行政区域内的文物保护实施监督管理。县级以上人民政府有关行政部门在各自的职责范围内，负责有关的文物保护工作。”文物管理机关的主要职责如下：

1. 划定必要的保护范围

为了做好文物保护单位的保护工作，我国《文物保护法》第十五条规定：“各级文物保护单位，分别由省、自治区、直辖市人民政府和市、县级人民政府划定必要的保护范围，作出标志说明，建立记录档案，并区别情况分别设置专门机构或者专人负责管理。全国重点文物保护单位的保护范围和记录档案，由省、自治区、直辖市人民政府文物行政部门报国务院文物行政部门备案。县级以上地方人民政府文物行政部门应当根据不同文物的保护需要，制定文物保护单位和未核定为文物保护单位的不可移动文物的具体保护措施，并公告施行。”

2. 提出有效的保护措施

为了避免各地城乡建设规划中破坏文物保护单位，我国《文物保护法》第十六条规定：“各级人民政府制定城乡建设规划，应当根据文物保护的需要，事先由城乡建设规划部门会同文物行政部门商定对本行政区域内各级文物保护单位的保护措施，并纳入规划。”

第十七条规定：“文物保护单位的保护范围内不得进行其他建设工程或者爆破、钻探、挖掘等作业。但是，因特殊情况需要在文物保护单位的保护范围内进行其他建设工程或者爆破、钻探、挖掘等作业的，必须保证文物保护单位的安全，并经核定公布该文物保护单位的人民政府批准，在批准前应当征得上一级人民政府文物行政部门同意；在全国重点文物保护单位的保护范围内进行其他建设工程或者爆破、钻探、挖掘等作业的，必须经省、自治区、直辖市人民政府批准，在批准前应当征得国务院文物行政部门同意。”

第十八条规定：“根据保护文物的实际需要，经省、自治区、直辖市人民政府批准，可以在文物保护单位的周围划出一定的建设控制地带，并予以公布。在文物保护单位的建设控制地带内进行建设工程，不得破坏文物保护单位的历史风貌；工程设计方案应当根据文物保护单位的级别，经相应的文物行政部门同意后，报城乡建设规划部门批准。”

第十九条规定：“在文物保护单位的保护范围和建设控制地带内，不得建设污染文物保护单位及其环境的设施，不得进行可能影响文物保护单位安全及其环境的活动。对已有的污染文物保护单位及其环境的设施，应当限期治理。”

第二十条规定：“建设工程选址，应当尽可能避开不可移动文物；因特殊情况不能避开的，对文物保护单位应当尽可能实施原址保护。”

3．确定历史文化名城和其他历史文化单位

我国《文物保护法》第十四条规定：“保存文物特别丰富并且具有重大历史价值或者革命纪念意义的城市，由国务院核定公布为历史文化名城。保存文物特别丰富并且具有重大历史价值或者革命纪念意义的城镇、街道、村庄，由省、自治区、直辖市人民政府核定公布为历史文化街区、村镇，并报国务院备案。历史文化名城和历史文化街区、村镇所在地的县级以上地方人民政府应当组织编制专门的历史文化名城和历史文化街区、村镇保护规划，并纳入城市总体规划。历史文化名城和历史文化街区、村镇的保护办法，由国务院制定。”

由于历史文化名城在我国的文物保护中居于特别重要的地位，所以，国务院先后于1982年2月、1986年12月和1994年1月分三批公布了全国99座历史文化名城。

我国的历史文化名城

第一批24座。它们是北京、承德、大同、南京、泉州、景德镇、曲阜、洛阳、开封、苏州、扬州、杭州、绍兴、江陵、长沙、广州、桂林、成都、遵义、昆明、大理、拉萨、西安、延安等。

第二批38座。它们是天津、保定、平遥、呼和浩特、沈阳、上海、镇江、常熟、徐州、淮安、宁波、歙县、寿县、亳州、福州、漳州、南昌、济南、安阳、南阳、商丘、武汉、襄樊、潮州、重庆、阆中、宜宾、自贡、镇远、丽江、日喀则、韩城、榆林、武威、张掖、敦煌、银川、喀什等。

第三批37座。它们是正定、邯郸、新绛、代县、祁县、哈尔滨、吉林、集安、衢州、临海、长汀、赣州、青岛、聊城、邹城、临淄、郑州、浚县、随州、钟祥、岳阳、肇庆、佛山、梅州、海康、柳州、琼山、乐山、都江堰、泸州、建水、巍山、江孜、咸阳、汉中、天水、同仁等。

4．明确文物保护单位的迁移、修缮原则

由于文物具有“不可再生性”的特点，所以，《文物保护法》第二十一条规定：“国有不可移动文物由使用人负责修缮、保养；非国有不可移动文物由所有人负责修缮、保养。非国有不可移动文物有损毁危险，所有人不具备修缮能力的，当地人民政府应当给予帮助；所有人具备修缮能力而拒不依法履行修缮义务的，县级以上人民政府可以给予抢救修缮，所需费用由所有人负担。”

“对文物保护单位进行修缮，应当根据文物保护单位的级别报相应的文物行政部门批准；对未核定为文物保护单位的不可移动文物进行修缮，应当报登记的县级人民政府文物行政部门批准。”

“文物保护单位的修缮、迁移、重建，由取得文物保护工程资质证书的单位承担。”

“对不可移动文物进行修缮、保养、迁移，必须遵守不改变文物原状的原则。”

这些法律条款表明，在对文物进行修缮、保养、迁移的时候，必须遵守不改变文物原貌这一法定原则，做到“修旧如旧”，而不能“整旧如新”。因为文物是在一定的社会历史条件下形成的，它真实地记录和反映了人类在一定社会环境、历史条件下的活动情况，没有任何虚假和歪曲。它的价值往往就在于“古”字。“古”里面包含文物的历史、艺术、科学价值。如果把“古”字修掉了，文物的价值也就没有了。

在国家重点工程建设中因特别需要而必须对文物保护单位进行迁移或拆除时，应根据文物保护单位的级别，经该级人民政府和上一级文化行政管理部门同意。全国重点文物保护单位的迁移或者拆除，由省级人民政府报国务院决定。并且迁移文物也必须遵循文物原状不得改变的原则。例如，2002年1月20日下午，重庆市开始对位于三峡库区奉节县的摩崖石刻进行切割，将这些著名的题刻迁移到三峡水库的淹没线以上，加以复原和保护。云阳的张飞庙是国际级重点保护文物，处于淹没线以下，也采取整体迁移的方案。将其砖、瓦、石刻、木雕和树木等，编号后拆除，在三峡大坝2003年6月蓄水之前精心搬迁到隔江相望的盘石镇，完全按原样重新搭建，就连周围的环境，也同原来几乎没有区别，保持了张飞庙的原貌原景，总投资近亿元。还有许多重要的文物也在大坝蓄水之前进行了整体搬迁。

5. 保护文物保护单位在综合利用过程中的原状

我国的文物保护单位中，有相当一批是属于纪念建筑物或者古建筑。它们往往有很高的综合利用价值，可以创造一定的经济效益和社会效益。对文物保护单位的利用，我国《文物保护法》第二十三条作了明确的规定，即“核定为文物保护单位的属于国家所有的纪念建筑物或者古建筑，除可以建立博物馆、保管所或者辟为参观游览场所外，如果必须作其他用途的，应当经核定公布该文物保护单位的人民政府文物行政部门征得上一级文物行政部门同意后，报核定公布该文物保护单位的人民政府批准；全国重点文物保护单位作其他用途的，应当由省、自治区、直辖市人民政府报国务院批准。国有未核定为文物保护单位的不可移动文物作其他用途的，应当报告县级人民政府文物行政部门”。同时，《文物保护法》第二十六条还规定：“使用不可移动文物，必须遵守不改变文物原状的原则，负责保护建筑物及其附属文物的安全，不得损毁、改建、添建或者拆除不可移动文物。”

四、对人文旅游资源的考古发掘

地下文物既是人文旅游资源的重要组成部分，又是进行科学研究的宝贵财富。因此，文物机构、考古研究机构和高等院校对地下文物进行考古发掘很有必要，但必须根据我国《文物保护法》的有关规定依法进行。

（一） 文物发掘报批制度

地下文物发掘是一项非常严肃的工作。一切考古发掘工作，必须履行报批手续；从事考古发掘的单位，应当经国务院文物行政部门批准。地下埋藏的文物，任何单位或者个人都不得私自发掘。

(1) 从事考古发掘的单位，为了科学研究进行考古发掘，应当提出发掘计划，报国务院文物行政部门批准；对全国重点文物保护单位的考古发掘计划，应当经国务院文物行政部门审核后报国务院批准。国务院文物行政部门在批准或者审核前，应当征求社会科学研究机构及其他科研机构和有关专家的意见。

(2) 需要配合建设工程进行的考古发掘工作，应当由省、自治区、直辖市文物行政部门在勘探工作的基础上提出发掘计划，报国务院文物行政部门批准。国务院文物行政部门在批准前，应当征求社会科学研究机构及其他科研机构和有关专家的意见。

(3) 考古调查、勘探中发现文物的，由省、自治区、直辖市人民政府文物行政部门根据文物保护的要求会同建设单位共同商定保护措施；遇有重要发现的，由省、自治区、直辖市人民政府文物行政部门及时报国务院文物行政部门处理。

(4) 进行大型基本建设工程，建设单位应当事先报请省、自治区、直辖市人民政府文物行政部门组织从事考古发掘的单位在工程范围内有可能埋藏文物的地方进行考古调查、勘探。

(5) 确因建设工期紧迫或者有自然破坏危险，对古文化遗址、古墓葬急需进行抢救发掘的，由省、自治区、直辖市人民政府文物行政部门组织发掘，并同时补办审批手续。

（二）文物发现报告制度

《文物保护法》第三十二条规定："在进行建设工程或者在农业生产中，任何单位或者个人发现文物，应当保护现场，立即报告当地文物行政部门，文物行政部门接到报告后，如无特殊情况，应当在二十四小时内赶赴现场，并在七日内提出处理意见。文物行政部门可以报请当地人民政府通知公安机关协助保护现场；发现重要文物的，应当立即上报国务院文物行政部门，国务院文物行政部门应当在接到报告后十五日内提出处理意见。"

"依照前款规定发现的文物属于国家所有，任何单位或者个人不得哄抢、私分、藏匿。"

（三）文物发掘管理禁令

(1) 非经国务院文物行政部门报国务院特别许可，任何外国人或者外国团体不得在中华人民共和国境内进行考古调查、勘探、发掘。

(2) 考古调查、勘探、发掘的结果，应当报告国务院文物行政部门和省、自治区、直辖市人民政府文物行政部门。

(3) 考古发掘的文物，应当登记造册，妥善保管，按照国家有关规定移交给由省、自治区、直辖市人民政府文物行政部门或者国务院文物行政部门指定的国有博物馆、图书馆或者其他国有收藏文物的单位收藏。经省、自治区、直辖市人民政府文物行政部门或者国务院文物行政部门批准，从事考古发掘的单位可以保留少量出土文物作为科研标本。

(4) 考古发掘的文物，任何单位或者个人不得侵占。

五、对文物的管理

（一）馆藏文物的管理

1. 区分等级，建立档案

我国《文物保护法》第三十六条规定："博物馆、图书馆和其他文物收藏单位对收藏的文物，必须区分文物等级，设置藏品档案，建立严格的管理制度，并报主管的文物行政部门备案。""县级以上地方人民政府文物行政部门应当分别建立本行政区域内的馆藏文物档案；国务院文物行政部门应当建立国家一级文物藏品档案及其主管的国有文物收藏单位馆藏文物档案。"

2. 妥善保管，依法调用

《文物保护法》第三十八条规定："文物收藏单位应当根据馆藏文物的保护需要，按照国家有关规定建立、健全管理制度，并报主管的文物行政部门备案。未经批准，任何单位或者个人不得调取馆藏文物。""文物收藏单位的法定代表人对馆藏文物的安全负责。国有文物收藏单位的法定代表人离任时，应当按照馆藏文物档案办理馆藏文物移交手续。"

第三十九条规定："国务院文物行政部门可以调拨全国的国有馆藏文物。省、自治区、直辖市人民政府文物行政部门可以调拨本行政区域内其主管的国有文物收藏单位馆藏文物；

调拨国有馆藏一级文物，应当报国务院文物行政部门备案。”

第四十条规定：“国有文物收藏单位之间因举办展览、科学研究等需借用馆藏文物的，应当报主管的文物行政部门备案；借用馆藏一级文物，应当经国务院文物行政部门批准。”“非国有文物收藏单位和其他单位举办展览需借用国有馆藏文物的，应当报主管的文物行政部门批准；借用国有馆藏一级文物，应当经国务院文物行政部门批准。”“文物收藏单位之间借用文物的最长期限不得超过三年。”

第四十一条规定：“已经建立馆藏文物档案的国有文物收藏单位，经省、自治区、直辖市人民政府文物行政部门批准，并报国务院文物行政部门备案，其馆藏文物可以在国有文物收藏单位之间交换；交换馆藏一级文物的，必须经国务院文物行政部门批准。”

（二）民间文物的管理

1．文物合法的来源

《文物保护法》第五十条，规定文物收藏单位以外的公民、法人和其他组织可以收藏通过下列方式取得的文物：

（1）依法继承或者接受赠与；

（2）从文物商店购买；

（3）从经营文物拍卖的拍卖企业购买；

（4）公民个人合法所有的文物相互交换或者依法转让；

（5）国家规定的其他合法方式。

2．禁止买卖的文物

《文物保护法》第五十一条规定，公民、法人和其他组织不得买卖下列文物：

（1）国有文物，但是国家允许的除外；

（2）非国有馆藏珍贵文物；

（3）国有不可移动文物中的壁画、雕塑、建筑构件等，但是依法拆除的国有不可移动文物中的壁画、雕塑、建筑构件等不属于本法第二十条第四款规定的应由文物收藏单位收藏的除外；

（4）来源不符合本法第五十条规定的文物。

3．民间文物的流通

（1）文物的捐赠。《文物保护法》规定：国家鼓励文物收藏单位以外的公民、法人和其他组织将其收藏的文物捐赠给国有文物收藏单位或者出借给文物收藏单位展览和研究。国有文物收藏单位应当尊重并按照捐赠人的意愿，对捐赠的文物妥善收藏、保管和展示。国家禁止出境的文物，不得转让、出租、质押给外国人。

（2）文物的经营。《文物保护法》规定：未经国务院文物行政部门或者省、自治区、直辖市人民政府文物行政部门批准设立的文物商店不得从事文物拍卖经营活动，不得设立经营文物拍卖的拍卖企业。

依法设立的拍卖企业经营文物拍卖的，应当取得国务院文物行政部门颁发的文物拍卖许可证。经营文物拍卖的拍卖企业不得从事文物购销经营活动，不得设立文物商店。

文物行政部门的工作人员不得举办或者参与举办文物商店或者经营文物拍卖的拍卖企业。文物收藏单位不得举办或者参与举办文物商店或者经营文物拍卖的拍卖企业。禁止设立中外合资、中外合作和外商独资的文物商店或者经营文物拍卖的拍卖企业。除经批准的文物商店、经营文物拍卖的拍卖企业外，其他单位或者个人不得从事文物的商业经营活动。

文物商店销售的文物，在销售前应当经省、自治区、直辖市人民政府文物行政部门审核；对允许销售的，省、自治区、直辖市人民政府文物行政部门应当作出标识。拍卖企业拍卖的文物，在拍卖前应当经省、自治区、直辖市人民政府文物行政部门审核，并报国务院文物行政部门备案；省、自治区、直辖市人民政府文物行政部门不能确定是否可以拍卖的，应当报国务院文物行政部门审核。

文物商店购买、销售文物，拍卖企业拍卖文物，应当按照国家有关规定作出记录，并报原审核的文物行政部门备案。拍卖文物时，委托人、买受人要求对其身份保密的，文物行政部门应当为其保密；但是，法律、行政法规另有规定的除外。

文物行政部门在审核拟拍卖的文物时，可以指定国有文物收藏单位优先购买其中的珍贵文物。购买价格由文物收藏单位的代表与文物的委托人协商确定。

(3) 文物的回收。银行、冶炼厂、造纸厂以及废旧物资回收单位，应当与当地文物行政部门共同负责拣选掺杂在金银器和废旧物资中的文物。拣选文物除供银行研究所必需的历史货币可以由人民银行留用外，其他的应当移交当地文物行政部门。移交拣选文物，应当给予合理补偿。

（三） 文物出境的管理

文物是我国宝贵的财富。其中许多具有极高的历史、艺术和科学价值，历来是世界各国收藏单位、收藏家所追求的目标。我国政府为了保护祖国的珍贵遗产，对文物的出境作了严格的限制。

1. 不准出境的文物

《文物保护法》规定："国有文物、非国有文物中的珍贵文物和国家规定禁止出境的其他文物，不得出境；但是依照本法规定出境展览或者因特殊需要经国务院批准出境的除外。""一级文物中的孤品和易损品，禁止出境展览。"

2. 文物出入境手续

《文物保护法》规定："文物出境，应当经国务院文物行政部门指定的文物进出境审核机构审核。经审核允许出境的文物，由国务院文物行政部门发给文物出境许可证，从国务院文物行政部门指定的口岸出境。任何单位或者个人运送、邮寄、携带文物出境，应当向海关申报；海关凭文物出境许可证放行。"

"文物出境展览，应当报国务院文物行政部门批准；一级文物超过国务院规定数量的，应当报国务院批准。出境展览的文物出境，由文物进出境审核机构审核、登记。海关凭国务院文物行政部门或者国务院的批准文件放行。出境展览的文物复进境，由原文物进出境审核机构审核查验。"

文物临时进境，应当向海关申报，并报文物进出境审核机构审核、登记。临时进境的文物复出境，必须经原审核、登记的文物进出境审核机构审核查验；经审核查验无误的，由国务院文物行政部门发给文物出境许可证，海关凭文物出境许可证放行。

第三节 自然旅游资源的法律保护

一、自然旅游资源及其保护法

自然旅游资源是地球表面自然生态系统中具有旅游价值的景观。它由地貌（山地、高原、丘陵、平原、盆地、沙漠等）、水文（江河、湖泊、泉水、海洋等）、气候（气温、日照、风、湿度等）以及生物（稀有植物、艳花香草、珍禽异兽等）等自然要素组成。自然旅游资源是在长期的自然演化中形成的。人类在开发利用这些资源时，如果管理不善，违反自然生态发展规律，很容易造成自然生态系统不可逆转的破坏，自然界留给人类的珍贵自然遗产将毁于一旦。为了保护这些珍贵的自然遗产，世界各国纷纷颁布相应的法律、法规对之进行保护。于是，自然旅游资源保护法应运而生了。

我国是自然景观非常优美的国家。在960万平方千米的广袤大地上，有青青的山、蓝蓝的水，有奔腾的江河、浩渺的湖泊，有银白的雪城和绿浪翻滚的草原，有无边的沙漠戈壁和沃野千里的平原，还有那美不胜收的流泉飞瀑和蔚蓝的茫茫海洋。千百年来，我国人民十分注意保护这些珍贵的自然遗产。新中国建立后，特别是党的十一届三中全会以后，我国政府先后颁布了一系列法律、法规强化对自然旅游资源的保护。其中最重要的有《中华人民共和国环境保护法》、《中华人民共和国森林法》、《中华人民共和国草原法》、《风景名胜区管理条例》、《水土保持条例》等9个法律、法规。这些法规和宪法与其他法律中的相关条款共同构成了我国的自然旅游资源保护法。因此，自然旅游资源保护法不是一个法，它是国家用以管理和保护自然旅游资源的一系列法律规范的总和。

由于自然旅游资源主要集中在风景名胜区内，所以，《风景名胜区管理条例》在自然旅游资源保护法中具有特别重要的地位。

二、风景名胜区自然资源保护法的主要内容

（一）规定了风景名胜区的等级和机构

1. 风景名胜区及其特点

国务院2006年9月19日发布，12月1日起施行的《风景名胜区管理条例》规定：风景名胜区“是指具有观赏、文化或科学价值，自然景观、人文景观比较集中，环境优美，可供人们游览或者进行科学、文化活动的区域。”这是从立法的角度对风景名胜区作出的概括和界定。从这一定义可以看出，风景名胜区具有三个特点：

(1) 具有观赏、文化和科学价值。一般来说，作为风景名胜区，应当同时具备这三方面的价值。例如武汉东湖风景区，它既有美不胜收的湖光山色供人们旅游观赏，又有内涵丰富的楚文化供游人追溯历史，还有种类繁多的植物、花卉供科学研究。

(2) 自然景观、人文景观比较集中。所谓自然景观，亦称自然旅游资源，是指因外在地理条件而天然形成的自然景色，主要由特定条件下形成的山、水、云、石、动植物等各自或相互组合而成的景观。如名冠四海的名山名峰，气势磅礴的河流、峡谷、瀑布，风格各异的奇湖、奇泉、奇岛，极富变化的岩溶、洞穴、石林，物产丰富的平原、盆地、草原，神秘莫测的沙漠、戈壁、黄土，晶莹剔透的冰川、冰山，面目各异的奇石、化石，以及种类繁多的

林木花卉和千奇百怪的珍禽异兽等。所谓人文景观，亦称人文旅游资源，指由于历史发展所产生的各种有形或无形的旧物或文化传统。前者包括古代建筑、历史遗迹，以及为展示这些东西而建的博物馆、纪念馆等；后者包括一些社会风俗和文化传统，如节日、民族风情、地方艺术等。作为风景名胜区，应该是自然景物和人文景物比较集中的区域。从我国目前的风景名胜区来看，有的是自然景观和人文景观都比较集中的区域，如杭州西湖风景区；也有的是纯自然景物比较集中的区域，如黄山和张家界风景区。

(3) 可供人们游览和进行文化活动。风景区的作用就是为人们提供游览和进行科学活动的场所。如名山大川可供人们旅游观光，历史遗迹可供人们探古凭吊等等。

2. 风景名胜区的等级划分

风景名胜区划分为国家级风景名胜区和省级风景名胜区。自然景观和人文景观能够反映自然变化过程和重大历史文化发展过程。基本处于自然状态或者保持历史原貌，具有国家代表性的，可以申请设立国家级风景名胜区；具有区域代表性的，可以申请设立省级风景名胜区。

3. 风景名胜区的管理机构

风景名胜区所在地县级以上地方人民政府设置的风景名胜区管理机构，负责风景名胜区的保护、利用和统一管理工作。国务院建设主管部门负责全国风景名胜区的监督管理工作。国务院其他有关部门按照国务院规定的职责分工，负责风景名胜区的有关监督管理工作。省、自治区人民政府建设主管部门和直辖市人民政府风景名胜区主管部门，负责本行政区域内风景名胜区的监督管理工作。省、自治区、直辖市人民政府其他有关部门按照规定的职责分工，负责风景名胜区的有关监督管理工作。

4. 风景名胜区的设立

设立国家级风景名胜区，由省、自治区、直辖市人民政府提出申请，国务院建设主管部门会同国务院环境保护主管部门、林业主管部门、文物主管部门等有关部门组织论证，提出审查意见，报国务院批准公布。

设立省级风景名胜区，由县级人民政府提出申请，省、自治区人民政府建设主管部门或者直辖市人民政府风景名胜区主管部门，会同其他有关部门组织论证，提出审查意见，报省、自治区、直辖市人民政府批准公布。

(二) 提出了保护自然旅游资源的措施

1. 风景名胜区的风貌必须完整保存

我国的风景名胜区多为名山大川，而优美的自然环境是它的基础，所以，《风景名胜区管理条例》对自然环境的保护作了明确的规定："风景名胜区内的景观和自然环境，应当根据可持续发展的原则，严格保护，不得破坏或者随意改变"，"风景名胜区内的建设项目应当符合风景名胜区规划，并与景观相协调，不得破坏景观、污染环境、妨碍游览。在风景名胜区内进行建设活动的，建设单位、施工单位应当制定污染防治和水土保持方案，并采取有效措施，保护好周围景物、水体、林草植被、野生动物资源和地形地貌"，"禁止违反风景名胜区规划，在风景名胜区内设立各类开发区和在核心景区内建设宾馆、招待所、培训中心、疗养院以及与风景名胜资源保护无关的其他建筑物；已经建设的，应当按照风景名胜区规划，逐步迁出"。

2. 风景名胜区内的生态必须精心护理

绿色植物是风景名胜区的生命。有"绿色宝库"之称的井冈山风景区之所以对游人有巨大的吸引力，就在于它的生态系统保持完好，森林覆盖率高达64%。因此，《风景名胜区管理条例》

在生态保护方面专门规定："风景名胜区内的居民和游览者应当保护风景名胜区的景物、水体、林草植被、野生动物和各项设施"。并且严格禁止"开山、采石、开矿、开荒、修坟立碑等破坏景观、植被和地形地貌的活动"；严格禁止"修建储存爆炸性、易燃性、放射性、毒害性、腐蚀性物品的设施"；严格禁止"在景物或者设施上刻划、涂污"；严格禁止扔垃圾。

3. 风景名胜区内的景点必须严格保护

景点是风景名胜区的精华。没有它，景区也就失去了魅力。所以，《风景名胜区管理条例》规定："风景名胜区管理机构应当对风景名胜区内的重要景观进行调查、鉴定，并制定相应的保护措施。"

（三）明确了风景名胜区的规划

当今社会，风景名胜区的保护、利用与开发成功与否，在很大程度上取决于风景名胜区的规划是否科学、合理。为此，《风景名胜区管理条例》规定：

1. 国家级风景名胜区规划由省、自治区人民政府建设主管部门或者直辖市人民政府风景名胜区主管部门组织编制。省级风景名胜区规划由县级人民政府组织编制。

2. 编制风景名胜区规划，应当广泛征求有关部门、公众和专家的意见；必要时，应当进行听证。

3. 国家级风景名胜区的总体规划，由省、自治区、直辖市人民政府审查后，报国务院审批。国家级风景名胜区的详细规划，由省、自治区人民政府建设主管部门或者直辖市人民政府风景名胜区主管部门报国务院建设主管部门审批。省级风景名胜区的总体规划，由省、自治区、直辖市人民政府审批，报国务院建设主管部门备案。省级风景名胜区的详细规划，由省、自治区人民政府建设主管部门或者直辖市人民政府风景名胜区主管部门审批。

4. 风景名胜区规划经批准后，应当向社会公布，任何组织和个人有权查阅。

（四）规定了严格的处罚措施

保护自然旅游资源是每个单位和个人应尽的义务。《风景名胜区管理条例》明确提出12个方面的法律责任，对违法行为的处理除了责令停止违法行为、恢复原状或者限期拆除，没收违法所得之外，可以进行罚款、治安处罚，并可对直接负责的主管人员和其他直接责任人员依法给予降级或撤职的处分。构成犯罪的，依法追究刑事责任。

第四节　其他相关资源的保护

一、世界遗产的保护

世界遗产是指前代所遗留的，对人类生存和发展具有特殊价值而为国际社会特别加以保护的自然和文化遗产。1972年11月，联合国教科文组织在巴黎举行的第十七届会议上通过了《保护世界文化和自然遗产公约》。该公约于1975年12月生效。公约的宗旨是为集体保护具有突出的普遍价值的文化和自然遗产，建立一个根据现代科学方法制定的永久性有效制度。

《公约》将世界遗产分为文化遗产和自然遗产。到2002年止，全世界125个国家拥有世界遗产730处，其中文化遗产563处，自然遗产144处，文化和自然遗产23处。为有效保护世界遗产，《公约》规定，保护世界遗产主要是有关国家的责任。在尊重遗产所在国的主权，不使所在国规定的财产权受到损失的前提下，承认这类遗产是世界遗产的一部分，整个国际社会有责任合作予以保护。依照该公约，在联合国教科文组织内建立一个政府间的“世界遗产委员会”，并根据各缔约国的申请编制《世界遗产目录》，列入目录的世界遗产由国际社会提供援助并安排保护、恢复等工作；缔约国对于提交保护的遗产负有鉴定、保护、保存、陈列以及传与后代的义务。

我国于1985年加入《保护世界文化和自然遗产公约》。自1987年第十一届世界遗产大会将中国故宫等6处遗产列入《世界遗产目录》，至今，中国已有31处自然景观和文化遗址被列入该目录，其中文化遗产22项，自然遗产4项，文化和自然双重遗产4项，文化景观1项(见下表)。

中国的世界自然文化遗产名录

1. 长城(1987.12,世界文化遗产)(附1)
2. 北京故宫、沈阳故宫(1987.12,文化遗产)(附7)
3. 陕西秦始皇陵及兵马俑(1987.12,文化遗产)
4. 甘肃敦煌莫高窟(1987.12,文化遗产)
5. 北京周口店猿人遗址(1987.12,文化遗产)
6. 山东泰山(1987.12,文化与自然双重遗产)
7. 安徽黄山(1990.12,文化与自然双重遗产)
8. 湖南武陵源国家级名胜区(1992.12,自然遗产)
9. 四川九寨沟国家级名胜区(1992.12,自然遗产)
10. 四川黄龙国家级名胜区(1992.12,自然遗产)
11. 西藏布达拉宫(1994.12,文化遗产)(附2、附3)
12. 河北承德避暑山庄及周围寺庙1994.12,文化遗产
13. 山东曲阜的孔庙、孔府及孔林(1994.12,文化遗产)
14. 湖北武当山古建筑群(1994.12,文化遗产)
15. 江西庐山风景名胜区(1996.12,文化景观)
16. 四川峨眉山—乐山风景名胜区(1996.12,文化与自然双重遗产)
17. 云南丽江古城(1997.12,文化遗产)
18. 山西平遥古城(1997.12,文化遗产)
19. 江苏苏州古典园林(1997.12,文化遗产)(附4)
20. 北京颐和园(1998.11,文化遗产)
21. 北京天坛(1998.11,文化遗产)
22. 重庆大足石刻(1999.12,文化遗产)
23. 福建武夷山(1999.12,文化与自然双重遗产)
24. 四川青城山和都江堰(2000.11,文化遗产)
25. 河南洛阳龙门石窟(2000.11,文化遗产)
26. 明清皇家陵寝:明显陵(湖北钟祥市)、清东陵(河北遵化市)、清西陵(河北易县)、盛京三陵(2000.11,文化遗产)(附5、附6、附8)
27. 安徽古村落:西递、宏村(2000.11,文化遗产)
28. 山西大同云冈石窟(2001.12,文化遗产)
29. 云南三江并流(2003.7,自然遗产)
30. 高句丽王城、王陵及贵族墓葬(2004.7,文化遗产)
31. 澳门历史城区(2005.7,文化遗产)

续上表

附 1: 2002 年 11 月,中国唯一的水上长城辽宁九门口长城通过联合国教科文组织的验收,作为长城的一部分正式挂牌成为世界文化遗产; 附 2: 2000 年 11 月,拉萨大昭寺作为布达拉宫世界遗产的扩展项目被批准列入《世界遗产名录》; 附 3: 2001 年 12 月,西藏拉萨罗布林卡作为布达拉宫历史建筑群的扩展项目被批准列入《世界遗产名录》; 附 4: 2000 年 1 月,苏州艺圃、藕园、沧浪亭、狮子林和遐思园 5 座园林作为苏州古典园林的扩展项目被批准列入《世界遗产名录》。 附 5、附 6: 2003 年 7 月,北京市的十三陵和江苏省南京市的明孝陵作为明清皇家陵寝的一部分收入《世界遗产名录》。 附 7:2004 年 7 月,沈阳故宫作为明清皇宫文化遗产扩展项目被列入《世界遗产名录》。 附 8:2004 年 7 月,盛京三陵作为明清皇家陵寝扩展项目被列入《世界遗产名录》。

二、自然保护区的保护

自然保护区是指对有代表性的自然生态系统、珍稀濒危野生动植物的天然集中分布区和有特殊意义的自然遗迹等保护对象所在的陆地水系或者海域，依法划出一定面积予以特殊保护和管理的区域。划定自然保护区，依法对其实行保护和管理，是我国保护自然环境和自然资源的一项重要工作。

根据我国《自然保护区条例》的规定，符合下列条件之一者，应当建立自然保护区:

(1) 典型的自然地理区域。包括有代表性的自然生态系统区域以及已经遭受破坏但经保护能够恢复的同类自然生态系统区域。

(2) 珍稀、濒危野生动植物物种的天然集中分布区域。

(3) 具有特殊保护价值的海域、海岸、岛屿、湿地、内陆、水域、森林、草原和荒漠。

(4) 具有重大科学文化价值的地质构造、著名溶洞、化石分布区、冰川、火山、温泉等自然遗迹。

(5) 经国务院或者省级人民政府批准，需要予以特殊保护的其他自然区域。

我国的自然保护区分为国家级自然保护区和地方级自然保护区。自然保护区的设立，以自然保护为主，在不影响自然保护区的自然环境和自然资源的前提下，组织开展参观、旅游等活动。外国人进入国家级自然保护区，接待单位应事先报经国务院有关自然保护区行政主管部门批准；进入地方级自然保护区，接待单位应事先报经省级人民政府自然保护区行政主管部门批准；进入保护区的外国人，应遵守我国的有关法律、法规。

自然保护区分为核心区、缓冲区和实验区，不同地带采用不同保护方法。核心区是自然保护区内保存完好的天然状态的生态系统以及珍稀、濒危动植物的集中区，通常禁止任何单位和个人进入，也不允许进入从事科学研究活动；缓冲区是在核心区外围划定的一定面积的区域，只准进入从事科学研究、观测活动，禁止在其中开展旅游和生产经营活动；实验区是指在缓冲区的外围区域划定的区域，可以进入从事科学实验、教学实习、参观考察、旅游以及驯化、繁殖珍稀濒危野生动植物等活动。在实验区内经批准开展旅游、参观活动，应服从自然保护区管理机构的管理。长白山自然保护区、鼎湖山自然保护区、卧龙自然保护区、武夷山自然保护区、梵净山自然保护区，是我国首批被列入联合国教科文组织“人与生物圈”计划的5个自然保护区。

三、环境的保护

环境是指影响人类生存和发展的各种天然的和经过人工改造的自然因素的总体，包括大气、水、海洋、土地、矿藏、森林、野生生物、自然遗迹、人文遗迹、自然保护区、城市和乡村。

环境保护法是调整因保护和改善生活环境和生态环境，防治污染和其他公害而产生的各种社会关系的法律规范的总称。生活环境是指人们居住和生活的场所，生态环境是指生活环境以外的各种自然条件。环境保护法重点保护的环境包括自然保护区、生态环境与农业环境、海洋环境、城市和乡村生活环境。保护环境与发展旅游业关系十分密切。环境的恶化，资源的枯竭，最终将导致延缓，甚至破坏旅游业的发展。因此，二者在保护的客体的许多方面是一致的。一方面，环境保护法要求人类在符合客观生态规律的前提下合理地开发、利用旅游资源；旅游法律、法规要求在保护的前提下开发旅游资源，二者相互配合，共同承担着社会主义物质文明和精神文明建设的重任。另一方面，二者各有侧重。环境保护法以协调人与环境的关系，保护人类所必须的生存环境为己任；旅游法律法规则以开发旅游资源、发展旅游业、繁荣社会、振兴经济为宗旨。

第五节　旅游资源的开发管理

为规范旅游资源的开发管理，中华人民共和国国家质量监督检验检疫总局2003年2月24日发布、2003年5月1日起实施的“中华人民共和国国家标准”《旅游规划通则》（GB/T18971-2003）和《旅游区（点）质量等级的划分与评定》（GB/T 17775-2003），对旅游资源开发过程中的旅游规划和旅游区（点）质量等级的划分与评定作了明确的规定。

一、旅游规划管理

（一）规范性引用文件的确定

下列标准的条款通过本标准（“中华人民共和国国家标准”《旅游规划通则》）的引用而成为本标准的条款。

GB3095-1996 环境空气质量标准

GB3096-1993 城市区域环境噪声标准

GB3838 地面水环境质量标准

GB5749 生活饮用水卫生标准

GB9663 旅游业卫生标准

GB9664 文化娱乐场所卫生标准

GB9665 公共浴室卫生标准

GB9666 理发店、美容店卫生标准

GB9667 游泳场所卫生标准

GB9668 体育馆卫生标准

GB9669 图书馆、博物馆、美术馆、展览馆卫生标准

GB9670 商场（店）、书店卫生标准

GB9671 医院候诊室卫生标准

GB9672 公共交通等候室卫生标准

GB9673 公共交通工具卫生标准

GB12941-1991 景观娱乐用水水质标准

GB16153 饭馆（餐厅）卫生标准

GB/T 18972-2003 旅游资源分类、调查与评价

（二） 旅游规划编制的要求

(1) 旅游规划编制要以国家和地区社会经济发展战略为依据，以旅游业发展方针、政策及法规为基础，与城市总体规划、土地利用规划相适应，与其他相关规划相协调；根据国民经济形势，对上述规划提出改进的要求。

(2) 旅游规划编制要坚持以旅游市场为导向，以旅游资源为基础，以旅游产品为主体，经济、社会和环境效益可持续发展的指导方针。

(3) 旅游规划编制要突出地方特色，注重区域协同，强调空间一体化发展，避免近距离不合理重复建设，加强对旅游资源的保护，减少对旅游资源的浪费。

(4) 旅游规划编制鼓励采用先进方法和技术。编制过程中应当进行多方案的比较，并征求各有关行政管理部门的意见，尤其是当地居民的意见。

(5) 旅游规划编制工作所采用的勘察、测量方法与图件、资料，要符合相关国家标准和技术规范。

(6) 旅游规划技术指标，应当适应旅游业发展的长远需要，具有适度超前性。技术指标参照本标准的附录A（资料性附录）选择和确立。

(7) 旅游规划编制人员应有比较广泛的专业构成，如旅游、经济、资源、环境、城市规划、建筑等方面。

（三） 旅游规划的编制程序

1.任务确定阶段

（1） 委托方确定编制单位。委托方应根据国家旅游行政主管部门对旅游规划设计单位资质认定的有关规定确定旅游规划编制单位。通常有公开招标、邀请招标、直接委托等形式。

公开招标：委托方以招标公告的方式邀请不特定的旅游规划设计单位投标。

邀请招标：委托方以投标邀请书的方式邀请特定的旅游规划设计单位投标。

直接委托：委托方直接委托某一特定规划设计单位进行旅游规划的编制工作。

(2) 制定项目计划书并签订旅游规划编制合同。委托方应制定项目计划书并与规划编制单位签订旅游规划编制合同。

2.前期准备阶段

(1) 政策法规研究。对国家和本地区旅游及相关政策、法规进行系统研究，全面评估规划所需要的社会、经济、文化、环境及政府行为等方面的影响。

(2) 旅游资源调查。对规划区内旅游资源的类别、品位进行全面调查，编制规划区内旅游资源分类明细表，绘制旅游资源分析图，具备条件时可根据需要建立旅游资源数据库，确定其旅游容量，调查方法可参照《旅游资源分类、调查与评价》（GB/T 18972-2003）。

(3) 旅游客源市场分析。旅游客源市场（tourist source market）是指旅游区内某一特定旅游产品的现实购买者与潜在购买者。旅游客源市场分析是在对规划区的旅游者数量和结构、地理和季节性分布、旅游方式、旅游目的、旅游偏好、停留时间、消费水平进行全面调查分析的基础上，研究并提出规划区旅游客源市场未来的总量、结构和水平。

(4) 旅游业发展竞争性分析。就是通过比较的方法，找出规划区在交通可进入性、基础设施、景点现状、服务设施、广告宣传等各方面的区域比较优势，综合分析和评价各种制约因素及机遇。

3.规划编制阶段

(1) 确定规划区主题，就是在前期准备工作的基础上，确立规划区旅游主题，包括主要功能、主打产品和主题形象。

(2) 确立规划分期及各分期目标。

(3) 提出旅游产品及设施的开发思路和空间布局。

(4) 确立重点旅游开发项目，确定投资规模，进行经济、社会和环境评价。

(5) 形成规划区的旅游发展战略，提出规划实施的措施、方案和步骤，包括政策支持、经营管理体制、宣传促销、融资方式、教育培训等。

(6) 撰写规划文本、说明和附件的草案。

4.征求意见阶段

规划草案形成后，原则上应广泛征求各方意见，并在此基础上，对规划草案进行修改、充实和完善。

(四) 旅游发展规划

旅游发展规划（tourism development plan）是根据旅游业的历史、现状和市场要素的变化所制定的目标体系，以及为实现目标体系在特定的发展条件下对旅游发展的要素所做的安排。

1.分类

(1) 按规划的范围和政府管理层次分为：全国旅游业发展规划、区域旅游业发展规划和地方旅游业发展规划。地方旅游业发展规划又可分为省级旅游业发展规划、地市级旅游业发展规划和县级旅游业发展规划等。

(2) 按旅游发展规划的年限分为：近期发展规划（3~5 年）、中期发展规划（5~10 年）或远期发展规划（10~20 年）。

2.主要任务

旅游发展规划的主要任务是明确旅游业在国民经济和社会发展中的地位与作用，提出旅游业发展目标，优化旅游业发展的要素结构与空间布局，安排旅游业发展优先项目，促进旅游业持续、健康、稳定发展。

3.主要内容

旅游发展规划的主要内容包括以下 10 个方面：

(1) 全面分析规划区旅游业发展历史与现状、优势与制约因素及与相关规划的衔接。

(2) 分析规划区的客源市场需求总量、地域结构、消费结构及其他结构，预测规划期内客源市场需求总量、地域结构、消费结构及其他结构。

(3) 提出规划区的旅游主题形象和发展战略。

(4) 提出旅游业发展目标及其依据。

(5) 明确旅游产品开发的方向、特色与主要内容。

(6) 提出旅游发展重点项目，对其空间及时序作出安排。

(7) 提出要素结构、空间布局及供给要素的原则和办法。

(8) 按照可持续发展原则，注重保护开发利用的关系，提出合理的措施。

(9) 提出规划实施的保障措施。

(10) 对规划实施的总体投资分析，主要包括旅游设施建设、配套基础设施建设、旅游市场开发、人力资源开发等方面的投入与产出方面的分析。

4.主要成果

旅游发展规划成果包括规划文本、规划图表及附件。规划图表包括区位分析图、旅游资源分析图、旅游客源市场分析图、旅游业发展目标图表、旅游产业发展规划图等。附件包括规划说明和基础资料等。

（五）旅游区规划

旅游区（tourism area）是以旅游及其相关活动为主要功能或主要功能之一的空间或地域。旅游区规划（tourism area plan）是指为了保护、开发、利用和经营管理旅游区，使其发挥多种功能和作用而进行的各项旅游要素的统筹部署和具体安排。通常，按规划层次可将旅游区规划分为总体规划、控制性详细规划、修建性详细规划等。旅游区还可根据实际需要，编制项目开发规划、旅游线路规划和旅游地建设规划、旅游营销规划、旅游区保护规划等功能性专项规划。

1.旅游区总体规划

旅游区在开发、建设之前，原则上应当编制总体规划。小型旅游区可直接编制控制性详细规划。旅游区总体规划的期限一般为 10~20 年，同时可根据需要对旅游区的远景发展作出轮廓性的规划安排。对于旅游区近期的发展布局和主要建设项目，亦应作出近期规划，期限一般为 3~5 年。

(1) 任务。旅游区总体规划的任务，是分析旅游区客源市场，确定旅游区的主题形象，划定旅游区的用地范围及空间布局，安排旅游区基础设施建设内容，提出开发措施。

(2) 内容。旅游区总体规划的内容一般包括以下 13 个方面：

① 对旅游区的客源市场的需求总量、地域结构、消费结构等进行全面分析与预测。

② 界定旅游区范围，进行现状调查和分析，对旅游资源进行科学评价。

③ 确定旅游区的性质和主题形象。

④ 规划旅游区的功能分区和土地利用，提出规划期内的旅游容量。

⑤ 规划旅游区的对外交通系统的布局和主要交通设施的规模、位置；规划旅游区内部的其他道路系统的走向、断面和交叉形式。

⑥ 规划旅游区的景观系统和绿地系统的总体布局。

⑦ 规划旅游区其他基础设施、服务设施和附属设施的总体布局。

⑧ 规划旅游区的防灾系统和安全系统的总体布局。

⑨ 研究并确定旅游区资源的保护范围和保护措施。

⑩ 规划旅游区的环境卫生系统布局，提出防止和治理污染的措施。

⑪ 提出旅游区近期建设规划，进行重点项目策划。

⑫ 提出总体规划的实施步骤、措施和方法，以及规划、建设、运营中的管理意见。

⑬ 对旅游区开发建设进行总体投资分析。

(3) 成果。旅游区总体规划的成果主要包括规划文本、图件（包括旅游区区位图、综合现状图、旅游市场分析图、旅游资源评价图、总体规划图、道路交通规划图、功能分区图等其他专业规划图、近期建设规划图等）和附件（包括规划说明和其他基础资料等）。图纸比例可根据功能需要与可能性确定。

2.旅游区控制性详细规划

在旅游区总体规划的指导下，为了近期建设的需要，可编制旅游区控制性详细规划。

(1) 任务。旅游区控制性详细规划的任务是，以总体规划为依据，详细规定区内建设用地的各项控制指标和其他规划管理要求，为区内一切开发建设活动提供指导。

(2) 内容。旅游区控制性详细规划的主要内容包括：详细划定所规划范围内各类不同性质用地的界线，规定各类用地内适建、不适建或者有条件地允许建设的建筑类型；规划分地块，规定建筑高度、建筑密度、容积率、绿地率等控制指标，并根据各类用地的性质增加其他必要的控制指标；规定交通出入口方位、停车泊位、建筑后退红线、建筑间距等要求；提出对各地块的建筑体量、尺度、色彩、风格等要求；确定各级道路的红线位置、控制点坐标和标高。

(3) 成果。旅游区控制性详细规划的成果主要有：规划文本、图件（包括旅游区综合现状图，各地块的控制性详细规划图，各项工程管线规划图等）和附件（包括规划说明及基础资料）。图纸比例一般为1:1 000~1:2 000。

3.旅游区修建性详细规划

对于旅游区当前要建设的地段，应编制修建性详细规划。

(1) 任务。旅游区修建性详细规划的任务是，在总体规划和控制性详细规划的基础上，进一步深化和细化，用以指导各项建筑和工程设施的设计和施工。

(2) 内容。旅游区修建性详细规划的主要内容包括以下9个方面：

① 综合现状与建设条件分析。

② 用地布局。

③ 景观系统规划设计。

④ 道路交通系统规划设计。

⑤ 绿地系统规划设计。

⑥ 旅游服务设施及附属设施系统规划设计。

⑦ 工程管线系统规划设计。

⑧ 竖向规划设计。

⑨ 环境保护和环境卫生系统规划设计。

(3) 成果。旅游区修建性详细规划的成果主要有：规划设计说明书、图件（包括综合现状图、修建性详细规划总图、道路及绿地系统规划设计图、工程管网综合规划设计图、竖向规划设计图、鸟瞰或透视等效果图等）。图纸比例一般为1:500~1:2 000。

（六）旅游规划的评审、报批与修编

1.旅游规划的评审

(1) 评审方式。① 旅游规划文本、图件及附件的草案完成后，由规划委托方提出申请。② 旅游规划的评审采用会议审查方式。规划成果应在会议召开前五日由旅游行政主管部门确定。旅游规划评审前送达评审人员审阅。

(2) 规划评审人员的组成。旅游发展规划的评审人员由规划委托方与上一级旅游行政主管部门商定；旅游区规划的评审人员由规划委托方与当地旅游行政主管部门协商确定。旅游规划评审组由 7 人以上组成。其中行政管理部门代表不超过 1/3，本地专家不少于 1/3。规划评审小组设组长 1 人，根据需要可设副组长 1~2 人。组长、副组长人选由委托方与规划评审小组协商产生。

旅游规划评审人员应由经济分析专家、市场开发专家、旅游资源专家、环境保护专家、城市规划专家、工程建筑专家、旅游规划管理官员、相关部门管理官员等组成。

(3) 规划评审重点。旅游规划评审应围绕规划的目标、定位、内容、结构和深度等方面进行重点审议，包括：

① 旅游产业定位和形象定位的科学性、准确性和客观性；

② 规划目标体系的科学性、前瞻性和可行性；

③ 旅游产业开发、项目策划的可行性和创新性；

④ 旅游产业要素结构与空间布局的科学性、可行性；

⑤ 旅游设施、交通线路空间布局的科学合理性；

⑥ 旅游开发项目投资的经济合理性；

⑦ 规划项目对环境影响评价的客观可靠性；

⑧ 各项技术指标的合理性；

⑨ 规划文本、附件和图件的规范性；

⑩ 规划实施的操作性和充分性。

2.规划的报批

旅游规划文本、图件及附件，经规划评审会议讨论通过并根据评审意见修改后，由委托方按有关规定程序报批实施。

3.规划的修编

在规划执行过程中，要根据市场环境等各个方面的变化对规划进行进一步的修订和完善。

二、旅游景区质量等级的划分与评定

(一) 评定范围

根据 2005 年 7 月 6 日“中华人民共和国国家旅游局令”第 23 号所发布的《旅游景区质量等级评定管理办法》第四条的规定：“凡在中华人民共和国境内，正式开业从事旅游经营业务一年以上的旅游景区，包括风景区、文博院馆、寺庙观堂、旅游度假区、自然保护区、主题公园、森林公园、地质公园、游乐园、动物园、植物园及工业、农业、经贸、科教、军事、体育、文化艺术等旅游景区，均可申请参加质量等级评定”。“旅游景区质量等级评定，是指对具有独立管理和服务机构的旅游景区进行评定，对园中园、景中景等内部旅游点，不进行单独评定。”

(二) 等级标志

根据《旅游景区质量等级评定管理办法》的规定，我国的旅游景区可分为 5 级，从高到低依次为 5A、4A、3A、2A 和 1A。

旅游景区质量等级的标牌、证书由全国旅游景区质量等级评定委员会统一制作，由相应评定机构颁发。旅游景区质量等级标牌，须置于旅游景区主要入口最明显位置，并在对外宣传资料中正确标明其等级。

(三) 评定机构与职责

1. 评定机构

国家旅游局负责旅游景区质量等级评定标准、评定细则的制定工作，负责对质量等级评定标准实施进行监督检查。国家旅游局组织设立全国旅游景区质量等级评定委员会。全国旅游景区质量等级评定委员会负责全国旅游景区质量等级评定工作的组织和管理。

各省级旅游行政管理部门组织设立本地区旅游景区质量等级评定委员会，并报全国旅游景区质量等级评定委员会备案。根据全国旅游景区质量等级评定委员会的委托，省级旅游景区质量等级评定委员会进行相应的旅游景区质量等级评定工作的组织和管理。

2. 职责划分

3A级、2A级、1A级旅游景区由全国旅游景区质量等级评定委员会委托各省级旅游景区质量等级评定委员会负责评定。省级旅游景区质量等级评定委员会可以向条件成熟的地市级旅游景区质量等级评定机构再行委托。

4A级旅游景区由省级旅游景区质量等级评定委员会推荐，全国旅游景区质量等级评定委员会组织评定。

5A级旅游景区从4A级旅游景区中产生。被公告为4A级旅游景区一年以上的方可申报5A级旅游景区。5A级旅游景区由省级旅游景区质量等级评定委员会推荐，全国旅游景区质量等级评定委员会组织评定。

(四) 评定方式

各级旅游景区的质量等级评定工作按照"创建、申请、评定、公告"的程序进行。

旅游景区在创建计划完成后，进行自检。自检结果达到相应等级标准和细则规定的旅游景区，填写《旅游景区质量等级评定报告书》，并向当地旅游景区质量等级评定机构提出评定申请。经当地旅游景区质量等级评定机构审核同意，向上一级旅游景区质量等级评定机构推荐参加相应质量等级的正式评定。

现场评定工作由负责评定的旅游景区质量等级评定机构委派评定小组承担。评定小组采取现场检查、资料审核、抽样调查等方式进行现场评定工作。

现场评定符合标准的旅游景区，由负责评定的旅游景区质量等级评定机构批准其质量等级，并向社会公告。

【本章小结】　本章介绍了旅游资源及其基本构成、旅游资源分类、旅游资源调查、旅游资源评价、旅游资源保护法及主要内容，并对文物的分类、文物的所有权、文物保护单位、人文旅游资源的考古发掘、文物的管理、自然旅游资源的保护、风景名胜区的等级划分和管理机构的设置、风景名胜区的规划、世界遗产的保护、自然保护区的保护、环境的保护以及旅游规划管理和旅游景区质量等级的划分与评定进行了详细的论述。

【关键词】　旅游资源　资源保护法　法律保护　旅游区　旅游规划

【思考题】　1. 简述旅游资源的基本类型。

2. 试述文物的所有权。

3. 何谓历史文化名城?历史文化名城应如何保护?
4. 什么是世界遗产?它是如何分类的?
5. 试述风景名胜区、自然保护区和旅游区之间的联系与区别。
6. 简述旅游景区的质量等级评定方式。

第六章　旅行社管理法规

学习要点：

1. 旅行社概述。
2. 旅行社的设立。
3. 旅行社的经营。
4. 外商投资旅行社的特别规定。
5. 旅行社管理制度。

旅行社是旅游业的龙头企业和支柱，承担着旅游接待计划的制定和几乎全部的旅游联络和接待工作，在旅游业的发展中占有十分重要的地位。因此，我国在旅行社法的立法工作方面进行得相对较早，先后颁布了一系列有关旅行社方面的行政法规和部门规章，为旅行社的经营和管理提供了重要的法律依据。

第一节　旅行社概述

为了规范旅行社的经营，加强对旅行社服务质量的监督和管理，早在 1985 年 5 月 11 日，我国国务院就颁布了《旅行社管理暂行条例》。这实际上是我国第一个关于旅行社管理方面的行政法规。1996 年 10 月 15 日国务院又发布并施行了《旅行社管理条例》，同时废除了《旅行社管理暂行条例》。根据 2001 年 12 月 11 日《国务院关于修改〈旅行社管理条例〉的决定》，又对 1996 年发布施行的《旅行社管理条例》进行了修改，并于 2001 年 12 月 5 日国务院第四十九次常务会议通过，自 2002 年 1 月 1 日起施行。《旅行社管理条例》的发布、修改和完善，标志着我国对旅行社的管理及其立法工作发展到了一个新的阶段。

一、旅行社的发展历史

早在公元 5 ~ 6 世纪，威尼斯的宗教人员就有了用船把朝圣者送往巴勒斯坦的类似旅行社预订业务的活动。17 世纪以后，出现了英国车站的马车业经营者把预订火车的旅客姓名登记在账本上的做法。他们可以说是旅行社经营者的前身，但仍不具有现代旅行社经营业务的全部特征。

（一）　国外首开旅行社之先河

1845 年，英国人托马斯·库克成立了世界上第一家旅行社——旅游业务代办处。他所从事的活动类似于当今旅行社代办的包价旅游。托马斯·库克的活动从考察路线、印发小册子进行广告宣传、陪同和配备导游、履行代办手续开始，将食宿、交通、景点组成一条路线，体现了当今旅行社的基本业务，开创了旅行社业务的基本模式。19 世纪下半叶开始，世界各国成立了许多类似旅行社的组织，如1850年起美国的运通公司兼营旅行代理业务；1857年的英国登山俱乐部；1890年法国、德国的观光俱乐部；1927年的意大利旅行社等。这些组织的出现，对世界旅游业的发展起了积极的推动与促进作用。

（二）我国首家旅行社的崛起

中国现代旅游业务发端于19世纪，当时，随着远洋航运业务的发展，外国人来华的人数逐年上升，于是英美商人首先在上海开办了通济隆旅行部和运通旅行社，日本的国际观光局也打入了中国的沿海城市。1923年8月，经当时交通部批准，上海商业储蓄银行总经理陈光甫在其银行内创办了旅行部，负责办理旅游业务。这是中国第一家由华人经营旅游服务的旅行社。旅行部先后在铁路沿线和长江地埠设立了11个办事机构，并开展短途旅游业务。1924年春又组成了第一批国内旅游团，由上海赴杭州游览，1925年又组成了第一批赴日本旅行的观樱团。随着业务的发展，到1927年7月，该旅行部从银行分离出来，正式成立了中国旅行社，总社设在上海，在内地和香港都设有分支机构，经营的业务范围包括了代售交通票据、办理和提供食宿、代办旅行手续、举办赴国内外团体旅行、出版旅游刊物、提供翻译导游和各项旅游服务。1931年中国旅行社开始自建旅馆，开创了我国旅游旅馆的先例。

新中国成立后，1949年11月19日，厦门市军管会侨务组接管了旧华侨服务社，并于同年12月开业，这是新中国第一家华侨服务社，协办或代办侨胞一切出入境手续，帮助侨胞解决来国内可能遇到的困难。1951年12月15日，泉州华侨旅行社正式成立，并在广东和福建等地成立了相应的机构。随着国家对外关系和国际旅游业务的发展，中国国际旅行社于1954年4月15日成立，这是我国建国后最早成立的旅行社，总社设在北京，并在全国各地成立了147个分社。1957年4月22日华侨旅行社服务总社正式成立，标志着中国旅行社的发展进入了新的历史阶段。1974年经国务院批准，成立了中国旅行社，与华侨旅行社合署办公。

党的十一届三中全会以后，随着改革开放的需要，旅游业的快速发展导致了旅行社的进一步发展。1980年中国青年旅行社成立，在我国形成了“国旅”、“中旅”和“青旅”三驾马车。随后，职工旅行社、妇女旅行社、天鹅旅行社、体育旅行社、体育旅游公司等相继成立，我国旅行社由此引进了竞争机制，促进了优质服务。与此同时，我国各类旅行社的数量也在急剧增加，截至2002年底我国共有国际、国内旅行社11 615家（其中国际旅行社1 358家，国内旅行社10 257家），已形成了不同规模、不同档次的多层次多功能的旅行社立体服务体系。

二、旅行社的法律特性

《旅行社管理条例》第三条规定，本条例所称旅行社是指以营利为目的、从事旅游业务的企业。所谓旅游业务，是指为旅游者代办出境、入境和签证手续，招徕、接待旅游者，为旅游者安排食宿等有偿服务的经营活动。根据《旅行社管理条例实施细则》的规定，这里所称的旅行社包括依法设立，从事旅游业务的旅游公司、旅行服务公司、旅游咨询公司和其他同类性质的企业。以上规定，揭示了旅行社的法律特性。

（一）旅行社是以营利为目的的企业

以营利为目的是社会主义市场经济的必然要求，是增加旅行社内部活力的客观需要。旅行社作为社会服务的行业，属于第三产业的范畴。其主要业务应是有偿服务，并在业务活动中实现经营利润。

（二）旅行社应以招徕、接待旅游者，组织旅游活动为其业务经营范围

所谓招徕，是指旅行社在法律规定和核准登记的经营范围内在国内外开展宣传促销、招揽顾客的活动。所谓接待是指旅行社根据事先的约定，为旅游者提供或安排食宿、交通、购物、娱乐等旅游活动。同时，为了实现招徕和接待旅游者的业务，还为旅游者代办出境、入境和签证手续。

（三）旅行社是独立核算的企业法人

旅行社为了实现其营利目的，做到有偿服务，对外应独立经营、自负盈亏，通过开展相关旅游业务，努力增加旅游收入，并通过核算、节省经营中的人力、物力和财力消耗使企业取得较好的经济效益。旅行社作为法人组织和独立核算的经济实体，具备相应的经济权利能力和经济行为能力，其合法经营活动受法律保护，其财产和资金不受非法侵害。

三、旅行社的分类

关于旅行社的分类，世界各国和各地区出于不同的目的，并根据本国的具体情况作出了不同的规定。我国国务院 1985 年 5 月 11 日颁布的《旅行社管理暂行条例》根据当时我国公民还不具备到国外旅游的条件的实际情况，将旅行社分为一类旅行社、二类旅行社和三类旅行社三种。后随着改革开放的深入和经济形势的发展，我国公民自费到国外旅游的人数不断增多，原来对旅行社的分类已不能适应已经发展了的形势，于是，1996 年 10 月 15 日中华人民共和国国务院令第 205 号发布的《旅行社管理条例》及 1996 年 11 月 28 日国家旅游局发布的《旅行社管理条例实施细则》按照经营业务范围，将旅行社分为国际旅行社和国内旅行社两类。

（一）国际旅行社

国际旅行社的经营范围包括入境旅游业务、出境旅游业务和国内旅游业务。所有的国际旅行社都可经营入境和国内旅游业务，但若经营出境旅游业务，必须按照《旅行社管理条例》的规定，向国家旅游局提出书面申请，重新核定其经营范围，经审批同意后方可经营出境旅游业务。

按照最新颁布的《旅行社管理条例实施细则》的规定，国际旅行社可以具体经营以下旅游业务：

(1) 招徕外国旅游者来中国，华侨与香港、澳门、台湾同胞归国及回内地旅游，为其代理交通、游览、住宿、饮食、购物、娱乐事务及提供导游、行李等相关服务，并接受旅游者委托，为旅游者代办入境手续；

(2) 招徕我国旅游者在国内旅游，为其代理交通、游览、住宿、饮食、购物、娱乐事务及提供导游、行李等相关服务；

(3) 经国家旅游局批准，组织中华人民共和国境内居民到外国和香港、澳门、台湾地区旅游，为其安排领队、委托接待及行李等相关服务，并接受旅游者委托，为旅游者代办出境及签证手续；

(4) 经国家旅游局批准，组织中华人民共和国境内居民到规定的与我国接壤国家的边境地区旅游，为其安排领队、委托接待及行李等相关服务，并接受旅游者委托，为旅游者代办出境及签证手续；

(5) 其他经国家旅游局规定的旅游业务。

国家旅游局会根据旅游发展的需要，通过其他的规范性文件，为国际旅行社设定或增加业务范围，未经国家旅游局批准，任何旅行社不得经营中华人民共和国境内居民出国旅游业务、港澳台旅游业务和边境旅游业务。

（二） 国内旅行社

按照最新颁布的《旅行社管理条例实施细则》的规定，国内旅行社可以具体经营以下旅游业务：

(1) 招徕我国旅游者在国内旅游，为其代理交通、游览、住宿、饮食、购物、娱乐事务及提供导游等相关服务；

(2) 为我国旅游者代购、代订国内交通客票、提供行李服务；

(3) 其他经国家旅游局规定的与国内旅游有关的业务。

即国家旅游局认为有必要为国内旅行社的经营业务作出的其他规定。例如，在少数边远地区，因没有条件成立国际旅行社，而海外旅游者希望到该地区旅游时，该地区国内旅行社可向当地旅游行政管理部门提出申请，报国家旅游局审批。经国家旅游局审批同意后，该地区的某些国内旅行社就可接待前往该地区的海外旅游者。

此外，还有经国家旅游局审批，外国旅行社在我国境内设立的常驻旅游办事机构。根据《旅行社条例》第二条规定，“外国旅行社在中华人民共和国境内设立的常驻机构”是指经国家旅游局审批、外国旅行社在中华人民共和国境内设立的常驻旅游办事机构。该办事机构只能从事旅游咨询、联络、宣传等非经营性活动，不得经营招徕、接待等旅游业务，包括不得从事订房、订餐和订交通客票等经营性业务。

第二节 旅行社的设立

一、旅行社成立的条件

我国《旅行社管理条例》及其《实施细则》根据我国各类旅行社经营的业务范围的不同，对开办各类旅行社的条件分别作了明确规定。设立旅行社应具备下列条件：

（一） 有固定的营业场所

营业场所是旅行社业务活动的所在地，旅行社要从事经营活动，就必须有自己固定的营业场所。在法律上明确旅行社的营业场所，对于旅行社开展业务活动，履行债务，接受旅游行政管理部门对旅行社的监督和管理，都具有重要的意义。有固定的营业场所，是指要有足够的经营用房。

（二） 有必要的营业设施

必要的营业设施是旅行社进行业务活动的物质基础，具体指要有传真机、直线电话、电子计算机等办公设备；具备与旅游行政管理部门联网的条件；设立国际旅行社还要有业务专用汽车等交通工具。

（三）有取得资格证书的经营人员

《旅行社管理条例实施细则》规定，设立国际旅行社应当具有下述任职资格的经营管理人员：

(1) 持有国家旅游局颁发的《旅行社经理资格证书》的总经理 1 名；

(2) 持有国家旅游局颁发的《旅行社经理资格证书》的部门经理至少3名；

(3) 取得会计师以上职称的专职财会人员。

设立国内旅行社应当具备下述任职资格的经营管理人员：

(1) 持有国家旅游局颁发的《旅行社经理资格证书》的总经理1名；

(2) 持有国家旅游局颁发的《旅行社经理资格证书》的部门经理至少2名；

(3) 取得助理会计师以上职称的专职财会人员。

（四） 有符合规定的注册资本和质量保证金

设立国际旅行社，注册资本不得少于150万元人民币，经营入境旅游业务的，应向旅游行政管理部门交纳质量保证金60万元人民币，经营出境旅游业务，应向旅游行政管理部门交纳质量保证金100万元人民币。

设立国内旅行社，注册资本不得少于30万元人民币，应向旅游行政管理部门交纳质量保证金10万元人民币。

二、旅行社成立的程序

设立国际旅行社，应当按照《旅行社管理条例》的规定，直接向所在地旅游行政管理部门提出申请，省、自治区、直辖市旅游行政管理部门受理申请并签署审查意见后，报国家旅游局审批。

设立国内旅行社，应当按照《旅行社管理条例》的规定，直接向所在地旅游行政管理部门提出申请，省、自治区、直辖市旅游行政管理部门根据《旅行社管理条例》的规定进行审批。

三、成立旅行社应提交的文件和批准过程

（一） 设立旅行社应当提交的文件

(1) 设立申请书。其内容包括申请设立旅行社的类别、中英文名称及缩写和设立地，旅行社申报和登记的企业名称，应当符合企业名称登记管理的有关规定，并须含有“旅行社”字样；企业形式、投资者、投资额和出资方式；申请人、受理申请部门的全称、申请报告名称和呈报申请的时间。

(2) 设立旅行社可行性研究报告。其内容包括设立旅行社的市场条件；设立旅行社的资金条件；设立旅行社的人员条件；此外，申请单位还须提供受理申请的旅游行政管理部门认为需要补充说明的其他问题。

(3) 旅行社章程。旅行社章程应符合有关法律和法规的规定，其内容一般包括：旅行社的名称、经济性质、宗旨和目的、业务经营范围、注册资金额及来源、组织机构、财务管理制度、对旅游者承担的责任及其他应说明的问题。

(4) 旅行社经理、副经理履历表和经省、自治区、直辖市以上人民政府旅游行政管理部门颁发的资格证书。

(5) 开户银行出具的资金信用证明、注册会计师及其会计师事务所或审计师事务所出具的验资报告。

(6) 经营场所证明。

(7) 经营设备情况证明。

（二） 旅行社的批准过程

受理申请设立旅行社的旅游行政管理部门应当自收到申请书之日起30日内，根据符合旅游业发展规划、符合旅游市场需要、具备设立旅行社规定的条件等原则进行审核，作出批准或者不批准的决定，并通知申请人。已经审批同意设立旅行社的，审批部门应向其颁发《旅行社业务经营许可证》。

申请人应当在收到许可证的60个工作日内，持批准设立文件和许可证到工商行政管理部门领取营业执照，并在核定经营的范围内开展经营活动。

四、设立旅行社分支机构的有关规定

旅行社根据业务经营和发展的需要，可以设立非法人分社（以下简称分社）和门市部（包括营业部）等分支机构。不得设立办事处、代表处和联络处等办事机构。

（一） 旅行社分社的设立条件

旅行社的分社是指旅行社设立的不具备独立法人资格、以设立社名义开展旅游业务经营活动的分支机构。其经营范围不得超出其设立社的经营范围。旅行社设立分社应符合下列条件：

(1) 年接待旅游者达到10万人次以上；

(2) 进入全国旅行社百强排名；

(3) 分社经理必须取得《旅行社经理资格证书》；

(4) 符合《旅行社管理条例》中规定的注册资金和质量保证金的要求。国际旅行社每设立一个分社，应当增加注册资本75万元人民币，增交质量保证金30万元人民币；国内旅行社每设立一个分社，应当增加注册资本15万元人民币，增交质量保证金5万元人民币。

（二） 旅行社分社管理的有关规定

(1) 旅行社设立分社，应当向原审批的旅游行政管理部门办理核准该旅行社每年接待旅游者达到10万人次以上的证明文件，按《条例》规定的数额到设立地有质量保证金管理权的旅游行政管理部门交纳质量保证金，并到原审批的旅游行政管理部门领取许可证，然后凭此证明文件和许可证到设立地的工商行政管理部门办理登记注册手续。

(2) 旅行社应当在办理完分社登记注册手续之日起的30个工作日内，报其主管的旅游行政管理部门和分社所在地的旅游行政管理部门备案。

(3) 旅行社的分社应当接受所在地的旅游行政管理部门的行业管理。

（三） 旅行社门市部的设立

旅行社门市部是指旅行社在注册地的市、县行政区域以内设立的不具备独立法人资格，为设立社招徕游客并提供咨询、宣传等服务的收客网点。其设立和管理规定如下：

(1) 旅行社设立门市部，应征得拟设地的县级以上旅游行政管理部门同意，领取《旅行社门市部登记证》，并在办理完工商登记注册手续之日起的30个工作日内，报原审批的旅游行政管理部门、主管的旅游行政管理部门和门市部所在地的旅游行政管理部门备案。

(2) 旅行社的门市部应当接受所在地的旅游行政管理部门的行业管理。

(3) 门市部登记证实行一部一证，不设副本，复制无效。

五、外国旅行社常驻机构的设立

（一）外国旅行社常驻机构的设立条件

申请在中国设立旅游常驻机构的外国企业，必须具备以下条件：

(1) 在其本国依法注册登记，并且注册的经营范围中有旅游项目；资信情况良好，是其本国旅行社行业协会或同类组织的正式成员；经营中国旅游业务两年以上，年送客量不少于2 000人。

(2) 申请在中国设立旅游常驻机构的外国企业，必须提供下列证件和材料及其中文译本：①由该企业董事长或总经理签署的申请书，内容包括机构名称、业务范围、代表人数、驻外期限、驻外地址等；②由该企业所在国家有关当局出具的营业执照副本和经营业务的文书证明；③由该企业所在国家旅行社、行业协会或同类组织颁发的会员证书副本；④由与该企业有业务往来的金融机构出具的资本信用证明；⑤由该企业董事长或总经理签署的委任旅游常驻机构首席代表的授权书及各人员的简历、照片和身份证件；⑥该企业简介，包括经营历史和业绩、负责人员、组织结构、同中国开展旅游业务等情况。

(3) 外国企业在中国设立旅游常驻机构，应当有中国一家国际旅行社作为推荐单位，向国家旅游局申请批准。推荐单位必须具备下列条件：是经国家旅游局批准成立的国际类旅行社；与被推荐企业有1年以上的旅游协作关系；出具推荐信，说明被推荐企业组织来华旅游人数和有无拖欠团费等方面的情况；推荐单位不得提供伪证，否则将被取消推荐资格。

（二）外国旅行社常驻机构的管理

外国旅行社在中华人民共和国境内设立常驻机构，必须经国务院旅游行政主管部门批准。外国旅行社常驻机构只能从事旅游咨询、联络、宣传等非经营性活动，不得经营招徕、接待等旅游业务。包括不得从事订房、订餐和订交通客票等经营性业务。外国旅行社违反上述规定，超出业务范围，经营旅游业务的，由旅游行政管理部门责令停止非法经营，没收其非法所得，并处以人民币1万元以上5万元以下罚款。

六、外商投资旅行社的特别规定

1998年12月2日，经国务院批准，国家旅游局、外经贸部发布了《中外合资旅行社试点暂行办法》。该《办法》出于保护我国旅行社的目的，曾经为外国旅行社进入我国筑起了一道较高的门槛。加入世界贸易组织（WTO）后，国内服务业对外开放已迈开步伐。我国政府承诺：符合条件的外国服务提供者可以在中国政府指定的旅游度假区和北京、上海、广州以及西安开办中外合资旅行社。不迟于2003年1月1日，允许外资控股。不迟于2005年12月31日，允许设立外商独资旅行社。不迟于2005年12月31日，取消对合资旅行社设立分支机构的限制。为了渐进式、有条件的逐步实现旅行社市场的开放，自2002年11月1日起施行的修改后的《旅行社管理条例》专门增加一章，作为第四章，对外商投资旅行社作了特别规定。2003年6月12日，国家旅游局和商务部联合发布了《设立外商控股、外商独资旅行社暂行规定》。2005年2月17日，中华人民共和国国家旅游局、中华人民共和国商务部令第20号和2005年12月29日第25号令对“暂行规定”作了部分修订。

（一）投资类型

根据《旅行社管理条例》的规定，外商投资旅行社包括外国旅游经营者同中国投资者依法共同投资设立的中外合资经营旅行社、中外合作经营旅行社和外商独资经营旅行社。

（二） 申请条件

1.中方合营者的条件

①是依法设立的公司；②最近三年无违法或者重大违纪记录；③符合国务院旅游行政主管部门规定的审慎和特定行业的要求。

2.外商合营者的条件

① 是旅行社或主要从事旅游经营业务的企业；② 年旅游经营总额 4 000 万美元以上，但根据“中华人民共和国国家旅游局、中华人民共和国商务部令”第 25 号的规定，对香港服务提供者和澳门服务提供者进入内地的准入条件适当降低，即：在内地设立独资旅行社的香港服务提供者和澳门服务提供者的年旅游经营总额不低于 2 500 万美元，在内地设立合资旅行社的香港服务提供者和澳门服务提供者的年旅游经营总额不低于 1 200 万美元；③ 是本国旅游行业协会的会员。

（三） 注册资本

中外合资旅行社的注册资本最低限额为人民币 400 万元。中外合资旅行社的注册资本可以进行调整，调整期限由国务院旅游行政主管部门会同国务院对外经济贸易主管部门确定。现根据 2005 年 2 月 17 日发布的“中华人民共和国国家旅游局、中华人民共和国商务部令第 20 号的规定，注册资本调整为 250 万元。

中外合资经营旅行社各方投资者的出资比例，由国务院旅游行政主管部门会同国务院对外经济贸易主管部门按照有关规定确定。

中外合作经营旅行社的注册资本最低限额、各方出资比例比照中外合资旅行社执行。

（四） 审批程序

设立外商投资旅行社，由中国投资者向国务院旅游行政主管部门提出申请，并提交《旅游管理条例》规定的文件和规定条件的证明文件。国务院旅游行政主管部门在受理申请之日起 60 日内对申请审查完毕，作出批准或不批准的决定。予以批准的，颁发《外商投资旅行社业务经营许可审定意见书》；不予批准的，书面通知申请人并说明理由。

申请人持该意见书以及各方签字的合同、章程向国务院对外贸易主管部门提出设立外商投资企业的申请。国务院对外贸易主管部门在有关法律、行政法规规定的时间内，进行审查，作出批准或者不批准的决定。予以批准的，颁发《外商投资企业批准证书》，并通知申请人向国务院旅游行政主管部门领取《旅行社业务经营许可证》；不予批准的，书面通知申请人并说明理由。

申请人凭《旅行社业务经营许可证》和《外商投资企业批准证书》向工商行政管理机关办理外商投资旅行社的注册登记手续。

（五） 经营范围

外商投资旅行社可以经营入境旅游业务和国内旅游业务。外商投资旅行社不得经营中国公民出国旅游业务以及中国其他地区的人赴香港特别行政区、澳门特别行政区和台湾地区的旅游业务。

第三节 旅行社的经营

旅行社在经营的过程中，必须严格按照《旅行社管理条例》的有关规定执行，不得违反规定擅自经营。

一、旅行社经营规则

1．禁止超范围经营

旅行社应当按照核定的经营范围开展经营活动，严禁超范围经营。根据《旅行社管理条例实施细则》的第三十五条规定，超范围经营包括：

（1）国内旅行社经营国际旅行社业务；

（2）国际旅行社未经批准经营出国旅游业务、港澳台旅游业务和边境旅游业务；

（3）国家旅游局认定的其他超范围经营活动。

2．禁止旅游业务中的不正当竞争

旅行社不得采取下列不正当手段从事旅游业务：

（1）假冒其他旅行社的注册商标、品牌和质量认证标志；

（2）擅自使用其他旅行社的名称；

（3）以承包、挂靠或变相承包、挂靠方式非法转让经营权或部分经营权；

（4）与其他旅行社串通起来制定垄断价格，损害旅游者和其他旅行社的利益；

（5）以低于正常成本价的价格参与竞销；

（6）委托非旅行社单位或任何个人代理或变相代理旅游业务；

（7）制造和散布有损其他旅行社的企业形象和商业信誉的虚假信息；

（8）为招徕旅游者，向旅游者提供虚假的旅游服务信息；

（9）其他被国家旅游局认定为扰乱旅游市场秩序的行为。

3．不得向旅游者介绍和提供下列旅游项目

（1）含有损害国家利益和民族尊严内容的。

（2）含有民族、种族、宗教、性别歧视内容的。

（3）含有淫秽、迷信、赌博内容的。

（4）含有其他被法律、法规禁止的内容的。

4．禁止超经营范围的广告宣传

旅行社所作广告应当符合国家有关法律、法规的规定，不得进行虚假广告宣传。严禁旅行社超出经营范围进行广告宣传。旅游广告应当具备以下内容：

（1）旅行社名称和许可证号码、类别、地址和联系电话。

（2）委托代理业务广告应当注明被代理旅行社的名称。

（3）旅游业务广告应包括旅游线路、项目和主要内容、天数、旅游服务价格和收费等。

旅游业务广告不得用模糊、不确定用语故意误导、欺骗旅游者和公众。

5．发生业务往来应当签订合同

旅行社委托其他旅行社代理招徕或接待旅游者，旅行社与饭店、餐饮、交通、景点等企业以及与境外旅行社发生业务往来，应当签订合同，约定双方的权利和义务。

6．制作和保存业务档案

旅行社招徕、接待旅游者，应当制作和保存完整的业务档案。其中，出境旅游档案保存期最少为 3 年，其他旅游档案保存期最少为 2 年。

7．按规定报送统计报表

旅行社应当按照国家旅游局的有关规定，向旅游行政管理部门报送统计报表，不得提供虚假数据或伪造统计报表。

8. 对不合格旅行社实行退出机制

对于严重违规和不具备正常经营能力的旅行社，旅游行政管理部门可以依法暂停或取消其旅行社经营资格。例如，国务院第354号令公布的《中国公民出国旅游管理办法》规定，经营出国旅游业务的旅行社有以下6种情况将被取消出国旅游业务经营资格：

(1) 入境旅游业绩下降的；

(2) 因自身原因，在1年内未能正常开展出国旅游业务的；

(3) 因出国旅游服务质量问题被投诉并经查实的；

(4) 有逃汇、非法套汇行为的；

(5) 以旅游名义弄虚作假，骗取护照、签证等出入境证件或者送他人出境的；

(6) 国务院旅游行政部门认定的影响中国公民出国旅游秩序的其他行为。

组团社有上述情形之一的，旅游行政管理部门可以暂停其经营出国旅游业务；情节严重的，取消其出国旅游业务经营资格。

二、旅行社的主要权利

(一) 有权收取合法费用

旅行社作为以营利为目的的经营性企业，享有法律赋予的自主权。为旅游者提供的旅游项目，有权按照国家规定的旅游价格和服务收费标准向旅游者和有关经营单位收取合理的费用。为游客提供的导游、交通、联系住宿、组织旅游项目等正当的旅游业务，有权收取相应报酬。旅行中，事先征得旅游者同意，对增加的服务项目可加收费用。

(二) 有权按合同的规定索赔

旅行社有权要求旅游者依照旅游合同规定的时间、路线、方式进行旅游。如旅游者未按合同约定的时间参加旅游团，旅行社可以扣除旅游者交付的定金作为违约金，由于旅游者自身的行为造成旅行社损失的，旅行社有权提出索赔。

(三) 有权要求经营人员保守商业秘密

旅行社的独特经营和管理方式、经营技巧、技术手段及产品加工方式等能带来巨大的利润，皆属于旅行社的商业秘密，受到法律的保护。《旅行社管理条例》规定，经营人员未经旅行社同意，不得披露、使用或者允许他人使用其所掌握的旅行社商业秘密。

三、旅行社对旅游者的主要义务

旅行社应按照合同的约定，切实维护旅游者的合法权益。

(一) 依法签订旅游合同

在旅行社与旅游者之间，双方都是平等的民事主体。旅行社组织旅游者旅游，应当主动与旅游者签订旅游合同，约定双方的权利和义务。主要内容包括：旅游行程（包括所乘交通工具、游览景点、住宿标准、餐饮标准、娱乐标准、购物次数等）安排、旅游价格、违约责任等。旅行社因不能成团，欲将已签订合同的旅游者转让其他旅行社出团时，必须征得旅游者书面同意。未经旅游者书面同意，擅自将旅游者转让给其他旅行社的，转让的旅行社应当承担相应的法律责任。

(二) 保障人身财产安全

旅行社应当为旅游者提供符合保障旅游者人身、财物安全需要的服务。对可能危及旅游者人身、财物安全的事宜，应当向旅游者作出真实的说明和明确的警示，并采取防止危害发生的措施。对旅游地可能引起旅游者误解或产生冲突的法律规定、风俗习惯、宗教信仰等，应当事先给旅游者明确的说明和忠告。

（三）投保旅行社责任保险

旅行社从事旅游业务经营活动，必须投保旅行社责任保险。同时，旅行社在与旅游者签订旅游合同时，应当推荐旅游者购买相关的个人保险。

（四）按照规定明码标价

旅行社所提供的服务项目应明码标价，质价相符，不得有价格欺诈行为。同时，在按照国家规定向旅游者收取服务项目的费用时，应出具服务单据。

（五）严格执行服务标准

旅行社应当为旅游者提供约定的各项服务，所提供的服务不得低于国家标准或行业标准。旅行社对旅游者就其服务项目或服务质量提出的询问，应当作出真实、明确的答复。

（六）承担损害赔偿责任

旅行社有义务对由于自身的过错使旅游者蒙受的损失承担赔偿责任，除因不可抗力和法律另有规定之外，旅行社对自己的过错行为都应承担相应的法律责任。例如旅行社因自身过失未达到合同约定的服务质量标准，旅行社服务未达到国家标准和行业标准，旅行社破产造成旅游者预交旅行费损失的，都应给予相应的赔偿。

四、违反《旅行社管理条例》的处罚

（一）旅行社有下列行为之一的，由旅游行政管理部门处以警告，并责令限期改正；逾期不改的，处以3天至15天的停业整顿，可以并处人民币3千元以上1万元以下的罚款

(1) 招徕、接待旅游者旅游，未制作和保存业务档案；

(2) 无理拒绝旅游行政管理部门的监督检查。

（二）旅行社有下列行为之一的，由旅游行政管理部门责令限期改正；有违法所得的，没收其违法所得；逾期不改的，处以15天至30天停业整顿，可以并处人民币5 000元以上2万元以下的罚款；情节严重的，由旅游行政管理部门吊销其许可证

(1) 超出核定的经营范围开展旅游业务的；

(2) 未办理旅行社责任保险的；

(3) 以承包、挂靠或变相承包、挂靠等方式转让部分经营权的；

(4) 提供的服务不能保证旅游者人身、财物安全的需要，致使旅游者人身、财物受到损害；

(5) 对提供的旅游服务项目，不按照国家的有关规定收费，旅行中增加服务项目，强行向旅游者收取费用；

(6) 聘用未经旅游行政管理部门考核、持有资格证书的导游、领队；

(7) 选择境外未经合法登记的旅行社作为接待社；

(8) 与境外接待社未签订约定双方的权利和义务的合同。

（三）旅行社有下列行为之一的，由旅游行政管理部门处以警告，责令限期改正；有违法所得的，没收违法所得，并处以违法所得3倍以下的罚款，但最高不超过3万元；没有违法所得的，处以3 000元以上1万元以下的罚款

(1) 非法转让或变相转让许可证；

旅行社进行检查时，应当出示有效证件。检查人员未出示有效证件的，旅行社有权拒绝其进行检查。旅游行政管理部门的检查人员不得泄露旅行社的商业秘密。旅行社应当严格执行国家有关旅游工作的法规政策，接受旅游行政管理部门的监督和检查。

（二）监督检查的内容

旅游行政管理机关对旅行社进行监督检查的内容包括以下几方面：

（1）旅行社的业务经营；

（2）旅行社的对外报价；

（3）旅行社的资产状况；

（4）旅行社的服务质量；

（5）旅行社的旅游安全；

（6）旅行社的财务管理；

（7）旅行社的资格认证。

旅行社应当按照旅游行政管理部门的要求提供有关报表、文件和资料。

（三）监督检查的方式

旅游行政管理部门对旅行社的监督检查可通过以下几种方式进行：

（1）日常检查；

（2）专项检查；

（3）个案检查；

（4）年度检查。

旅行社如无理拒绝旅游行政管理部门的监督检查的，旅游行政管理部门可处以警告，并责令限期改正，逾期不改的，处以3～15天的停业整顿，可以并处人民币3 000元以上1万元以下的罚款。

旅游行政管理部门对旅行社每年进行一次年度检查，旅行社应当按照旅游行政管理部门的规定，提交年检报告书、资产状况表、财务报表以及其他有关文件资料。

【本章小结】 本章回顾了旅行社的发展历史，详细介绍了旅行社的法律特性、旅行社的分类、旅行社成立的条件、旅行社成立的程序、成立旅行社应提交的文件和批准过程、设立旅行社分支机构的有关规定、外国旅行社常驻机构的设立、外商投资旅行社的特别规定、旅行社经营规则、旅行社的主要权利和义务、违反《旅行社管理条例》的处罚、旅行社管理中的业务经营许可证制度、经理资格认证制度、质量保证金制度、公告制度和监督检查制度。

【关键词】 旅行社 设立 经营 特别规定 管理制度

【思考题】 1. 试述旅行社的法律特征。

2. 试述外商投资旅行社的特别规定。

3. 简述旅行社的经营规则。

4. 旅行社对旅游者的主要义务有哪些？

5. 试述质量保证金的理赔程序。

第七章　导游人员管理法规

学习要点：

1. 导游人员概述。
2. 导游人员的管理。
3. 导游人员的权利和义务。

导游是旅行社的主力军，是国家旅游方针政策的宣传者和具体执行者，曾获得“国家名片”和“形象大使”的美誉。特别是随着旅游业的不断发展，导游人员的地位和作用显得越来越重要。为进一步提高导游人员的素质，加强对导游人员的法律管理，规范导游活动，保障旅游者和导游人员的合法权益，促进旅游业的健康发展，国务院在国家旅游局 1987 年发布的《导游人员管理暂行规定》的基础上，于 1999 年 5 月 14 日发布了《导游人员管理条例》，并于同年 10 月起施行。

第一节　导游人员概述

一、导游人员的定义

导游人员又简称为导游。所谓导游，是指依照《导游人员管理条例》的规定取得导游证，接受旅行社委派，为旅游者提供向导、讲解及相关旅游服务的人员。

由上述对导游人员法定的概念中可见，导游人员具有如下特征：

（一）特定的程序

导游是依法取得导游证的人员。在日常生活中，对导游人员的理解是各种各样的，如到外地旅行时，请熟悉当地情况的人员带路并在旅游过程中作讲解，人们常称之为导游，但这不是《导游人员管理条例》中所称的导游，因其可能没有依法取得的导游证。可见，有无合法的导游证是区别于法定的导游和日常生活中泛称的导游的标志。

（二）特定的工作

导游是为旅游者提供向导、讲解及相关服务的人员。所谓向导，指引路、带路，以按照事先拟定的旅游路线进行旅游，而讲解则是为旅游者讲述、解释、说明和指点旅游过程中见到的各种自然景观和人文旅游资源，介绍中国的美好河山、悠久历史，传播中国的灿烂文化。此外，导游还为旅游者代办各种旅行证件，代购交通票据，安排旅游住宿、旅途就餐等与旅行游览有关的各种服务。

（三）特定的委派

导游是接受旅行社指派的人员。日常生活中，为他人提供向导讲解和服务的人员屡见不鲜，但只有那些受旅行社指派并为旅游者提供有关服务的人员才是我国法律上所称的导游人员。

二、导游人员的条件

根据我国《导游人员管理条例》规定，导游人员应具备以下条件：

（一）必须是中华人民共和国公民

公民是具有一国国籍的人。我国宪法规定，凡取得中华人民共和国国籍的人都是中华人民共和国公民。导游人员必须是我国公民。外国人和无国籍人士不能成为我国的导游。

（二）应具有高级中学、中等专业学校或者以上的学历

学历体现了一个人接受教育的程度，是衡量某人文化水平和知识结构的客观标准。旅游者希望通过旅游活动丰富自己的阅历，增加智力，启迪美感，因而要求导游人员是个百科全书式的人物，既对祖国的历史文化、名山大川和风俗习惯有广泛了解，又具有较深的专业基础知识和较高的文化素养。因此，从法律上规定导游人员应具备一定层次的学历是很有必要的。

（三）身体健康，能适应工作的需要

导游工作既是一项脑力劳动，又是一项艰苦的体力劳动，不少导游每天要爬山几十里，并且连续不断地工作。同时由于各地的生活习惯、水土饮食的不同，以及各种环境下的气候条件的差异，给导游人员的生活和工作带来了诸多的不便，因此，健康的身体是做好导游工作的前提条件。

（四）具有丰富的导游知识和语言表达能力

导游人员不仅要达到高中以上的学历层次和文化程度，同时还应具有导游专业知识和与导游业务相关的基础性知识。导游人员知识面要广，要具有旅行知识，心理学和美学知识，政策与法规知识，史地知识，政治、经济文化和国际知识。语言表达能力是导游最重要的基本功，是导游服务的工具，导游无扎实的语言功底，不可能顺利地进行文化交流，也就无法完成导游的工作任务。因此要求导游人员语言准确，清楚流畅，生动活泼，幽默风趣，能扣人心弦，启迪人们的美感，消除人们的旅途疲劳。涉外导游人员至少应掌握并熟练使用一门外语，最好掌握两门至三门外语。只有将较强的语言表达能力置于丰富的旅游知识的宝库之中，才能取得良好的导游效果。

（五）通过导游人员资格考试并获得资格证书

要成为导游员，除具备以上4个条件外，还应参加导游人员资格考试，经考试合格，由国务院旅游行政部门或者国务院旅游行政部门委托省、自治区、直辖市人民政府旅游行政部门颁发导游人员资格证书。这里的旅游行政部门指国家旅游局及省、自治区、直辖市旅游局。只有这两级旅游局才有权印制或颁发导游人员资格证书，其他地方各级旅游行政部门无权进行。我国从1988年开始在全国开展导游人员资格考试，规定由国家旅游局批准组成全国考试委员会统一领导和布置，各省、自治区、直辖市旅游局批准组成的考试委员会具体组织实施，规定考试科目为语文（分国语、地方语或少数民族语言）、政策与法规、导游基础知识、导游业务。从2002年开始，对考试科目和考试方式进行了调整。

全国导游资格证考试的有关规定

考中文导游需要准备的资料有政策与法规、导游基础知识、导游实务。考试分两个阶段,第一阶段是笔试,第二阶段是面试。笔试:只考“导游相关知识”(包括政策与法规、职业道德和时事政治等)和“导游专业知识”(包括导游基础知识和导游业务)两科,一般只要平均分考到60分以上,就可以通过了。根据各个不同省

续上表

份的要求也许略有出入。 大多数人认为政策与法规比较难考，因为法律法规比较枯燥，需要记忆的东西相对较多。2002年职业道德只占了很少一部分，而且涉及到的内容也很简单。时事题通常是5分。政策法规考题一般为单项选择、多项选择、简答和案例分析几大类。选择题一般占50分。 导游基础知识分为全国导游基础知识和地方导游基础知识(所谓地方，就是报考者所在的省份)。导游基础知识考试题型，一般为填空题、名词解释、简答题、问答题。 在笔试过关以后，就可以全力准备面试了。面试一般有三位主考官，他们会分别提2~4个问题，有的会提更多。回答问题固然很重要，但最主要的是导游词讲解，这是重中之重。一般说来，只要在导游讲解过程中，做到普通话标准流利，讲解不停顿，基本上可以顺利过关。面试中，心理素质显得尤为重要。 导游词一般准备5~7分钟为宜(具体时间最好自己确定一下)，不要太长，因为面试时间只有15分钟，还得留时间给老师提问，所以准备导游词的时候，一定要自己看着表进行多次练习。如果太长或太短，就要做修改。练习时要注意声音洪亮、吐字清晰、语速适中、面部略带微笑。 考外语导游与考中文导游的区别只是面试时所使用的语言不同。其他要求都完全一样。

（六） 与旅行社订立劳动合同或在导游服务公司登记，并领取导游证

按照《导游人员管理条例》的规定，在中华人民共和国境内从事导游活动，必须取得导游证。当导游人员取得导游人员资格证书以后，经与旅行社订立劳动合同或者在导游服务公司登记，方可持所订立的劳动合同或登记证明材料，向省、自治区、直辖市人民政府旅游行政部门申请领取导游证。

三、导游证与导游资格证书

导游证是国家准许从事导游工作的证件，设立导游证制度是为了维护旅游的声誉，保证导游服务的质量，便于旅游行政部门的监督检查。导游证既是导游人员的资格证件，也是国家准许从事导游工作的职业证件，还是导游人员执行导游任务的工作证件。

（一） 导游证的类别

依据《导游人员管理条例》规定，导游证可分为正式导游证和临时导游证两种。

1. 正式导游证

亦即导游证。它是指参加导游人员资格考试并合格，取得导游人员资格证书的人员，经与旅行社订立劳动合同或者在导游服务公司登记，由省、自治区、直辖市人民政府旅游行政部门颁发的导游证。持有正式导游证的人员，可以是专职的导游人员，也可以是兼职的导游人员；可以是旅行社的正式员工，也可以是某旅行社聘用人员。但是，持有正式导游证的人员，都必须是经过导游人员资格考试并合格，取得导游人员资格证书的人员。

2. 临时导游证

所谓临时导游证，是指具有特定语种语言能力的人员，虽未取得导游人员资格证书，但因旅行社需要聘请其临时从事导游活动，而由旅行社向省、自治区、直辖市人民政府旅游行政部门申请领取的导游证。由此可见，领取临时导游证的条件，一是具有某种特定语种语言能力；二是旅行社需要聘请其临时从事导游活动。

（二） 正式导游证与临时导游证的区别

1. 有无取得导游人员资格证书

即正式导游证持有者是经过导游人员资格考试并合格、取得导游人员资格证书者；而临

续上表

可凭借手持读卡机等电子设备读取其内容。新版导游证于2002年4月1日在部分地区试行,于2003年4月1日在全国实行。从2002年4月10日起,未实行新版导游证的地区以旧版导游证配之导游证副证方可继续使用。旧版导游证截至2003年3月31日废止。

（六）不得颁发导游证的情形

根据《导游人员管理条例》的规定，有下列情形之一的，不得颁发导游证。

1. 无民事行为能力或限制民事行为能力的

所谓民事行为能力是指公民通过自己的行为取得民事权利和承担民事义务的资格。我国民事法律规范以公民的年龄、智力和精神健康状况为根据，将公民的民事行为能力分为完全民事行为能力、限制民事行为能力和无民事行为能力三种。在我国不满十周岁的未成年人和不能辨认自己行为的精神病人是无民事行为能力人，他们不得担任导游员。只有具备完全民事行为能力的公民，才能申请领取导游证，从事导游职业。

2. 患有传染性疾病的

所谓传染性疾病是指《中华人民共和国传染病防治法》中所讲的肺结核、麻风病、天花、伤寒、病毒性肝炎等由病原体传染引起的疾病。由于导游直接地、长期地与旅游者接触，如果患有传染性疾病，难免不将其疾病传染给旅游者，造成交叉传染，因此，旅游行政部门不得将导游证颁发给患有传染病的人员。

3. 受过刑事处罚的，过失犯罪除外

刑事处罚是指国家司法机关对触犯国家刑事法律规范的犯罪人依法追究刑事责任，处以刑罚。对受过刑事处罚的人，不得颁发导游证。我国刑法根据犯罪主体对自己危害行为和危害结果所抱的心理态度，将犯罪分为故意犯罪和过失犯罪，故意犯罪是行为人明知自己的行为会发生危害社会的结果，并且希望或者放任这种结果的发生所进行的犯罪。过失犯罪是行为人应当预见自己的行为可能发生危害社会的结果，因为疏忽大意而没有预见或者已经预见而轻信能够避免的心理状态下进行的犯罪，由于过失犯罪人主观上并没有危害社会的目的，其主观恶性较小，对于过失犯罪的人，尽管受过刑事处罚，但仍可申请领取导游证。

4. 被吊销导游证的

某些曾经取得导游证的导游人员，因违反导游管理法规，被旅游行政部门处以吊销导游证的处罚，其后即使又参加并通过导游人员资格考试，取得导游人员资格证书，但因其在导游执业中有过不良表现的记载，并受过被吊销导游证的处罚，已不适应继续从事导游职业。因此旅游行政管理部门不得重新对其颁发导游证。这既是保证导游的质量和提高导游人员素质的需要，也是对导游人员提出的警示性要求。

《导游人员管理条例》规定，省、自治区、直辖市人民政府旅游行政部门应当在收到申请领取导游证之日起15日内颁发导游证；发现以上4种情形之一者，不予颁发导游证，并书面通知申请人。

四、导游人员的分类

从我国有关法律规定和旅游业务的实践来看，对导游人员可作如下分类：

（一） 按导游的服务范围分类

1. 海外领队

是指经国家旅游行政管理部门批准，由可以经营出境旅游业务的旅行社委派，全权代表该旅行社带领旅游团从事旅游活动的工作人员。

2. 全程陪同导游

是指受旅行社委派或聘用，为跨省、自治区、直辖市范围的旅游者提供整个旅程导游服务的人员。全程陪同导游一般由与外国旅行社或者旅游者直接签订合同的旅游接待部门委派，负责从外国旅游者入境到出境、国内旅游者从组团到离团，一直陪伴旅游者（团）并为其安排旅行和游览事项，提供向导、讲解等旅途服务。原则上，旅游者在旅游过程中，凡涉及全程旅游活动中的事项，均由全程陪同导游处理。

3. 地方陪同导游

是指受旅行社委派或聘用，在本省、自治区、直辖市范围内为旅游者提供导游服务的人员。旅游者在各地区旅游中的食、住、行、游、购、娱等活动，原则上应由当地的地方陪同导游人员提供服务。地方陪同导游一般由某省或地区的旅行社委派。

4. 定点陪同导游

是指受旅行社委派或聘用，在某个参观、游览点内为旅游者提供导游服务的人员，定点导游一般只负责某个参观、游览点内的向导和讲解服务。

（二） 按导游语言分类

1. 外语导游

即用外国语为外国旅游者提供导游服务的人员。目前我国主要有英、法、日、俄、德、西班牙、阿拉伯、朝鲜、泰、越等语种的导游人员。

2. 汉语普通话导游

我国大部分地区都由普通话导游人员接待。

3. 中国地方语导游

如使用广东话、闽南话等方言进行导游。

4. 少数民族语导游

如使用藏语、维吾尔语、蒙古语等少数民族语言进行导游。

（三） 按隶属关系分类

1. 专职导游

属于旅行社编制内的工作人员，其任务是从事导游翻译工作。

2. 业余导游

又称兼职导游，是旅行社根据其导游业务及工作的需要，从社会中聘请其他单位的，以解决旅游旺季旅行社人员不足的矛盾而临时借用的导游人员，业余导游除行政隶属关系不在旅行社外，职责同专职导游完全相同。

国务院旅游行政管理部门，负责制定全国导游人员年审工作政策，组织实施并监督检查。省级旅游行政管理部门负责组织、指导本行政区域内导游人员年审工作并监督检查。导游人员所在地旅游行政管理部门具体负责组织实施对导游人员的年审工作。

（一）年审的内容和结论

年审以考评为主，考评的内容应包括当年从事导游业务情况、扣分情况、接受行政处罚情况、游客反映情况等。考评等级为通过年审、暂缓通过年审和不予通过年审三种。

（二）扣分后的处理情形

（1）一次扣分达到10分的，不予通过年审。

（2）累计扣分达到10分的，暂缓通过年审。

（3）一次被扣8分的，全行业通报。

（4）一次被扣6分的，警告批评。

（5）暂缓通过年审的，通过培训和整改后，方可重新上岗。

（三）年审培训

导游人员必须参加所在地旅游行政管理部门举办的年审培训。培训时间应根据导游业务需要灵活安排。每年累计培训时间不得少于56小时。

（四）年审的内部管理

旅行社或导游管理服务机构应为注册的导游人员建立档案，对导游人员进行工作培训和指导，建立对导游人员工作情况的检查、考核和奖惩的内部管理机制，接受并处理对导游人员的投诉，负责对导游人员年审的初评。

四、等级评定与考核

为了加强导游人员队伍建设，提高导游人员素质和接待服务水平，客观、公正地评价和选拔人才，调动导游人员钻研业务和努力工作的积极性，引入竞争机制，为改革全国导游管理体制和建立导游人才市场创造条件以及为旅行社服务的等级化创造人员条件，国家旅游局于1994年发布了《关于对全国导游员实行等级评定的意见》和《导游员职业等级标准》。《导游人员管理条例》也明确规定“国家对导游人员实行等级考核制度”，2005年6月3日，中华人民共和国国家旅游局令第22号正式发布《导游人员等级考核评定管理办法（试行）》，从而使导游员的等级评定成为一项法定制度。

导游人员的等级分为外语导游员和中文导游员两个系列和特级导游员、高级导游员、中级导游员和初级导游员等四个级别。现将两个系列中的 4 个级别的导游员的素质标准分列如下：

（一）导游员职业等级标准

根据导游员职业等级标准的规定，各个等级的导游员必须符合的政治思想、职业道德和身体要求是：拥护中国共产党的领导，热爱祖国，遵纪守法，忠于职守，钻研业务，宾客至上，优质服务，遵守职业道德，身心健康。

1．初级导游员等级标准

（1）知识要求：了解我国的大政方针和旅游及其有关的政策法规；掌握当地主要游览点的导游知识，了解我国主要旅游景点和线路的基本知识；了解与业务有关的我国政治、经济、历史、地理、宗教和民俗等方面的基本知识；了解有关主要客源市场的概况和习俗；掌握导游工作规范；外语导游员基本掌握一门外语，达到外语专业大学三年级水平；中文导游员掌握汉语言文学基础知识，达到高中毕业水平。

（2）技能要求：能独立完成导游接待工作；能与旅游者建立良好的人际关系；能独立处理旅行中发生的一般问题；能与有关业务单位和人员合作共事；导游语言正确、通顺，外语导游员的外语表达基本正确，语音、语调较好，中文导游员的普通话表达清楚、流畅，语音、语调正确、亲切；导游体态大方得体；能准确填写业务所需的各种票据；能起草情况反映、接待简报等有关应用文。

（3）业绩要求：完成企业要求的工作；无服务质量方面的重大投诉，游客反映良好率不低于85%。

（4）学历要求：外语导游员具有外语专业大专或非外语专业本科及其以上学历，中文导游员须高中及其以上学历。

（5）资历要求：取得导游员资格证书后工作满一年。

2. 中级导游员等级标准

（1）知识要求：熟悉我国的大政方针，掌握旅游及其有关的政策法规；全面掌握当地主要游览点的导游知识，了解我国主要旅游景点、线路的有关知识；掌握与业务有关的我国政治、经济、历史、地理、社会、宗教、艺术和民俗等方面的基本知识；熟悉有关主要客源市场的概况和特点；熟练掌握导游工作规范；外语导游员掌握一门外语，达到外语专业本科毕业水平，中文导游员掌握汉语言文学的有关知识，达到大专毕业水平。

（2）技能要求：能接待不同性质、类型和规模的旅行团，有比较娴熟的导游技能；能独立处理旅行中发生的疑难问题；能正确理解旅游者的服务要求，有针对性地进行导游服务；能与旅游者、有关业务单位和人员密切合作，有较强的公关能力；导游语言流畅、生动，语音、语调比较优美，讲究修辞。外语导游员的外语表达正确，中文导游员能使用标准的普通话，并能基本听懂一种常用方言（粤语、闽南话或客家话）；能培训和指导初级导游员。

（3）业绩要求：工作成绩明显，为企业的业务骨干；无服务质量方面的重大投诉，游客反映良好率不低于90%。

（4）学历要求：外语导游员的学历与初级导游员的学历要求相同，中文导游员具有大专及其以上学历。

（5）资历要求：取得初级导游员资格两年以上。

3. 高级导游员等级标准

（1）知识要求：全面掌握我国的大政方针和旅游及其有关的政策法规；全面、深入地掌握当地游览内容；熟悉我国有关的旅游线路和景点知识；有比较宽广的知识面；掌握有关客源市场的重要知识及其接待服务规律；熟练掌握导游工作规范，外语导游员熟练掌握一门外语，初步掌握一门第二外语，中文导游员熟练掌握汉语言文学的有关知识，初步掌握一种常用方言(粤语、闽南话或客家话）。

（2）技能要求：有娴熟的导游技能，并有所创新；能预见并妥善处理旅行中发生的特殊疑难问题；有一定的业务研究能力；能创作内容健康、语言优美的导游词，外语导游员能用一门外语自如、准确、生动、优美地表达思想内容，并能胜任一般场合的口译工作，中文导游员能用标准的普通话和一种常用方言(粤语、闽南话或客家话）工作，语言准确、生动、形象；能培训和指导中级导游员。

（3）业绩要求：工作成绩突出；无服务质量方面的重大投诉，游客反映良好率不低于95%；在国内外同行和旅行社中有一定影响，通过优质服务能为所在企业吸引一定数量的客源，有较高水平的导游工作研究成果(论文、研究报告等)。

（4）学历要求：与中级导游员的学历要求相同。

（5）资历要求：取得中级导游员资格四年以上。

4．特级导游员等级标准

（1）知识要求：对有关的方针、政策和法规有全面、深入和准确的理解；对当地游览内容有独到的认识，全面掌握我国有关旅游线路各景点的知识；有宽广的知识面，在与业务有关的某一知识领域有较深的造诣；掌握有关客源市场的知识，全面、准确、具体地了解其特点和接待服务规律；熟练掌握导游工作规范；外语导游员精通一门外语，基本掌握一门第二外语，中文导游员掌握汉语言文学知识，基本掌握一种常用方言（粤语、闽南话或客家话)。

（2）技能要求：导游技能超群，导游艺术精湛，形成个人风格；能预见和妥善解决工作中的突发事件；能通过优质服务吸引客源；有较强的业务研究能力；有很高的语言表达能力，外语导游员能胜任旅游专业会议及其他重要场合的口译工作，中文导游员能胜任某一有关专业（如重点寺庙、古建筑或博物馆）的解说；能创作富有思想性、艺术性和立论确凿的导游词；能培训和指导高级导游员。

（3）业绩要求：职业道德高尚，工作成绩优异，有突出贡献，在国内外同行和旅行社中有较大的影响；无服务质量方面的重大投诉，游客反映良好率不低于 ９８％；有一定数量高水平并正式发表的导游工作研究成果。

（4）学历要求：学历要求与高级导游员相同。

（5）资历要求：取得高级导游员资格五年以上。

（二）导游人员等级考核评定办法

《导游人员等级考核评定管理办法（试行)》第八条规定，导游人员等级考核评定工作，按照“申请、受理、考核评定、告知、发证”的程序进行。中级导游员的考核采取笔试方式。其中，中文导游人员考试科目为“导游知识专题”和“汉语言文学知识”；外语导游人员考试科目为“导游知识专题”和“外语”。高级导游员的考核采取笔试方式，考试科目为“导游案例分析”和“导游词创作”。特级导游员的考核采取论文答辩方式。同时第九条规定，参加省部级以上单位组织的导游技能大赛获得最佳名次的导游人员，报全国导游人员等级考核评定委员会批准后，可晋升一级导游人员等级。一人多次获奖只能晋升一次，晋升的最高等级为高级。

（三）导游人员等级考核评定的组织管理

国家旅游局负责导游人员等级考核评定标准、实施细则的制定工作，负责对导游人员等级考核评定工作进行监督检查。国家旅游局组织设立全国导游人员等级考核评定委员会。全国导游人员等级考核评定委员会组织实施全国导游人员等级考核评定工作。省、自治区、直辖市和新疆生产建设兵团旅游行政管理部门组织设立导游人员等级考核评定办公室，在全国导游人员等级考核评定委员会的授权和指导下开展相应的工作。

导游员等级证书由全国导游人员等级考核评定委员会统一印制。导游人员获得导游员资格证书和中级、高级、特级导游员证书后，可通过省、自治区、直辖市和新疆生产建设兵团旅游行政管理部门申请办理相应等级的导游证。

第三节　导游人员的权利和义务

导游人员作为一般公民，依法享有我国宪法和法律规定的各项权利并履行其法定的义务，下面所讲的是《导游人员管理条例》及相关法律规范给导游人员所设定的权利和义务。

一、导游人员的权利

（一）导游人员的人格尊严和人身安全不受侵犯

《导游人员管理条例》规定："导游人员进行导游活动时，其人格尊严应当受到尊重，其人身安全不受侵犯。导游人员有权拒绝旅游者提出的侮辱人格尊严或者违反其职业道德的不合理要求。"

人格权是导游人员作为法律关系的主体所享有的一种权利。这种权利为导游人员人身所固有并为法律所承认。我国宪法规定，中华人民共和国公民的人格尊严不受侵犯。禁止用任何方法对公民进行侮辱、诽谤和诬告、陷害。人格权作为民事主体从事民事活动所必须具备的条件，包括生命健康权、姓名权、肖像权、名誉权、人身自由权、自尊心、自爱心等做人的尊严。在旅游活动中，个别旅游者谩骂甚至殴打导游人员，或者对导游人员提出一些有辱其人格尊严和违反其职业道德的不合理要求，例如在出境旅游中，要求导游人员带其到色情场所等，都违反了我国法律规范的规定，严重侵犯了导游人员的人格权。因此从法律上规定导游人员的人格尊严不受侵犯是完全必要的。导游人员有权拒绝旅游者提出的无理要求。

（二）导游人员在紧急情形下，有调整或者变更接待计划的权利

《导游人员管理条例》规定："导游人员在引导旅游者旅行、游览过程中，遇有可能危及旅游者人身安全的紧急情形时，经征得大多数旅游者的同意，可以调整或者变更接待计划，但是应当立即报告旅行社。"这就授予了导游人员在紧急情况下对旅游计划的调整和变更权。但导游人员在行使这一权利时，必须符合法定条件。

（1）必须是在进行导游活动的过程中。如果在旅游活动尚未开始以前需要变更旅游计划，应由旅行社与旅游者进行协商，达成一致意见后，由旅行社进行调整或变更旅游计划，无需由导游人员进行。

（2）必须遇有可能危及旅游者人身安全的紧急情形。导游人员的职责之一是保护旅游者的安全，如果导游人员在带团过程中，前方可能遇有台风、暴雪、山崩、泥石流等自然灾害的威胁，为了使旅游者的人身安全免遭危害，导游人员应当机立断，及时调整或变更旅游计划。

（3）必须征得多数旅游者的同意。旅游者在旅游活动开始之前都与旅行社订有旅游合同，其合同受法律保护，如果随意变更旅游合同的内容就会造成对旅游者权利的侵犯，但出于对旅游者人身安全的考虑，确实需要调整和变更旅游计划时，必须与旅游者协商。由于旅游团队中旅游者人数较多，难以使每人的意见都完全统一，因此导游人员只要征得多数旅游者同意，就可以调整或变更旅游计划。

（4）变更或调整计划后，必须立即向旅行社报告。旅游计划是由旅行社征得旅游者意见后确定的，导游人员只是受旅行社委派执行接待计划。通常情况下，导游人员无权变更旅游计划，尽管在紧急情况下，导游人员可以调整或变更接待计划，但必须立即报告旅行社，以

得到旅行社的追认。

(三) 导游人员对旅游行政处罚不服，依法享有申请复议和行政诉讼的权利

《导游人员管理条例》对导游人员违反条例的行为规定了具体的处罚措施，同时法律也授予导游人员对旅游行政机关作出的行政处罚不服时有权向上一级旅游行政机关申请复议的权利，例如导游人员对旅游行政机关所给予的罚款、没收非法所得、吊销导游证、暂扣导游证、责令改正等处罚不服的，可申请复议。对于符合法定条件申请旅游行政部门颁发而旅游行政部门拒绝颁发导游人员资格证书或导游证或不予答复的，旅游行政机关违法要求导游人员履行义务的，以及其他侵犯导游人员人身权利和财产权利的行为，可申请复议。同时导游人员对于旅游行政部门给予导游者作出处罚的具体的行政行为不服时，有权按照《行政诉讼法》规定的程序向人民法院提起行政诉讼。

二、导游人员的义务

(一) 维护国家利益和民族尊严

导游人员在进行导游活动时，应当自觉维护国家利益和民族尊严，不得有损害国家利益和民族尊严的言行，这是旅游法律规范对导游人员规定的政治条件与业务要求。导游工作具有涉外性的特点，在接待海外旅游者时，导游人员代表国家的形象，必须以国家利益为重，努力将个人的利益与国家的利益融合起来。为进一步规范导游人员的言行，要求旅行社强化对导游人员的管理。《导游人员管理条例》规定，导游人员进行导游活动时，有损害国家利益和民族尊严的言行的，由旅游行政部门责令改正；情节严重的，由省级旅游行政部门吊销导游证并予以公告；对导游人员所在的旅行社给予警告直至停业整顿。

(二) 接受旅行社委派并严格按旅行社确定的接待计划安排旅游者的旅行、游览活动

首先，导游人员进行导游活动时，必须经旅行社委派。为了规范旅游市场秩序，切实维护旅游者的合法权益，要求导游人员不得私自承揽或者以其他任何方式直接承揽导游业务，进行导游活动，而只能接受旅行社的委派。若导游人员未经旅行社委派，直接承揽导游业务，进行导游活动的，由旅游行政部门责令改正，处 1 000 元以上 3 万元以下罚款；有违法所得的，并处没收违法所得；情节严重的，将受到吊销导游证，并予以公告的处罚。

其次，导游人员应当严格按照旅行社确定的接待计划安排旅游者的旅行、游览活动，除遇可能危及旅游者人身安全的紧急情形并征得大多数旅游者同意外，不得擅自增加、减少旅游项目或者中止旅游活动。旅行社确定的接待计划已经获得旅游者认可并成为旅游合同的重要组成内容。涉及到旅游者乘坐的交通工具、游览的景点、住宿标准、餐饮标准、娱乐标准、购物次数等各个方面，随意变更就有可能造成对旅游者的侵权。导游人员在执行接待计划的过程中，不得彻底放弃原有的导游活动，擅自中止导游活动，若遇到某种特殊情况，暂时中断旅游活动，待该种情况消失后，应及时恢复旅游活动。导游人员若擅自增加或者减少旅游项目，擅自变更接待计划或擅自中止导游活动的，旅游行政部门应责令改正，暂扣导游证 3 ~ 6 个月；情节严重的，由省级旅游局吊销导游证，并予以公告。

(三) 遵守职业道德，尊重旅游者

导游人员在进行导游活动时，应当遵守职业道德，着装整洁，礼貌待人，尊重旅游者的宗教信仰、民族习俗和生活习惯。导游作为社会职业的一种，有自己的行业道德要求和行为规范。主要表现在爱岗敬业、热情友好、耐心细致、文明礼貌、诚实守信、遵纪守法、顾全大局等方面的良好品质。导游人员应当向国外旅游者介绍旅游点及我国自然与人文情况，介

绍各具特色的风土人情与风俗习惯，但不得迎合个别旅游者的低级趣味，不得在讲解中掺杂庸俗下流的内容。同时注意了解旅游者的习惯、习俗和信仰。

（四）维护旅游者的正当权益

树立宾客至上的观念，维护旅游者的权益，不仅是道德的要求，也是法律的要求。导游人员应当为旅游者着想。

首先，导游人员在引导旅游者旅行、游览过程中，应当就可能发生危害旅游者人身、财产安全的情况，向旅游者作出真实说明和明确警示，并按照旅行社的要求采取防止危害发生的措施。在旅游过程中，可能遇到危及旅游者人身、财产安全的客观情况，导游人员有事先作出说明和警示的义务。说明和警示应真实、准确、通俗易懂，同时，导游人员要按照旅行社的要求采取防范措施，否则，导游人员和旅行社都要承担相应的法律责任。

第二，导游人员进行导游时，不得向旅游者兜售物品或者购买物品，不得以明示或者暗示的方式向旅游者索要小费。导游人员的职责是为旅游者提供向导、讲解和相关服务，而向旅游者兜售物品并非导游人员的职责。况且，向旅游者兜售或者购买物品，很容易造成交易的不公平和不公正，从而侵害旅游者的合法权益，损害导游人员的职业形象和旅行社的声誉，还会造成不应有的旅游纠纷。以明示或暗示的方式向旅游者索要小费，一直是我国旅游法律规范所禁止的。所谓明示的方式，是指导游人员用明确的语言、文字或者其他直接表示意思的方式向旅游者索取小费，而暗示的方式是指导游人员以含蓄的语言、文字或示意性的举动间接表达意思的方式向旅游者索要小费。而小费是指旅游者在交纳旅行社各种费用以外给导游等旅游服务人员的钱。如果是旅游者出自内心对导游人员优质服务的感谢，从而奖赏给导游人员的小费，则无可非议，但若导游人员不择手段，明示或暗示旅游者给小费，就会给旅游业的声誉带来恶劣的影响。因此，《导游人员管理条例》规定，导游人员进行导游活动时，向旅游者兜售物品或者购买旅游者的物品的，或者以明示或暗示的方式向旅游者索要小费的，由旅游行政部门责令改正，处 1 000 元以上 3 万元以下的罚款；有违法所得的，并处没收违法所得；情节严重的，由省级旅游局吊销导游证，并予公告；对委派该导游人员的旅行社给予警告直到责令停业整顿。

第三，导游人员进行导游活动，不得欺骗、胁迫旅游者消费或者与经营者串通欺骗、胁迫旅游者消费。欺骗，是指导游人员或者导游人员与经营者串通起来，故意告知旅游者虚假情况或故意隐瞒事实真相，诱使旅游者作出错误消费的意思表示的行为。例如在旅游消费中，导游人员明知是假冒伪劣商品，却告知旅游者是货真价实的商品，诱使旅游者做出购买该商品的错误选择。胁迫是指导游人员个人或其与经营者串通起来，以对旅游者及其亲属的名誉、财产乃至生命健康造成损害为要挟，迫使旅游者作出违背真实消费意思表示的行为。欺骗、胁迫旅游者消费或者与经营者串通欺骗、胁迫旅游者消费是严重侵害旅游者合法权益的行为，如有发生，旅游行政部门应责令改正，处 1 000 元以上 3 万元以下的罚款；有违法所得，并处没收违法所得；情节严重的，由省、自治区、直辖市人民政府通知旅游行政部门吊销其导游证，并予公告；对委派导游人员的旅行社给予警告直到责令停业整顿，构成犯罪的，依法追究刑事责任。

【本章小结】　本章重点介绍导游人员的法律特征、导游人员的条件、导游证与导游资格证书的区别，并对导游人员的分类、导游人员的管理，尤其是对导游人员的计分管理、导游人员的年审管理、导游人员的等级评定与考核、导游人员的权利和义务进行了详细的论述。

【关键词】 导游人员 管理 权利 义务

【思考题】 1．试述导游人员的条件。
2．试述导游证与导游人员资格证书的区别。
3．不得颁发导游证的情形有哪些？
4．试述导游人员的计分管理。
5．试述导游人员在紧急情况下调整或变更接待计划的法定条件。

第八章　旅馆业管理法规

学习要点：

1. 旅馆管理法规概述。
2. 娱乐场所管理制度。
3. 旅游饭店星级评定制度。
4. 旅馆与旅客之间的权利和义务。
5. 旅馆与其他有关方面的权利和义务。
6. 旅馆的法律责任。

旅馆业（或称饭店、酒店，包括住宿、娱乐等内容）是现代旅游业的三大支柱之一。它的发展规模、建筑档次、管理水平和服务质量，在一定程度上直接制约着一个国家旅游业的发展速度。因此，世界各国在发展旅游的过程中，总是把住宿、娱乐业建设纳入法制化的轨道，依法对旅馆业进行管理。

第一节　旅馆管理法规概述

一、旅馆业的发展历史

旅馆业起源于古代的宿处和驿站。古埃及时代，连接城市间的要路上开始有供商队住宿的宿处。我国春秋战国时期，各个诸侯国也有专门用来接待宾客的驿站。美国旅馆大王斯塔特拉（E.M.Statleu）在1908年1月开业了“斯塔特拉旅馆”，揭开了现代旅馆业序幕。随后，昆拉德·希尔顿继承了先辈的事业，在全世界铺开了希尔顿旅馆网，形成了现代旅馆业。

近代工业革命刺激了旅馆业的发展。特别是20世纪中叶旅游活动的发展，使旅馆业成为国际性的经营项目和许多国家重要的经济成分。从旅馆业的发展历史看，随着旅行、游览活动的出现和发展，旅馆业在国际上大体经历了设备简陋、只供睡眠和食物的客栈时期；专为王室和贵族享乐而建筑豪华的大饭店时期；为商业旅行者服务的方便、舒适、价格合理的商业旅馆时期以及主要为旅游者服务的新型旅馆时期。这种新型的旅游住宿场所，在旅游业不断发展的过程中，起着非常重要的作用。

旅馆的种类繁多，功能各异，形式不拘一格。如最早流行于欧洲，盛行于美国的“BB”家庭旅馆（仅提供“住宿和早餐”的旅馆）、“自助”旅馆以及农舍旅馆、青年旅舍、汽车旅馆和公寓式旅馆等。

在我国，饭店、宾馆以及各种招待所、客栈等经营接待旅客并为旅客提供住宿、饮食的场所通称旅馆。由此可见，无论是国内，还是国外，只要是旅馆，就必须具备能为旅游者提供住宿这一基本功能。如果不具备这一基本功能，就不能成为旅馆。

二、旅馆法规的产生

现代新型旅馆出现后，必然出现了旅馆业主与旅客之间、旅馆与旅馆之间以及旅馆与其他相关部门之间的关系。这就需要相关的规则和制度来对业已出现的复杂关系进行调整，于是就产生了旅馆业管理法规。所以，旅馆法规是调整旅馆与旅客之间、旅馆与旅馆之间以及旅馆与其他相关部门之间权利和义务关系的法律规范的总称。

旅馆法规的雏形产生于中世纪。其中最早出现于中世纪的英国。在英、美、法、比等国的法律百科全书中，都有“旅馆法规”条目，专门对旅客同旅馆、餐厅之间有关接待、服务、人身及财产安全等方面的权利和义务关系进行了详细的论述。英美等普通法系国家还有许多旅馆法规方面的判例和单行本。

随着旅游事业的蓬勃发展，旅馆业不仅成为旅游业的主要行业之一，而且是旅游领域各主体之间权利和义务关系最集中的场所。因此，对旅馆业进行法律调整和规范，就成为世界各国政府制定旅游业法律的重要方面。1978 年，国际统一私法协会起草和通过了《关于旅馆合同的协定草案》，对旅馆和其他法律关系主体之间的权利和义务进行了具体规定。我国在 1951 年 8 月公布了《城市客栈暂行管理规则》，1987 年 11 月公安部又发布了《旅馆业治安管理办法》，主要对申请开办旅馆的手续、经营旅馆应遵守的事项以及对违反者的处罚作了规定，以取代 1951 年 8 月公布的《管理规则》。1988 年 8 月颁布的《中华人民共和国评定旅游涉外饭店星级的规定》和《中华人民共和国旅游涉外饭店星级标准》，1998 年又重新进行了修订。1999 年 3 月 26 日，国务院发布了《娱乐场所管理条例》。值得强调的是，我国目前还没有专门的旅馆法来调整旅馆与旅客及旅馆与其他旅游法律关系主体之间的关系，只能用我国民法、经济法及国际惯例进行调整。

第二节　娱乐场所管理制度

娱乐场所是指以营利为目的，并向公众开放、消费者自娱自乐的歌舞、游艺等场所。其经营宗旨是丰富人民群众文明、健康的娱乐生活，促进社会主义精神文明建设。其经营方向是坚持为人民服务，为社会主义服务，开展文明、健康的娱乐活动。为加强娱乐场所的管理，2006 年 1 月 18 日国务院第 122 次常务会议通过了新的《娱乐场所管理条例》，于 2006 年 1 月 29 日发布，自 2006 年 3 月 1 日起施行。

一、娱乐场所经营单位的设立

（一）设立娱乐场所的条件和审批程序

1. 设立条件

申请设立娱乐场所，应当提交投资人员、拟任的法定代表人和其他负责人没有本条例第五条规定情形的书面声明。申请人应当对书面声明内容的真实性负责。

外国投资者可以与中国投资者依法设立中外合资经营、中外合作经营的娱乐场所，不得设立外商独资经营的娱乐场所。

2. 审批程序

《娱乐场所管理条例》第九条规定，设立娱乐场所，应当向所在地县级人民政府文化主管部门提出申请；设立中外合资经营、中外合作经营的娱乐场所，应当向所在省、自治区、直辖市人民政府文化主管部门提出申请。

受理申请的文化主管部门应当就书面申请向公安部门或者其他有关单位核查，公安部门或者其他有关单位应当予以配合；经核查属实的，文化主管部门应当依据本条例第七条、第八条的规定进行实地检查，作出决定。予以批准的，颁发娱乐经营许可证，并根据国务院文化主管部门的规定核定娱乐场所容纳的消费者数量；不予批准的，应当书面通知申请人并说明理由。

文化主管部门审批娱乐场所应当举行听证。有关听证的程序，依照《中华人民共和国行政许可法》的规定执行。

申请人取得娱乐经营许可证和有关消防、卫生、环境保护的批准文件后，方可到工商行政管理部门依法办理登记手续，领取营业执照。娱乐场所取得营业执照后，应当在15日内向所在地县级公安部门备案。

（二）娱乐场所的地域和人员限制

1. 地域限制

《娱乐场所管理条例》第七条规定，娱乐场所不得设在下列地点：（1）居民楼、博物馆、图书馆和被核定为文物保护单位的建筑物内；（2）居民住宅区和学校、医院、机关周围；（3）车站、机场等人群密集的场所；（4）建筑物地下一层以下；（5）与危险化学品仓库毗连的区域。并规定，娱乐场所的边界噪声，应当符合国家规定的环境噪声标准。第八条还同时规定，“娱乐场所的使用面积，不得低于国务院文化主管部门规定的最低标准；设立含有电子游戏机的游艺娱乐场所，应当符合国务院文化主管部门关于总量和布局的要求。”

2. 人员限制

《娱乐场所管理条例》第四条规定：“国家机关及工作人员不得开办娱乐场所，不得参与或者变相参与娱乐场所的经营活动”。“与文化主管部门、公安部门的工作人员有夫妻关系、直系血亲关系、三代以内旁系血亲关系以及近姻亲关系的亲属，不得开办娱乐场所，不得参与或者变相参与娱乐场所的经营活动”。

《娱乐场所管理条例》第五条明确规定，有下列情形之一的人员，不得开办娱乐场所或者在娱乐场所内从业：（1）曾犯有组织、强迫、引诱、容留、介绍卖淫罪，制作、贩卖、传播淫秽物品罪，走私、贩卖、运输、制造毒品罪，强奸罪，强制猥亵、侮辱妇女罪，赌博罪，洗钱罪，组织、领导、参加黑社会性质组织罪的；（2）因犯罪曾被剥夺政治权利的；（3）因吸食、注射毒品曾被强制戒毒的；（4）因卖淫、嫖娼曾被处以行政拘留的。

二、娱乐场所经营

（一）经营限制

1. 禁止内容

《娱乐场所管理条例》第十三条明确规定，国家倡导弘扬民族优秀文化，禁止娱乐场所内的娱乐活动含有下列内容：（1）违反宪法确定的基本原则的；（2）危害国家统一、主权或者领土完整的；（3）危害国家安全，或者损害国家荣誉、利益的；（4）煽动民族仇恨、民族歧视，伤害民族感情或者侵害民族风俗、习惯，破坏民族团结的；（5）违反国家宗教政策，宣扬邪教、迷信的；(6) 宣扬淫秽、赌博、暴力以及与毒品有关的违法犯罪活动，或者教唆犯罪的；(7) 违背社会公德或者民族优秀文化传统的；(8) 侮辱、诽谤他人，侵害他人合法权益的；(9) 法律、行政法规禁止的其他内容。

2. 禁止行为

《娱乐场所管理条例》第十四条明确规定，娱乐场所及其从业人员不得实施下列行为，不得为进入娱乐场所的人员实施下列行为提供条件：(1) 贩卖、提供毒品，或者组织、强迫、教唆、引诱、欺骗、容留他人吸食、注射毒品；(2) 组织、强迫、引诱、容留、介绍他人卖淫、嫖娼；(3) 制作、贩卖、传播淫秽物品；(4) 提供或者从事以营利为目的的陪侍；(5) 赌博；(6) 从事邪教、迷信活动；(7) 其他违法犯罪行为。

娱乐场所的从业人员不得吸食、注射毒品，不得卖淫、嫖娼；娱乐场所及其从业人员不得为进入娱乐场所的人员实施上述行为提供条件。

(二) 经营规范

1. 基础设施要求

《娱乐场所管理条例》规定，娱乐场所的法定代表人或者主要负责人应当对娱乐场所的消防安全和其他安全负责。娱乐场所应当确保建筑、设施符合国家安全标准和消防技术规范，定期检查消防设施状况，并及时维护、更新。娱乐场所应当制定安全工作方案和应急疏散预案。

营业期间，娱乐场所应当保证疏散通道和安全出口畅通，不得封堵、锁闭疏散通道和安全出口，不得在疏散通道和安全出口设置栅栏等影响疏散的障碍物。娱乐场所应当在疏散通道和安全出口设置明显指示标志，不得遮挡、覆盖指示标志。

歌舞娱乐场所应当按照国务院公安部门的规定在营业场所的出入口、主要通道安装闭路电视监控设备，并应当保证闭路电视监控设备在营业期间正常运行，不得中断。歌舞娱乐场所应当将闭路电视监控录像资料留存 30 日备查，不得删改或者挪作他用。

歌舞娱乐场所的包厢、包间内不得设置隔断，并应当安装展现室内整体环境的透明门窗。包厢、包间的门不得有内锁装置。营业期间，歌舞娱乐场所内亮度不得低于国家规定的标准。

2. 电子产品要求

《娱乐场所管理条例》规定，娱乐场所使用的音像制品或者电子游戏应当是依法出版、生产或者进口的产品。歌舞娱乐场所播放的曲目和屏幕画面以及游艺娱乐场所的电子游戏机内的游戏项目，不得含有本条例第十三条禁止的内容；歌舞娱乐场所使用的歌曲点播系统不得与境外的曲库联接。

游艺娱乐场所不得设置具有赌博功能的电子游戏机机型、机种、电路板等游戏设施设备，不得以现金或者有价证券作为奖品，不得回购奖品。

3. 经营行为要求

《娱乐场所管理条例》规定，任何人不得非法携带枪支、弹药、管制器具或者携带爆炸性、易燃性、毒害性、放射性、腐蚀性等危险物品和传染病病原体进入娱乐场所。迪斯科舞厅应当配备安全检查设备，对进入营业场所的人员进行安全检查。每日凌晨 2 时至上午 8 时，娱乐场所不得营业。

歌舞娱乐场所不得接纳未成年人。除国家法定节假日外，游艺娱乐场所设置的电子游戏机不得向未成年人提供。娱乐场所不得招用未成年人；招用外国人的，应当按照国家有关规定为其办理外国人就业许可证。营业期间，娱乐场所的从业人员应当统一着工作服，佩带工作标志并携带居民身份证或者外国人就业许可证。

娱乐场所应当建立营业日志，记载营业期间从业人员的工作职责、工作时间、工作地点；营业日志不得删改，并应当留存60日备查。娱乐场所应当与保安服务企业签订保安服务合同，配备专业保安人员；不得聘请其他人员从事保安工作。

娱乐场所提供娱乐服务项目和出售商品，应当明码标价，并向消费者出示价目表；不得强迫、欺骗消费者接受服务、购买商品。

娱乐场所应当在营业场所的大厅、包厢、包间内的显著位置悬挂含有禁毒、禁赌、禁止卖淫嫖娼等内容的警示标志、未成年人禁入或者限入标志。标志应当注明公安部门、文化主管部门的举报电话。

娱乐场所应当建立巡查制度，发现娱乐场所内有违法犯罪活动的，应当立即向所在地县级公安部门、县级人民政府文化主管部门报告。

三、监督管理

《娱乐场所管理条例》第三条规定，县级以上人民政府文化主管部门负责对娱乐场所日常经营活动的监督管理；县级以上公安部门负责对娱乐场所消防、治安状况的监督管理。

文化主管部门、公安部门和其他有关部门的工作人员依法履行监督检查职责时，有权进入娱乐场所。娱乐场所应当予以配合，不得拒绝、阻挠。文化主管部门、公安部门和其他有关部门的工作人员依法履行监督检查职责时，需要查阅闭路电视监控录像资料、从业人员名簿、营业日志等资料的，娱乐场所应当及时提供。

文化主管部门、公安部门和其他有关部门应当建立娱乐场所违法行为警示记录系统；对列入警示记录的娱乐场所，应当及时向社会公布，并加大监督检查力度。

任何单位或者个人发现娱乐场所内有违反本条例行为的，有权向文化主管部门、公安部门等有关部门举报。文化主管部门、公安部门等有关部门接到举报，应当记录，并及时依法调查、处理；对不属于本部门职责范围的，应当及时移送有关部门。

文化主管部门、公安部门和其他有关部门及其工作人员违反本条例规定的，任何单位或者个人可以向依法有权处理的本级或者上一级机关举报。接到举报的机关应当依法及时调查、处理。

四、法律责任

违反本条例规定，擅自从事娱乐场所经营活动的，由工商行政管理部门、文化主管部门依法予以取缔；公安部门在查处治安、刑事案件时，发现擅自从事娱乐场所经营活动的，应当依法予以取缔。违反本条例规定，以欺骗等不正当手段取得娱乐经营许可证的，由原发证机关撤销娱乐经营许可证。

对违反本条例禁止行为和经营管理规定的行为，由政府主管部门根据违法情节、性质和后果等分别给予责令改正、警告、没收违法所得和非法财物、罚款、责令停业整顿、对相关人员进行行政处分等处罚，构成犯罪的，由司法机关依法追究刑事责任。

第三节　旅游饭店星级评定制度

旅游饭店是我国旅馆业中的主体。它在我国旅游业的发展中起着极为重要的作用。以

“星”来标志饭店等级和以“星”来反映饭店的硬件及软件水平的星级制度，是一种国际通行的方式。对旅游饭店进行星级评定，是国际上通行的惯例。实行这一制度，不仅能使饭店管理向正规化、科学化的方向发展，而且也有利于旅游者选择。随着我国旅游业的发展，1988年8月，国家旅游局参照国际标准，结合中国国情，制定发布了《中华人民共和国评定旅游涉外饭店星级的规定》和《中华人民共和国旅游涉外饭店星级标准》，在我国开始实行了星级评定制度。1998年，根据10年来星级评定的实践，又重新修订了上述《规定》和《标准》。

一、旅游饭店的等级

《中华人民共和国评定旅游涉外饭店星级的规定》中将旅游饭店划分为一星级饭店、二星级饭店、三星级饭店、四星级饭店和五星级饭店。星级越高，表示饭店的档次越高。星级的高低主要反映客源不同层次的要求，标志着建筑、装潢、设备、设施、服务项目、服务水平与宾客需求的一致性和所有住店旅客的满意程度。

二、旅游饭店星级的评定范围

根据《评定规定》，凡在我国境内的，从事接待外国人、华侨、港澳台同胞以及国内公民，正式开业一年以上的国有、集体、中外合资、中外合作以及外商独资的饭店（或宾馆、度假村）都可以申请评定星级。

三、星级评定的机构及其分工

在我国，旅游饭店星级评定的领导机构是国家旅游局。在国家旅游局的统一领导下，省、自治区、直辖市旅游局设立饭店星级评定机构，负责本行政区内的旅游饭店星级评定工作。

根据《评定规定》，国家旅游局设立饭店星级评定机构，负责全国旅游饭店星级评定工作，并具体负责评定四星、五星级饭店；省、自治区、直辖市旅游局饭店星级评定机构具体负责评定本地区一星、二星、三星级饭店，评定结果报国家旅游局饭店星级评定机构备案。对本地区三星级饭店评定后，报国家旅游局饭店星级评定机构确认，并负责向国家旅游局饭店星级评定机构推荐四星、五星级饭店。

四、旅游饭店星级的评定方法

旅游饭店星级评定，采取按星级饭店的必备条件与检查评分相结合的方法综合评定。所谓星级饭店的必备条件，是指星级饭店的设施设备、维修保养、清洁卫生、服务质量、宾客满意程度的检查评分。

在饭店星级评定中，一般地说，饭店所取得的星级表明该饭店所有建筑、设备及服务均处于同一水准。但是，如果一家饭店是由若干座不同设备设施的建筑物组成，饭店星级评定机构可以按照每座建筑物的实际标准评定星级。评定星级后，不同星级的建筑物不得继续使用相同的饭店名称，否则该饭店的星级无效。例如，有一家饭店是由三座不同的建筑物所构成。在星级评定中，该饭店的主楼被评为三星级，而另外两座建筑物分别被评为二星级和一星级。在这种情况下，被评为二星级和一星级的建筑物不得继续使用这家饭店的名称，否则，该饭店的三星级无效。

旅游饭店取得星级后，如需关闭星级标准规定的某些服务设施、设备，取消或更改星级标准规定的某些项目，必须经饭店星级评定机构批准，否则该饭店星级无效。

此外，旅游饭店取得星级后，因进行改造发生建筑标准变化，设施、设备标准变化和服务项目变化，必须向饭店星级评定机构申请重新评定星级，原评星级无效。

五、旅游饭店星级检查

旅游饭店星级检查，实行星级饭店检查员制度。星级饭店检查员分为国家级检查员和地方级检查员两个等级。国家级检查员负责对全国各星级饭店进行星级评定前后的检查；地方级检查员则负责对本地区各星级饭店进行星级评定前后的检查。

由于旅游饭店星级评定检查员是受星级评定机构的委托进行工作的，所以对检查员规定了较高的要求。例如《评定规定》中规定，旅游饭店星级检查员都必须通过国家统一培训考核，才能领取国家级或地方级的星级检查员的检查证。取得检查证的各级检查员每两年要接受一次复检，如果复检不合格，将被取消检查员资格。对国家级检查员还要求具有技术（业务）职称或有较强的饭店行政管理经验和能力。

旅游饭店星级检查员，在国家旅游局及各省、自治区、直辖市旅游局旅游涉外饭店星级评定机构的统一领导和组织下，对申请星级的旅游涉外饭店进行评定，行使检查职能。检查员在检查饭店时，除须持有检查证外，还须持有星级评定机构的介绍信，否则检查员身份无效。

旅游饭店星级检查员，对饭店的检查分为评定前检查和评定后检查两种。评定前的检查是指检查员受星级评定机构的委派，对申请评定星级的饭店，根据《旅游涉外饭店星级的划分及评定》所列内容进行实地检查。评定后的检查是指检查员受星级评定机构的委派，对已经取得星级的饭店进行定期与不定期的明查和暗访。明查的目的是为了核实饭店在取得星级后，设施设备、服务项目、维修保养、清洁卫生等方面是否保持了原有的水准；而暗访的目的是为了监督、考察饭店在取得星级后服务质量方面是否保持了原有的水准。各级检查员在进行饭店星级评定工作中，要坚持原则，秉公办事，不得接受特殊待遇，不得收受礼品，要严格遵守有关规定。各级星级评定机构，有权对违规违纪、滥用职权、徇私舞弊或玩忽职守的检查员给予批评、警告、取消检查员资格直至追究法律责任的处分。

六、旅游饭店星级复核及处理制度

旅游饭店星级评定后，并非一劳永逸。根据《评定规定》，对已经评定星级的饭店，实行复检制度，至少每年复核一次。复核工作由省、自治区、直辖市旅游局饭店星级评定机构组织实施。国家旅游局饭店星级评定机构采取有计划、有重点的方法进行复核。复核采取定期的明查和不定期的暗访相结合的方法进行。

（一）对经复核达不到星级标准的星级饭店的具体处理方法

(1) 经复核，星级饭店不能达到规定标准的，饭店星级评定机构则可以根据具体情况签发警告通知书、通报批评、降低或取消星级；

(2) 饭店接到警告通知书、通报批评、降低或取消星级的通知后，须认真改进工作并在规定期限内将改进情况上报发出通知的饭店星级评定机构；

(3) 凡在一年内接到警告通知书不超过二次（含二次）的饭店，可继续保持原星级；凡在一年内接到三次警告通知书的饭店，旅游饭店星级评定机构将降低或取消其星级，并向社会公布；

(4) 凡是被降低或取消其星级的饭店，自降低或取消其星级之日起半年内，不予恢复星级；半年后，方可申请重新评定星级。

（二）旅游饭店星级评定机构对星级饭店作出处理的权限

(1) 一星级、二星级和三星级饭店达不到规定标准，省、自治区、直辖市旅游局饭店星级评定机构有权签发警告通知书、通报批评、降低或取消星级，并报国家旅游局饭店星级评定机构备案；

(2) 四星级、五星级饭店若达不到规定标准，省、自治区、直辖市旅游局饭店星级评定机构有权签发警告通知书、通报批评，并报国家旅游局饭店星级评定机构备案；如将降低或取消其星级，须报国家旅游局饭店星级评定机构审批；

(3) 根据对各星级饭店检查发现的问题，国家旅游局饭店星级评定机构有权在通知有关省级饭店星级评定机构后，直接签发警告通知书、通报批评、降低或取消星级；

(4) 各星级饭店如发生重大事故，造成恶劣影响，各级旅游涉外饭店星级评定机构可直接降低或取消其星级。

第四节 旅馆与旅客之间的权利和义务

一、旅馆与旅客之间权利和义务的产生和终止

旅馆与旅客之间的权利和义务关系按照合同的规定产生和终止。合同关系一旦成立，旅馆就要对旅客的人身和财物的安全负责。

合同产生有两种情况：一是旅客到旅馆办理了住宿登记手续，或者拿到了客房钥匙；二是旅客向旅馆预订了客房。也就是说，如果旅客向旅馆发出了预订客房的要约，而旅馆接受了这一要约的话，则旅馆与旅客之间的合同关系便告成立了。此时，任何一方如果不按合同的规定履行自己的义务，就必须负责赔偿对方的损失。

合同终止的一般程序是旅馆提出账单，旅客付费后即告完成。但事实上，旅客结账后离开旅馆通常有一段“合理的滞留时间”，例如等车的时间，因此，旅客仍具有“潜在客人的身份”。此时，应视为旅客与旅馆之间的合同关系仍然存在，旅馆对旅客仍负有“潜在的责任”，直到旅客离开旅馆。如果旅客在旅馆内因犯罪行为而被旅馆逐出，那么双方的合同关系就随即终止。

如果旅客延期使用他所居住的客房，那么他和旅馆之间的合同关系终止于他原先所订客房最后一天的 12 点钟。超过 12 点钟，表明他与旅馆重新订立了合同。一般来说，超过中午 12 点钟，加收半天的住宿费，超过下午 2 点钟，加收一天的住宿费。

二、旅馆的权利

(一) 在有合法理由的情况下，可不接受或驱逐旅客

一般来说，合法理由主要有六种情况。

(1) 客满，可以拒绝旅客；

(2) 对卖淫活动的妓女或嫖客，从事盗窃、诈骗、流氓活动的犯罪分子，旅馆有权不接受或驱赶；

(3) 拒绝支付合法收费的旅客，旅馆有权不接待或驱赶；

(4) 旅馆可以要求有传染病的旅客离店，因为这些患者可能对其他旅客的健康和安全构成威胁；

(5) 旅馆可以驱赶擅自闯入的人离店；

(6) 旅馆可拒绝携带危险品的人入店。

（二）有权向旅客收取住宿费和其他合法收费

这里的合法收费是指国家有关部门核准的收费标准和项目。特别是涉外旅馆应当严格按照《中国国际旅游价格管理暂行规定》收取费用。该规定制定的原则是参考国际市场旅游价格，按质论价，合理收费。

当旅客无力或拒绝支付合法收费时，旅馆有权扣留旅客的财物，即行使“留置权”。这种留置权只有在旅客付清欠账时才能终止。

为了帮助世界各国旅馆业正确行使留置权，国际统一私法学社《关于旅馆合同的协议草案》第十条中对旅馆的留置权作了具体规定。

(1) 除应由旅客以外的一方向旅馆支付费用外，为了确保旅客支付已提供住宿设备和服务的费用，旅馆有权扣留旅客带往旅馆的任何有商业价值的财物。

(2) 如果旅客对应交的款项已提供足够的担保，或已将同等金额存放在双方都同意接受的第三方手里或存放在官方机构里，则旅馆不能再扣留旅客的上述财物。

(3) 旅馆应该在向旅客发出合适的和有一定期限的通知后才能将所扣留的旅客财物出售，所扣留的部分应以能抵偿欠款为限。被扣留财物的出售应按旅馆所在地法律的规定进行。

(4) 旅馆扣留旅客财物和出售财物的权利，以及财物出售后的收益是否会影响到第三者的权利，应按旅馆所在地法律的规定执行。

值得注意的是，旅馆按法律规定留置旅客财物的目的是促使旅客履行债务。所以，只有当旅客不履行债务超过法律规定的一定期限，旅馆才能按法律程序变卖其财产，并从变卖的价款中得到清偿。如果旅客付清欠账，旅馆应主动将财物交还给对方，留置权消失。

（三）有权要求旅客赔偿因预订后不使用客房或者提前离店给旅馆造成的经济损失

国际统一私法学社《关于旅馆合同的协议草案》第六条第三款中对赔偿作了具体规定：预订不住时，赔偿预订住宿期的头两天合同规定的房费和附加费用的 75%；提前离店时，赔偿其后的 5 天合同规定的房费和附加服务费的 40%。但第六条第四款又规定，在下列时间以前通知旅馆退订，无须支付赔偿费：① 对于不超过两天的预订，在拟定使用住宿设备的当天中午；② 对于 3~7 天的预订，在拟定使用住宿设备的前两天；③ 对于超过 7 天的预订，在拟定使用住宿设备的前 7 天。第六条第七款规定，在下列时间以前向旅馆提出终止居住，可不支付赔偿费：① 合同的剩余时间不超过两天，在离店的当天中午提出；② 合同的剩余时间在 3~7 天，离店前两天提出；③ 合同的剩余时间在 7 天以上，离店前 7 天提出。

值得强调的是，在普通法中，合同订立以后却不能履行时，凡“在合同与某一事件的发生有着依存关系时”，法律允许当事人所订立的合同解除。确定这条法则的一些案件通常被称为“加冕案”，因为这种案件是英王爱德华七世加冕典礼取消而使许多安排遭到破坏时发生的。事情的经过是，1903 年，房东克雷尔与房客亨利双方订立了一个在预定加冕典礼的队伍要经过的路线上租用一套房间的合同。当加冕取消时，房客要求取消合同，房东对房客起诉，要求履行合同，但未成功。因为法庭认为双方都知道租赁这所房子的目的是为了观看加冕典礼，但加冕未举行，因此合同被解除。

在我国，会议预订客房的情况很多，有时也会出现订房后会议突然取消的情形。为了减少旅馆由此而造成的经济损失，旅馆一般要收取一定数量的订金作保证。

（四）有权要求旅客爱护旅馆内的一切设施和财物

旅馆有权要求旅客爱护旅馆内的一切设施和财物。旅客损坏财物，应照价赔偿。我国

《民法通则》第一百一十七条规定："损坏国家的，集体的财产或者他人财产的，应当恢复原状或者折价赔偿。受害人因此遭受其他重大损失的，侵害人应当赔偿损失。"根据我国的法律，旅客无论是过失或故意损坏旅馆的物品，都应承担赔偿责任。

三、旅馆的义务

（一）不加歧视地接待所有旅客

旅客投宿时，只要举止适宜，适于接待，并能支付旅馆费用，就要认真接待，并提供相应的服务。不论收费的标准如何，服务态度都应该是一流的。特别是不能搞种族歧视。

（二）保障旅客的人身财产安全

保证旅客住宿时的人身财产安全是旅馆的一项法律义务，而非合同义务。因为旅馆是特种行业，只要开办，就必须保证旅客的住宿安全。然而，现实生活中，旅客的人身受到伤害、财产受到损失的事件时有发生。其原因主要有火灾、饮食污染、旅馆服务人员故意或疏忽大意、第三方的侵权行为以及其他旅客的行为等。

1.我国现行的行政法规保障旅客人身财产安全的措施

为保障旅客的人身财产安全，1987 年 9 月 23 日经国务院批准后，公安部于 1987 年 11 月 10 日发布了《旅馆业治安管理办法》（下称《办法》）。这是我国旅游住宿业治安管理的基本行政法规，也是我国旅馆业健康发展的一项法制保障。

(1) 规定旅馆设施必须合格。《办法》规定，开办旅馆，其房屋建筑、消防设备、出入口和通道等，必须符合消防治安的有关规定，并且要具备必要的防盗安全设施。这一规定在于保障旅馆业的正常经营，同时也是为了保障旅客的生命财产安全。

(2) 规定旅馆开办审批制度。申请开办旅馆，经主管部门审查批准，经当地公安机关签署意见，向当地工商行政管理部门申请登记，领取营业执照后，才可以开业。经批准开业的旅馆，如有歇业、转业、合并、迁移、改变名称等情况，应当在工商行政管理部门办理变更登记后 3 日内，向当地的市、县公安局、公安分局备案。

(3) 规定旅馆经营治安管理。旅馆的经营，必须遵守国家的法律，建立各项安全管理制度，设置治安保卫组织或者指定安全人员。凡是经营旅游住宿业务的旅馆，按照《办法》都必须设置治安保卫部门，如饭店的保卫部等。为了加强治安管理，《办法》规定旅馆接待旅客住宿必须登记；同时，旅客住宿登记时，旅馆必须查验旅客的身份证件，并要求旅客按规定的项目如实登记。在接待境外旅客住宿时，除了要履行上述查验身份证件、如实登记规定的项目外，旅馆还应当在 24 小时内向当地公安机关报送住宿登记表。旅馆在经营中，如果发现旅客将违禁的易燃、易爆、剧毒、腐蚀性和放射性等危险物品和可疑品带入旅馆，必须加以制止并及时报告公安机关处理，以避免不安全事故的发生。公安机关对将危险物品带入旅馆的旅客，可以依照《中华人民共和国治安管理处罚条例》有关条款的规定，予以行政处罚。如果因此造成重大事故和严重后果，构成犯罪的，由司法机关依法追究刑事责任。

(4) 规定旅客财务保管措施。旅客住店时，往往都随身携带一些财物，为了保障旅客财物的安全，减少失窃、被盗等治安案件的发生，《办法》规定，旅店业必须设置旅客财物保管箱、保管柜，或者保管室、保险柜，并指定专人负责保管工作。对旅客寄存的财物，要建立严格、完备的登记、领取和交接手续。这是因为旅馆常会发生旅客财物丢失的事件，造成旅客与旅馆之间的纠纷。旅馆建立财物保管制度，可以减少这种纠纷的发生。

2.旅馆经营过程中保障旅客人身财产安全的措施

为了保证旅客的人身财产免受各种不法侵害，旅馆必须采取如下切实可行的措施。

(1) 加强门卫管理。从经营的角度看，旅馆一般不拒绝旅客之外的人进入。旅馆的餐厅、邮电所、美容厅、游泳池、舞厅等附属设施都可以向一般的顾客开放，即使是进旅馆参观也没有必要拒绝。因为如果旅馆质量好，这些人可以为它做免费广告。我国南方的大城市，尤其是广州，大部分旅游饭店都向公众敞开大门。因此，门卫应特别提高警惕，防止坏人混入，以保护旅客免遭不法行为的侵害。

(2) 坚决制止各种争吵和斗殴事件。旅馆对发生在旅客之间的争吵和斗殴事件必须采取措施坚决制止。如果旅馆感到力不从心，可请公安机关协助，决不能袖手旁观，更不能怂恿一部分人去对付另一部分人，否则将承担很重的法律责任。

(3) 完善住宿设施。旅馆的每一项设备，尤其是电器设备必须随时处于完好状态，并定期检修，防止有缺陷的住宿设施造成旅客伤亡。

(4) 加强防火系统。防火系统必须完好无损。并尽可能将老人、妇女和儿童安排在低层客房，以便紧急情况下迅速撤离。旅馆的太平门必须时刻畅通无阻，不允许堆放杂物。

(5) 提供符合标准的食物。餐厅是旅馆的重要收入来源，大有文章可做。一个经营有方的旅馆常会使客人把更多的钱花在餐厅。但是，餐厅必须提供合乎标准的饮食，不能损害旅客的健康。旅客到餐厅就餐无须逐一询问饭菜是否合格，合同中也无须明文规定。只要旅馆开办餐厅，提供的膳食就必须合格，因为这是一项法定义务，是一种默示的质量保证。

3.旅馆对侵害旅客人身财产的法律责任

(1) 旅馆对旅客人身伤害的法律责任。对于旅客在旅馆内造成伤害的法律责任，不同的国家有不同的规定。德国和埃塞俄比亚因房屋造成旅客伤害，旅馆负有不可推卸的责任；英国和意大利因房屋造成旅客伤害，只要能证明非疏忽大意，旅馆就可以免除责任。例如，楼梯台阶完好无损，照明良好，旅客自己摔伤就可免除旅馆的责任。

对于造成旅客伤害的赔偿责任，国际统一私法协会1978年起草通过的《关于旅馆合同的协定草案》第十一条中作了统一的规定：A.因发生在旅馆内的事故或者旅馆控制下的其他任何地方发生的事故而造成旅客受伤、死亡的，旅馆应承担损害赔偿责任；B.但如对于造成损害的事故，旅馆在当时已采取了谨慎合理的措施而仍不能避免，其后果也不能防止的，将不承担责任；C.伤害事故中，如果系本人过错造成，旅馆相应减轻其赔偿责任；D.如果伤害事故系第三方所为，旅馆在赔偿旅客的同时，保留向第三方索赔的权利。

我国对旅客在旅馆范围内所造成的人身伤害事件的处理，目前尚无专门的法律规定。但一般来说，如果是旅馆的责任（故意或过失）造成旅客伤害，则旅馆应按照我国民法有关侵权的规定来承担相应的民事责任。我国《民法》第一百一十九条规定，侵害公民身体造成伤害的应当赔偿医疗费、因误工减少的收入、残废者生活救济费等。造成死亡的，还应当支付丧葬费、死者生前扶养的人的必要的生活费等。

案例　在南京的一家饭店，发生了一起设备伤人的严重事故。一名日本旅客在洗澡时，热水管龙头突然脱落，造成旅客严重受伤。事故发生后，该饭店按我国《民法》的有关规定赔偿了该旅客住院的一切费用和其他费用。类似的伤害事故在其他城市也时有发生。

1994年4月3日下午，6岁的女孩小杰妮随母亲等人在上海静安希尔顿酒店底楼咖啡厅喝饮料时，被突然坠落的大幅画框砸中头部，造成脑震荡以及头部软组织挫伤，住进了希尔顿酒店指定的儿童医院。随后，小杰妮向法院起诉，要求赔偿。10月6日，上海市静安区人民法院根据我国《民法》规定，第三次开庭对小杰妮诉希尔顿酒店损害赔偿一案作出一审判决，被告赔偿原告人民币8 878元。对原告今后的医疗费等费用补偿问题另行处理。

(2) 旅馆对侵害旅客财产的法律责任。旅馆应对旅客的财物负责。在普通法中，旅馆是旅客财物的保管人，旅客财产损失，应按严格责任制处理。也就是说，旅馆不论有无过失，均应对旅客的损失负责。如果旅客财物损失出自本人过失或欺骗，或出于天灾与战争，则这一规则不适用。

适用严格责任制是有条件的，并非发生在旅馆内的物品损失都适用此原则。客人在财物灭失时必须提供三个证明：具有旅馆登记客人的身份；财物的损失是在旅馆内发生的；损失的财物及其价值。

国际统一私法协会《关于旅馆合同的协定草案》对财物损失的赔偿责任作了如下规定：

第十二条：旅馆应对旅客带入旅馆的财物或虽在旅馆外面但已由旅馆负责的财物的损伤、毁坏或损失负赔偿责任，其负责的期限为旅客有权在旅馆住宿的期间以及住宿期前后的一段适当的时间内。

第十三条第一款：旅馆有责任接受证券、现金和贵重物品的寄存保管；只有对危险物品和笨重物品才可以不接受。

第十三条第四款：对于应由旅馆保管的财物而旅馆拒绝寄存保管时，旅馆不能限制其损害赔偿责任。

第十六条：由于旅馆或旅馆领导下的任何人的过失或故意行为或不作为而造成旅客财物损伤、毁坏、灭失时，旅馆不能适用本协定第十三条与第十三条关于赔偿限额的规定。

尽管我国的旅馆都有存放贵重物品的寄存处，以防止旅客将贵重物品丢失，然而，旅客物品丢失事件仍时有发生。旅客财物丢失后，首先要查明原因，分清责任。如果是旅馆的责任，旅馆应负责全部赔偿。如果是旅客自己的责任（应该寄存而没有寄存），旅客自己要承担一部分责任。如果是不可抗力造成旅客财产损失，旅馆可全免除责任。

(三) 接受客房预订

旅客为了住房有保障，以电话、书面或电报形式预约房间，而旅馆亦给予适当的承诺，这就是订房。旅客订房常有四种情况：经过旅行社；经过航空公司；经过普通公司或友人；旅客本人订房。无论哪种形式订房，一经达成协议，双方都要按合同的规定办事。

由于客房有限，不像其他商品那样想买就能买得到。所以订房结果常出现四种情况：①接到订房电报，发电人地址不详，无法回电；② 客满，无房可订，但如有人退房，将优先考虑；③ 答应保留房间；④ 保留房间，预收定金。第一种情况不能视为合同；第二种情况是有条件的订房合同；第三种情况是订房合同，但不标准；第四种情况是标准的订房合同。

为了弥补客人预订后"不使用"客房的损失，旅馆通常搞"超额预订"，加上有些客人延迟离店，有时可能出现无法向已预订客房的客人提供住房的情况。一旦出现这种局面，柜台接待人员首先要征得客人同意，调换标准相近的客房，并就高不就低，免收第一夜高出的房费。如果无标准相近的客房，可联系安排到另一家旅馆，并支付送客人到另一家旅馆的车费。如果订房时交了定金，还要双倍返还定金。

(四) 告之赔偿限额

旅馆应以书面的形式让客人知道丢失财物的赔偿限额。在对外国人开放的旅馆，应有外文告示，一般用英文。

国际统一私法协会《关于旅馆合同的协定草案》对财物损失的赔偿限额作了明确的规定："对旅客交旅馆保存的财物，旅馆所负责任不超过每日住房费的500~1 000倍。当然，旅馆必须在旅客交存财物时将这一限额告诉旅客。但如果旅馆理应接受旅客寄存财物而拒绝接受时，第十三条的限制就不再适用，旅馆对此应负‘绝对责任’。”第十四条规定：“旅客没有将其所带财物交旅馆保存而遭灭失时，赔偿限额不超过每日住房费的100倍。”这一限额之所以低于第十三条规定的限额，是因为交旅馆保存的财物价值一般都大于旅客放在自己客房内财物的价值。

（五）依法处理旅客遗留物品

当客人离店后，如在客房内发现客人遗留下来的物品，应记录在登记册上，并写明客人之姓名、房号、时间、物品名称及拾得者姓名，交领班送客房部妥善保管，然后根据旅客登记所留下的地址设法将遗留物品归还原主，决不能占为己有。客人索取时，应无条件返还，但旅馆可收取一定数量的保管费。我国《民法》对此有明确规定。如第九十三条规定：“没有合法根据，取得不当利益，造成他人损失的，应当将取得的不当得利返还受损失的人。”第九十三条又规定：“没有法定的或者约定的义务，为避免他人利益受损失进行管理或者服务的，有权要求受益人偿付由此而支付的必要费用。如果遗留物主不明，则应当告示招领，经招领3个月后仍无人认领的，则应当登记造册，并送当地公安机关按拾遗物品处理。”这种处理方法，不仅是我国社会主义道德的要求，而且也是法规的规定。对于旅客遗留物品中的违禁物品和可疑物品，旅馆应当及时报告公安机关处理。按照国际惯例，失物保管期为一年。

第五节　旅馆与其他有关方面的权利和义务

一、旅馆与旅行社之间的权利和义务

旅馆的客源除了旅客自己登记或各种形式的预订外，旅行社按照合同的规定负责输送也是重要方面。旅馆和旅行社都是独立的经济实体，是一种平等的关系。双方在平时的交往中遵循平等、协商、等价、有偿的原则，各有权利和义务。一方享受权利，另一方就履行义务，一方履行义务，另一方就享受权利。

旅馆的义务一是在接受旅行社的客房预订后，必须保证在预订期内向旅行社提供合同所规定的客房，并向客人提供优质服务，不能搞超额预订；二是应向旅行社支付一定的佣金作为旅行社提供客源的报酬。旅馆的权利有三：一是旅馆有权要求旅行社按合同向旅馆提供客源，并要求旅行社预付定金；二是旅行社违约时，旅馆有权要求旅行社赔偿因此而造成的经济损失；三是旅馆有权要求旅行社从包价客人的包价旅费中按比例向旅馆支付客房费和服务费。

二、旅馆和非旅客之间的权利和义务

非旅客主要包括顾客、租户和旅客的客人。顾客是指只使用旅馆的某些设施（如餐厅、美容厅、邮电所、娱乐设施和游泳池等），而不在旅馆住宿的客人。租户是指长期租用旅馆客房作为居室或办公室的单位或客人。他们失去了旅客借以保持其身份的暂住性。旅客的客人是指专程拜访某位旅客的客人。

旅馆对非旅客的责任不同于旅客。首先，旅馆对非旅客是否接待完全由旅馆决定。旅馆只有在自己的设施满足旅客多余的情况下，才能接待非旅客。其次，在举证责任方面上也有差别。旅客发生损失时，首先推定是旅馆有过错，旅馆要减免责任，必须向法院提出充分的证据证明自己没有过错或过错不完全在自己一方，由旅馆负举证责任；非旅客发生损失时，首先推定是旅馆没有过错，非旅客要求赔偿，由非旅客负举证责任。

三、联号旅馆之间的权利和义务

某些追求豪华享受的旅游者外出旅行时总希望住一家比较有名的旅馆，回去后可以吹嘘："我这次旅游曾住过世界第一流的旅馆。"从而使某种虚荣心得到满足。某些旅馆就得以利用这种心理大赚其钱。

某些著名的大旅馆除本身经营外，还有偿地允许其他旅馆使用其名称，成为其联号成员之一。著名的大旅馆取得使用者的部分营业权和收入，不出名的旅馆则通过交出部分收入和控制权换取一个名旅馆称号，从而能够招徕客人，对双方都有利。联号旅馆就此应运而生了。

（一）联号旅馆的概念

联号旅馆又称饭店集团、饭店连锁公司或饭店联合企业。它是为了适应国际旅游业的发展，在激烈的竞争中逐步形成的以一个设在本国的总公司直接或间接控制、管理一批旅馆，以相同的店名、店徽、统一的服务标准及管理风格与水准，在本国和世界各地进行联销经营的联合企业。

目前，世界上的国际或地区性的联号旅馆已达数百个，其中规模最大的是假日酒店集团（Holiday Inns，Ins.）、喜来登饭店集团（Sheraton Crop.）和国际希尔顿酒店集团（Hilton Crop.），总部都在美国。还有拉马达饭店集团（Ramada Inns.）、信任之家饭店集团（Trust House Forte）、马里奥特饭店集团（Marriott Corporation）、地中海俱乐部饭店集团（The Mediterranean Club）、凯悦国际饭店集团（Hyatt International）、文华东方饭店集团（Mandarin Oriental）等著名的国际饭店集团。我国北京、天津、上海等大城市的有些饭店分别加入了国际饭店集团，成为其联号成员。

上海锦江（集团）公司也有许多联号成员。1987年，受托管理北京昆仑饭店，集团仅用10天时间就调集了从总经理、党委书记到各部门经理的人选60多人，开赴北京走马上任；1990年，受国家旅游局的委托，仅用了三天时间，就托管了北京国际饭店；1992年春，又开赴春城昆明，托管了锦华大酒店。不仅如此，目前在上海还拥有锦江、新锦江、和平、国际、静安、金门、龙柏、达华、青年会等九家著名饭店、宾馆，还拥有新疆的一家高星级饭店，形成了拥有多家成员的庞大集团，在世界上的地位大增。其管理水平和风格受到了外国人的交口称赞。

（二）联号旅馆的经营形式

1. 投资经营

投资经营就是饭店集团通过拥有饭店的所有权而达到管理的目的。获取饭店的所有权的途径主要有：①集团公司投资建设并经营一个新饭店或者是购买并重新装备一个旧饭店；②集团公司对采取股份有限公司形式的饭店通过购入达到控股权的股票数，从而达到管理饭店的目的；③集团公司和当地投资者举办合资企业，共同投资建设新饭店或购买旧饭店，所有权由集团公司拥有。

采用投资建设，购买及购买股票的形式开展经营，往往会加重集团公司的负担，使连锁化的速度减慢，并增加了集团公司的风险责任。所以，集团公司多数倾向采用合资企业的形式。这种方式投入的资本主要是饭店集团的无形资产，常包括连锁信誉和经营管理技术两个方面。前者是指在无数次服务中，顾客形成的对饭店集团公司的一种信赖感。它体现了经营管理中微观经济效益与宏观经济效益的统一，是饭店集团公司素质的反映，是经营管理的结晶；后者包括服务规格、服务标准、推销技术、烹饪技术、人事管理、财务管理、设备管理等。

2. 租赁经营

租赁经营是饭店集团公司以承租方式租赁某个饭店，在租赁期内对饭店拥有使用权和经营管理权，并按照租赁合同向饭店所有人支付租金。采用租赁经营形式有利于饭店集团公司从初期固定资本的巨大投资中解脱出来，从而加快连锁的速度。在一般情况下，租赁经营只包括饭店的建筑设施。但如果饭店已装备了家具和设备时，将同时租赁给饭店集团公司。这种情况下，应在租赁合同中写明这些家具和设备的更新由谁承担。其他有关财产的一些固定费用，如房产税、保险费等也应在租赁合同中写明。为了保证饭店经营管理的连续性，饭店租赁期限通常在20年以上。租赁经营按租金支付的方式不同可以划分为固定租金租赁和盈亏分成租赁。

固定租金租赁是指饭店集团租用某个饭店，依租赁合同的规定，按照固定的数额支付一笔租金给饭店所有人。饭店集团是该饭店的经营管理者，对饭店的一切财产的盈亏负全部责任。它的利润除交租金外，其余全部归饭店集团。

盈亏分成租赁是指在租赁期间，由饭店集团公司经营管理饭店，饭店所有人分享利润，按实际盈亏分成支付。这意味着所有者与饭店公司要共同承担饭店经营的风险。与饭店有关的人员，有责任同饭店集团公司共同承担饭店经营风险的责任。

（三）联号旅馆之间的权利和义务

联号旅馆之间的权利和义务关系主要体现在两个方面：一是经济问题。饭店集团公司必须货真价实，信誉好，否则别人不会买账。小旅馆必须买一个真正的名牌称号，否则，花了大笔商号费，交出了部分经营权和营业收入而不见经济成效，不划算。二是法律问题。饭店集团公司和小旅馆之间必须签订合同，明确商号使用期限和条件、使用费、双方的权利、义务、责任以及违反合同后应承担的法律责任、损失赔偿方法等。在对旅客承担责任时，视情况而定。如果两家旅馆在经济上都是独立的，法律上都是独立的法人，那么各自对旅客承担责任。如果饭店集团公司在事实上已完全控制或绝大部分控制了小旅馆（例如控制80%的经营权），此时，小旅馆在事实上已近乎失去了独立法人的地位，应由饭店集团公司承担对旅客的责任。

第六节　旅馆的法律责任

一、违反合同产生的责任

旅馆中出现的合同关系主要包括服务合同、经营合同和管理合同三大类。

旅馆服务合同是旅馆与客人之间针对提供和接受的有关住宿、餐饮、购物、文化娱乐和其他方面的各种服务而形成的合同关系。其表现形式主要有旅馆住宿合同、旅馆餐饮合同、旅馆会议合同、旅馆房间包租合同等。

旅馆经营合同是旅馆与各类经营者为了保证旅馆经营运转所需要的各种条件得以落实而建立起来的相应合同关系。例如，旅馆与旅行社之间的客房推销合同，与旅游汽车公司之间的租车合同，与交通运输部门之间的订票合同，以及购买各种食品、饮料、消费品、设备而签订的购销合同，旅馆改建或设备安装检修时的承揽合同等。

旅馆管理合同是旅馆为了实现对内、对外管理的需要而建立的一定合同关系。如旅馆内部管理过程中，旅馆与员工之间签订的雇佣（劳动）合同、旅馆与旅馆职能部门签订的承包合同；联号旅馆之间签订的管理合同、特许权合同和租赁合同等连锁合同。

旅馆的违约行为可能是对旅客的违约，即违反服务合同；也可能是对其他业务部门的违约，即违反经营合同；或联号旅馆之间的违约，即违反管理合同。违反合同的行为是对预先约定义务的违反，是对相对权利的侵犯。凡是旅馆的违约行为给对方造成了损失，旅馆都要承担一定的法律责任。

案例 据《中国旅游报》载：2000年4月中旬，北京天天假日旅行社带一团队住进昆明一家三星级宾馆。在团队入住前，双方签订好的协议中载明付款方式为：待陪同到达后预付，团队离开时按实际房间结算。宾馆的总经理也在协议上签了字。该团队住进时，预付该宾馆15 000元人民币。可在4月22日凌晨，当该团队中的几位客人与一名会务组成员（即该旅行社工作人员）要前往大理，而另外9间房的客人还没有离店的情况下，该宾馆强行要求结清房钱，并扣留了有关人员。

此案例是一则很典型的违约事件。既然协议明确规定待团队离开时再结算房钱，那么宾馆就无权要求该团队在只有几人离开的情况下结清房钱。因为团队作为一个集体概念，应包括团队中的每一个人。只要该团队还有一人住在宾馆，那么作为一个整体，团队就算没有离店。显然，该宾馆没按合同办事，再加上扣留有关人员，更属不应该。所以，该宾馆应承担违约责任。

二、因侵权行为产生的责任

旅馆的侵权行为是对法定义务的违反，是对绝对权利的侵犯。因为法律规定，旅馆有保护旅客人身财产安全的义务。旅馆的侵权责任常由两种情况构成，即主动的作为和被动的不作为。

由主动的作为构成是指旅馆的直接行为致使旅客受到侵害。例如，旅馆餐厅向旅客提供不符合卫生标准的食物，造成客人食物中毒就属于这种情况。有一家旅馆所在地盛产一种鱼，味道鲜美，但毒性很大，且不易去除，当地人久食此鱼已具有抵抗力。而一名外地旅客在该旅馆下榻时食用了旅馆提供的鱼后，发生食物中毒，遂向法院起诉要求赔偿。旅馆的辩护理由是，鱼本身是有毒的，并非旅馆烹调添加剂有毒，而且很多人都没有中毒，足以说明该旅客抵抗力低，所以拒绝赔偿。法院认为，旅馆的辩护理由不能成立，因为旅馆不能向旅客提供有毒的食品。如果旅馆事先向旅客声明，鱼是有毒的，当地人有抵抗力，请外地旅客注意。此时旅客仍坚持食用，那么，旅馆方能用“尽到了合理照顾责任”的理由拒绝赔偿。

由被动的不作为构成就是旅馆应该采取安全措施而由于疏忽竟未采取，致使旅客受伤。例如，客房的床或桌椅损坏不及时修理，摔伤或砸伤旅客；走廊电灯损坏未及时更换，致使旅客从楼梯跌下等，都属被动的不作为侵权责任，必须承担法律责任。

案例 “美国兵性骚扰，希尔顿赔巨款”一案就是因被动的不作为而造成的侵权责任。事情的经过是：1991年，29岁的少尉保拉·库格林小姐在美国海军当直升飞机驾驶员。一次，她作为海军少将杰克·斯奈德的副官参加1991年在拉斯维加斯的希尔顿饭店举行的美国海军尾钩协会会议。会议期间的一个夜晚，库格林小姐在饭店楼过道被一群喝醉了酒的海军陆战队男飞行员拦住，强行把手伸进她的乳罩，并掀起她的裙子，企图扯下她的内裤。会议期间，还有82名女兵也受到醉酒的男飞行员的性骚扰和性攻击。当时，库格林小姐面对这群放荡的醉鬼吹响了口哨，以求助于饭店工作人员的帮助，但没有工作人员应声。为此，库格林小姐向法院提出起诉，并于1992年将此丑闻披露给新闻媒体。

法院受理此案后，经过认真审理，美国一联邦陪审团于1994年10月31日裁定，拉斯维加斯的希尔顿饭店及其母公司——希尔顿饭店集团赔偿库格林小姐500万美元的惩罚性补偿费。在此之前，联邦陪审团还于10月28日裁决赔偿库格林小姐损失费170万美元。至此，库格林小姐状告拉斯维加斯的希尔顿饭店在她参加1991年海军尾钩协会会议期间受到性骚扰时旅馆未能对她提供应有的保护的诉讼获胜。

三、旅馆工作人员的过失产生的责任

法律规定，法人的职员执行职务时的行为应视为法人的行为。执行职务过程中造成他方的损失应由法人承担责任。不过，旅馆承担对旅客的赔偿责任后，有权在内部对有过错的工作人员作出处理，包括经济上的追偿。美国路易斯安那州旅馆案就是由旅馆工作人员的过失而产生的。

案例　1976年12月31日，科纳斯夫妇在路易斯安那州的奎恩塔旅馆下榻。当天下午4时，有两个人来到旅馆的服务台，其中一人对值班的前厅服务员说自己是233号房间的旅客，名叫科纳斯，把房间的钥匙忘在了房间里。服务员查了住房登记，233号房间确实是名叫科纳斯的客人，钥匙架上又无此房间的钥匙，便随手将旅馆总钥匙交给了对方。那两个人拿到钥匙后，迅速打开了科纳斯夫妇的房门，并冲坏了安全链，捆住科纳斯夫妇的手脚，拳打脚踢后，抢走了科纳斯太太的钱包(内有23 000美元)夺路而逃。科纳斯太太由于受到惊吓，精神惶恐，直到1980年3月仍不能康复。科纳斯夫妇向法院起诉，要求旅馆赔偿损失。法院受理后，经调查认为，此案是由于工作人员的过失责任而使科纳斯夫妇受到攻击，旅馆应承担责任。

四、共同过失产生的责任

这种责任是指旅馆虽有过失，但损害的发生并非全由旅馆的过失造成，旅客本身也有过错。例如，旅馆要求旅客晚上睡觉时锁好门，但一旅客忘记了锁门，夜间财物被盗。该旅客向法院起诉，要求旅馆赔偿损失。客人认为，自己的财物是在房间丢失的（旅馆也承认），因而是在旅馆控制的范围内，应由旅馆赔偿。旅馆认为，它已要求旅客在入睡前锁上房门，尽到了合理的照顾责任，而旅客未按要求做，才导致失盗事件的发生，所以不能赔偿损失。法院经审理认为，双方都有一定的道理，但理由都不充分。旅客的责任是没有按旅馆的要求去做，旅馆的责任是没有充分尽到合理照顾，因为门卫不称职，使盗贼得以进入客房行窃。楼层服务员在巡视客房时，也有机会消除隐患把房门锁上，但却没有这样做。所以是共同过失，由双方分担损失。

案例　"女翻译之死"也是一起典型的共同过失责任事故。1994年6月4日晚12时，某公司翻译魏某随同公司总经理等三人经过长途旅行后，投宿于某市宾馆。经总服务台登记后，魏某被安排在五号楼住宿，公司经理和另一名男旅客安排在三号楼住宿。总服务台派一名服务小姐将男旅客带到三号楼后，便告诉魏某说："五号楼从这条路往前走，再向右拐个弯约70米便是。"说完便返回总服务台。由于这一段路绿化较好，浓荫蔽天，加之路灯昏暗，能见度低，高度近视的魏某行走不远后，误将道路右边的池塘当成是水泥球场，欲走捷径直通五号楼，便跨过路边高约40厘米的花圃护栏，向池塘走去。结果掉入池塘，溺水而死。为此，死者家属向法院起诉，要求宾馆承担责任，赔偿损失。

宾馆答辩认为：自己没有责任，不能赔偿损失。理由有三：第一，宾馆没有过错。在当时的情况下，宾馆服务小姐已将魏某带到三号楼，并明确告诉其到达五号楼的路线。作为服务小姐来说，她已向魏某指明了道路，尽到当时应当和能够尽到的责任，根本无法预见到魏某会不按指明的路线行走，跨越护栏以致掉入池塘这一后果。第二，魏某之死是其自身过错造成的。魏某的过错表现在三个方面：一是魏某未按服务小姐指明的路线行走，擅自改变路线，以致跌入池塘被淹死；二是魏某追求早一点到达住宿楼，违反起码的常识，跨越护花栏杆，踏过花圃，而掉入池塘；三是魏某本身患有高度近视，将池塘误认为是球场而落水。这一切都是魏某自身的原因所造成的，不能归责于他人。

法院受理后，经调查认为：宾馆对魏某之死应承担责任，但魏某本身也有过错。这是一起共同过失产生的责任事故。理由如下：

续上表

首先，宾馆服务小姐并未尽到相当的责任。魏某初次且是深夜到宾馆投宿，对宾馆的环境不熟悉。此时，熟悉宾馆环境的服务小姐让不熟悉环境的魏某单独去找住宿楼时，除应向她指明道路外，还应该交代注意事项。而服务小姐却仅指明了行走路线，未对魏某予以足够的警觉。 其次，服务小姐的服务存在着瑕疵。宾馆与魏某之间的关系是经营者与消费者之间的关系。从本案实际情况看，魏某等在宾馆总服务台登记后，总服务台即派服务小姐将他们带到各自的住宿楼。但是，服务小姐只把其中两位男旅客带到三号楼，而未把魏某带到其住宿的五号楼，仅将去五号楼的道路指给魏某便返回了。这里，服务小姐的职责是带路，而非"指路"。其以"指路"代替"带路"是一种服务质量上的瑕疵。根据消费者权益保护法的规定，因经营者提供的瑕疵服务而造成消费者生命和财产损失的，经营者应承担民事责任。 第三，宾馆的路灯及安全防护措施设置不当。宾馆的路灯昏暗，能见度低，路灯的数量和照明度都不符合要求，以致魏某误将池塘当成球场。另外，宾馆的池塘也没有设置必要的护栏或者其他防护设施，致使魏某跌入池塘淹死。根据《民法通则》规定，宾馆对魏某之死亦应承担责任。 最后，魏某眼睛高度近视，又违反常规，擅自跨越护栏。所以，她的死与其本身的生理缺陷和过失不无关系。故魏某与宾馆之间是一种共同过失责任。根据法律规定，可减轻宾馆的民事责任。

一般来说，无论是合同违约，还是侵权行为，都可能存在共同过失的情况，要根据双方责任的大小合理分担损失。

五、间接责任

它是指非由旅馆本身的行为造成损害，但与旅馆又有密切关系的责任，也称连带责任。这种责任通常有两种情况：

第一，旅馆建筑物、设备缺陷造成的损害。值得注意的是，这种损害专指建筑物、设备本身结构不合理或质量差，而非年久失修或使用不当造成的损害。出现这种情况，根据《民法通则》和《产品质量法》的有关规定，受害方可向产品的生产者，也可向产品的经营者起诉要求赔偿。生产者和经营者在法律上负连带责任。在没有此类法律规定的国家，可先向旅馆起诉，旅馆承担责任后，再由旅馆向负有责任的生产者追诉。

第二，旅馆未能有效制止旅客斗殴造成的损害。所谓有效制止并不意味着仅凭旅馆本身的力量制止。如果觉得能力不足，可请警方协助。如果旅馆视而不见，甚至有意纵容，那么旅馆要承担很重的责任。例如，某宾馆内住有A、B两位客人。一天，两人在楼道不小心相撞，发生口角，互不相让，直至斗殴。结果致使A受重伤。此时，楼上的工作人员才闻讯赶到，及时将A送往医院。在此案例中，旅馆工作人员没有尽到义务。因为旅馆应保障旅客的人身安全，而旅馆工作人员未能及时发现和制止旅客斗殴事件，才造成A受重伤，旅馆应负间接责任。

【本章小结】 本章回顾了旅馆业的发展历史和旅馆法规的产生、对娱乐场所经营单位的设立、娱乐场所的经营活动管理、娱乐场所的治安管理、违反娱乐场所管理条例行为的处罚、旅游饭店的等级、星级的评定范围、星级评定的机构及其分工、星级的评定方法、星级检查、星级复核及处理制度、旅馆与旅客之间的权利和义务、旅馆与旅行社之间的权利和义务、旅馆和非旅客之间的权利和义务、联号旅馆之间的权利和义务进行了详细的介绍，并用大量的实例对旅馆的法律责任进行了深入的论证。

【关键词】 旅馆　娱乐场所　星级评定　管理制度　权利　义务

【思考题】 1. 怎样对娱乐场所的活动进行管理?

2. 试述旅游饭店星级复核及处理制度。

3. 试述旅馆的权利和义务。

4. 试述联号旅馆及其经营形式。

5. 旅馆的法律责任有哪些?

(4) 接受当地旅游行政管理部门对旅游安全管理工作的行政管理和检查、监督；

(5) 把安全教育、职工培训制度化、经常化，培养职工的安全意识，普及安全常识，提高安全技能，对新招聘的职工，必须进行安全培训，合格后才可允许上岗；

(6) 新开业的旅游企事业单位，在开业前必须向当地旅游行政管理部门申请安全管理设施设备、安全管理机构、安全规章制度的检查验收，检查验收不合格者，不得开业；

(7) 坚持日常的安全检查工作，重点检查安全规章的落实情况和安全管理漏洞，及时消除不安全隐患；

(8) 对用于接待旅游者的汽车、游船等设施，要定期进行维修和保养，使其始终处于良好的安全状况，在运营前进行全面的检查，严禁带故障运行；

(9) 对旅游者的行李财物要有完备的交接手续，明确的责任，防止损坏和丢失；

(10) 在安排旅游团队的游览活动时，要认真考虑可能影响安全的诸项因素，制定周密的行程计划，并注意避免司机处于过分疲劳状态；

(11) 负责为旅游者人身及财物投保；

(12) 直接参与处理涉及本单位的旅游安全事故，包括事故处理、善后处理及赔偿事项等；

(13) 开展登山、汽车、狩猎、探险等特殊旅游项目时，要事先制定周密的安全保护预案和急救措施，重要团队需按规定报有关部门审批。

由此可见，贯彻旅游安全工作的“安全第一，预防为主”以及“统一领导，分级管理，以基层为主”的原则，重点在于旅游经营单位。只有旅游经营单位切实做到上述规定要求，真正树立起“没有安全，便没有旅游业的发展”这一观念，旅游经营者的经济利益才能得到确实实现，旅游安全工作才能收到实效。

三、旅游安全事故分类

旅游安全事故，是指在旅游活动的过程中，涉及旅游者人身、财物安全的事故。旅游安全事故分为轻微、一般、重大和特大事故四个等级。

(一) 轻微事故

轻微事故是指一次事故造成旅游者轻伤，或经济损失在1万元以下者。

(二) 一般事故

一般事故是指一次事故造成旅游者重伤，或经济损失在1万元（含1万元）至10万元者。

(三) 重大事故

重大事故是指一次事故造成旅游者死亡或旅游者重伤致残，或经济损失在10万元（含10万元）至100万元者。

(四) 特大事故

特大事故是指一次事故造成旅游者死亡多名，或者经济损失在100万元以上，或者性质特别严重产生重大影响者。

第二节　旅游安全事故处理

一、处理事故的一般程序

旅游安全事故发生后，应当严格按照规定的程序处理。依照《旅游安全管理暂行办法》

的规定，事故发生单位在旅游安全事故发生后，应按下列程序处理。

（一）逐级上报

旅游安全事故发生后，陪同人员应立即上报主管部门，主管部门应当及时报告归口管理部门，即导游人员在带团游览中，如果发生了旅游安全事故，导游人员应当立即向其所属旅行社和当地旅游行政管理部门报告。当地旅游行政管理部门在接到一般、重大、特大旅游安全事故报告后，要尽快向当地人民政府报告。对重大、特大旅游安全事故，要同时向国家旅游行政管理部门报告。

（二）保护现场

对事故发生地现场保护十分重要，它直接关系到能否准确地确定事故性质、寻找破案线索，也关系到安全事故的妥善处理。所以，一旦发生旅游安全事故，现场有关人员一定要配合事故发生地的公安或其他有关方面，严格保护事故发生地现场。

（三）组织抢救

旅游安全事故发生后，地方旅游行政管理部门和有关旅游经营单位及人员，要积极配合公安、交通、救护等有关方面，组织对旅游者进行紧急救援，并采取有效措施，妥善处理善后事宜。

（四）领导到位

安全事故发生后，有关旅游经营单位和当地旅游行政管理部门的负责人，应当及时赶赴现场，进行现场指挥，并采取适当的处理措施，以利于安全事故的处理。

（五）严格程序

对于特别重大事故，应当严格按照国务院《特别重大事故调查程序暂行规定》进行处理。

二、重大旅游安全事故的处理程序

如前所述，重大旅游安全事故是指一次事故造成旅游者死亡或者旅游者重伤致残，或经济损失在10万元（含10万元）至100万元者。具体地讲，重大旅游安全事故包括：造成海外旅游者人身重伤、死亡的事故；涉及旅游安全的住宿、交通、游览、餐饮、娱乐、购物等场所的重大火灾及其他恶性事故；其他经济损失严重的事故。

重大安全事故的处理原则是由事故发生地的人民政府牵头协调有关部门以及事故责任方及其主管部门负责处理，必要时可成立事故处理领导小组。在重大旅游安全事故发生后，报告单位应当立即派人赶赴现场，组织抢救工作，保护事故现场，并及时报告当地公安部门。报告单位如不属事故方或责任方的主管部门，应按照事故处理领导小组的部署做好有关工作。

在旅游安全事故发生后，公安部门人员尚未进入事故现场前，如因现场抢救工作需要移动物证时，应做出标记，并尽量保持事故现场的客观、完整。如有伤亡情况，应立即组织医护人员进行抢救，并及时报告当地卫生部门；与此同时，事故报告单位应当检查伤亡人员的团队名称、国籍、姓名、性别、年龄、护照号码以及在国内外的保险情况，并进行登记。如有死亡事故，应注意保护好遇难者的遗骸、遗体。对事故现场的行李和物品，要认真清理和保护，并逐项登记造册，如果伤亡者中有来自海外的旅游者，责任方和报告单位在对伤亡人员核查清楚后，要及时报告当地外事部门及国家旅游局，由当地外事部门或国家旅游局负责通知外方，而有关组团旅行社应及时抚慰伤亡者家属。

在伤亡事故的处理过程中，责任方及主管部门负责联系有关部门为伤残者或伤亡者家属提供以下证明文件：①为伤残人员提供医疗部门出具的“伤残证明书”；②为骨灰遣返者提供法医出具的“死亡鉴定书”、丧葬部门出具的“火化证明书”；③为遗体遣返者提供法医出具的“死亡鉴定书”、医院出具的“尸体防腐证明书”，防疫部门检疫后出具的“棺柩出境许可证”。

三、特大旅游安全事故的处理程序

根据国务院发布的《特别重大事故调查程序暂行规定》，所谓特别重大事故是指造成特别重大人身伤亡或者巨大经济损失，以及性质特别严重、产生重大影响的事故。从旅游业来说，特别重大旅游安全事故是指一次事故造成旅游者死亡多名，或经济损失在 100 万元以上，或者性质特别严重，产生重大影响者。根据《旅游安全管理暂行办法》规定，对特别重大的旅游安全事故的调查处理适用国务院发布的《特别重大事故调查程序暂行规定》。依据这一规定，当特别重大的旅游安全事故发生后，应做好如下工作。

（一）现场保护与报告

特别重大的旅游安全事故发生后，应立即将所发生特大事故的情况报告上级归口管理部门和所在地人民政府，并报告所在地的省、自治区、直辖市人民政府和国务院归口管理部门。并在 24 小时内写出书面事故报告，报送上述部门。如涉及军民两个方面的特大事故，特大事故发生单位在事故发生后，必须立即将发生特大事故的情况报告当地警备司令部或最高军事机关，并应当在 24 小时内写出事故报告，报上述单位。省、自治区、直辖市人民政府和国务院归口管理部门，在接到特大事故报告后，应当立即向国务院做出报告。

按照《特别重大事故调查程序暂行规定》，特大事故报告应当包括以下内容：

(1) 事故发生的时间、地点、单位；

(2) 事故的简要经过、伤亡人数和直接经济损失的初步估计；

(3) 原因的初步判断；

(4) 事故发生后采取的措施及事故控制情况；

(5) 事故报告单位。

特大事故发生地公安部门得知发生特大事故后，应当立即派人赶赴现场，负责事故现场的保护和证据收集工作。对于特大事故现场的勘查工作，由特大事故发生单位所在地人民政府负责组织有关部门进行。

（二）事故调查与处理

根据《特别重大事故调查程序暂行规定》，特大事故发生后，按照事故发生单位的隶属关系，由省、自治区、直辖市人民政府或者国务院归口管理部门组织成立特大事故调查组，负责特大事故调查工作。此外，对于某些特大事故，国务院认为应当由国务院调查的，则可以由国务院或者国务院授权的部门组织成立特大事故调查组。

特大事故调查组具有下列职责：

(1) 查明事故发生的原因、人员伤亡及财产损失情况；

(2) 查明事故的性质和责任；

(3) 提出事故处理及防止类似事故再次发生所应采取措施的建议；

(4) 提出事故责任者的处理建议；

(5) 检查控制事故应急措施是否得当和落实；

(6) 写出事故调查报告。

特大事故调查组有权向事故发生单位、有关部门及有关人员了解事故的有关情况并索取有关资料，任何单位和个人必须予以协助，不得拒绝。同时，任何单位和个人也不得阻碍和干涉事故调查组的正常工作。经过调查，特别重大事故调查组在写出事故调查报告后，应当迅速报送组织调查的部门。经组织调查部门同意，调查工作即告结束。

四、外国旅游者发生伤亡情况的处理

（一）特别注意事项

在重大和特别重大旅游安全事故中，经常会发生外国旅游者伤亡情况，对于外国旅游者伤亡的事故，应当特别注意下列事宜：

(1) 立即通过外事管理部门通知有关国家驻华使馆和组团单位；

(2) 为前来了解、处理事故的外国使领馆人员和组团单位及伤亡者家属提供方便；

(3) 与有关部门协调，为国际急救组织前来参与对在国外投保的旅游者（团）的伤亡处理提供方便；

(4) 对在华死亡的外国旅游者严格按照外交部《外国人在华死亡后处理程序》办理。

（二）主要内容

《外国人在华死亡后的处理程序》的主要内容如下：

1. 死因确定

死亡可分正常死亡和非正常死亡。因年迈或其他疾病而自然死亡的，属于正常死亡；因意外突发事故死亡的，属于非正常死亡。在旅游活动中，外国旅游者在华旅游期间的死亡情况，也可分正常死亡和非正常死亡。

一经发现外国人在华死亡，发现人（包括个人或单位）应当立即报告当地公安局、外事办公室并在上述部门同意后通知死者所属的旅游团负责人。如属正常死亡，善后处理工作由接待单位负责。没有接待单位的（包括零散旅客），由公安机关会同有关部门共同处理。如属非正常死亡，应保护好现场，由公安机关进行取证并处理。一般来说，尸体在处理前应妥善保存（如防腐、冷冻等）。

2. 对外通知

一经确定死亡后，根据《维也纳领事关系公约》或者双边领事条约的规定以及国际惯例，应尽快通知死者家属及其所属国家驻华使、领馆。

凡属正常死亡的外国人，在通报公安部门和地方外事办公室后，由接待或聘用单位负责通知；如死者在华无接待单位，由公安部门负责通知。如果死者所属国家同我国签订的领事条约中有通知时限规定，要按条约规定办，如无此条约规定，应按《维也纳领事关系公约》的规定和国际惯例尽快通知。

3. 尸体解剖

正常死亡者或者死因明确的非正常死亡者，一般不需作尸体解剖。若死者家属或其所属驻华使、领馆要求解剖，我方可同意，但必须要有死者家属或使、领馆有关官员签字的书面请求。对于非正常死亡者，为查明死因，需要进行解剖时，由公安、司法机关按有关规定办理。

4. 出具证明

正常死亡，由县级以上医院出具“死亡证明书”。如死者死前曾住医院治疗或抢救，应其家属要求，医院可提供“诊断书”或“病历摘要”。对于非正常死亡，可由公安机关或司法机关的法医出具“死亡鉴定书”。为了减少不必要的麻烦，证明书的内容应简单明了，解剖证明书也不必过于详细。交死者家属或死者所属使、领馆的“死亡证明书”、“死亡鉴定书”、“解剖结果证明书”等等，应注意与死因相符。对外公布死因要慎重，如死因尚不明确，或有其他致死原因，在查明前不要轻易对外公布，待查清或内部意见统一后，再对外公布和提供证明。

县级或县级以上的医院出具的“死亡证明书”、公安机关或司法机关的法医出具的“死亡鉴定书”，如死者家属要求办理认证手续（按规定这两种证书无需办理认证），可直接办理认证或有关外国驻华使、领馆认证。

5. 处理尸体

对在华死亡的外国人尸体的处理，可在当地火化，亦可将尸体运回其本国。究竟如何处理，应尊重死者家属或所属使、领馆的意愿。如果死者家属要求火化尸体，必须由死者家属或所属使、领馆提出书面请求并签字后进行，骨灰由他们带回或运送回国，如外方不愿在中国火化，可同意将尸体运送回国。但是，运输手续和费用原则上由外方自理。如果办理手续有困难，接待单位或有关部门可给予协助。

为了做好外方工作和从礼节上考虑，对受聘或有接待单位的死者，在火化或尸体运送回国前，可由聘用或接待单位为死者举行一次简单的追悼仪式。如外方要求举行宗教仪式，应视当地条件允许，可安排举行一个简单的宗教仪式。

如外方要求将死者在中国土葬，可以以我国殡葬改革、提倡火葬为由，予以婉拒。如果外方要求将骨灰埋在中国或撒在中国的土地上，一般亦予以婉拒。但如死者是对中国作出特殊贡献的友好知名人士，应报请省级或国家民政部门决定。

6. 遗体运输

中国民航国内运输，一般不办理尸体的运输业务。特殊情况需向当地民航管理局提出申请，并应按照民航运输的规定包装，并提供必要的证明文件。

7. 遗物处理

清点死者遗物，应有死者偕行人员及其所属使、领馆人员和我方人员在场。如无偕行人员，使、领馆人员又不能到场时，可请公证处公证人员到场。遗物必须清点造册，并列出清单，清点人要逐一签字。接收遗物者要开出收据，并注明接收时间、地点、在场人等。如死者有遗嘱，应将遗嘱拍照或复制，原件交死者家属或所属使、领馆。

8. 善后报告

死者善后事宜处理结束，聘用或接待单位应写出《死亡善后处理报告》报主管单位、外办、公安厅（局）、外交部。内容应包括死亡原因、抢救措施、诊断结果、善后处理情况及外方反应等。

9. 伤亡赔偿

近年来，在旅游活动中，旅游者在事故中因为伤亡引起的赔偿案件屡有发生，对此，《旅游安全管理暂行办法》规定：“对于外国旅游者的赔偿，按照国家有关保险规定妥善处理。”

第三节　旅游保险及其法规概述

在我国，旅游保险同整个保险业一样，经历了一个缓慢而曲折的发展过程。随着我国经济建设的迅速发展和经济体制改革的不断深入，保险业在国民经济中的地位显得越来越重要。在改革开放后的几十年中，由于旅行和旅游业如雨后春笋般地蓬勃发展，旅游保险也随之逐渐完善起来。旅游保险法规也相继出台，成为旅游法规的重要组成部分，为保障旅游者的人身和财产安全、促进旅游事业的健康发展正发挥着重要的作用。

一、旅游保险及其特点

（一）保险的前提条件

根据我国《保险法》的规定，保险是指投保人根据合同的约定期，向保险人支付保险费，保险人对于合同约定的可能发生的事故因其发生所造成的财产损失承担赔偿保险金责任，或者当被保险人死亡、伤残、疾病或者达到合同约定的年龄、期限时承担给付保险金责任的商业保险行为。保险的存在必须具备三个条件：

1. 必须有危险存在或条件能够满足

投保人与保险公司约定的保险事项必须是客观上可能发生的。如果是以赔偿为目的的给付，则保险事项必须是投保人的活动环境中存在的危险因素；如果是以满足条件为目的的给付，这些条件必须是能够满足的。其意义在于，如果保险公司与投保人约定的保险事项的危险是不可能存在的或条件是不可能实现的，所约定的保险合同就是无效的。

2. 必须有约定的给付或赔偿

保险必须是对约定的事故造成的损失或对约定条件造成的给付时，保险公司才对保险人负一种财产责任。这种以经济手段承担社会责任，与普通的社会救济、单位补助以及亲友乡亲的帮助完全不同。前者兑现保险责任是不可推卸的义务，而后者是一种道义上的援助行为。

3. 必须形成互助共济关系

保险制度采取将不特定的事故分散给众多的投保者共同分担的方法，来减少或补偿遭受事故的投保者的损失。投保者通过交纳保险费，与众多的投保者建立互助共计的关系，以一人为大家，大家为一人的精神建立保险补偿基金，共同取得财产上的保障。

（二）旅游保险的特点

旅游保险是保险的一种，具有以下特点：

1. 保证性

旅游保险的保证性，是指保险人对被保险人在旅游全过程中的安全负责，即对被保险人在旅游过程中的人身和财产安全负责。但这种保证性与安全保卫部门提供的保证性不同，安全保卫部门是采取预防和保护措施，以防止危险的发生和保护旅游者的安全；而旅游保险的保证性是保险人向旅游者保证在其遭受自然灾害或意外事故时，给予经济赔偿。

2. 补偿性

旅游保险的补偿性是指被保险人所得到的赔偿费，具有补助救济的性质。它包含三层含义：①被保险人的财产或人身在旅游中完好无损时，就不能得到赔偿。②人身或财产虽有损伤，但不是自然灾害或意外事故造成的，也不能得到赔偿。③补偿有一定的限度。这种限度是以保险金额来确定的。若损失在保险金额范围内则按损失的实际情况给予补偿；若损失超过保险金额的范围，其最高的补偿金额只能以保险金额为限度，超过部分保险人不承担赔偿责任。

3. 短期性

旅游保险的短期性是指旅游保险与其他保险相比，它的有效期较短。有的是以旅行的旅程计算的，例如，乘坐汽车、火车、轮船或飞机旅行的，一般以检票上车（船或飞机）开始计算，到抵达目的地下车（船或飞机）为止。近距离的旅行少则几个小时，远距离的旅行多则几天。有的是以旅游景点或游览的次数计算的，例如，游览泰山、黄山、华山等，就以检票上山开始计算，到游完下山为止。有的是以旅行社接待计算的，例如，从 1990 年 4 月 1 日起，凡由我国旅行社外联组织接待的海外来华旅游者（包括华侨、港澳台同胞在内），在华期间统一实行旅游意外保险。从以上旅游形式和类型分析来看，无论何种形式和类型的旅游，保险的有效期都是比较短的。

二、旅游保险中的风险

风险是指可能发生但尚未发生的危险。人们在社会生活中都面临一定的风险，例如投资风险、经营风险、交通风险、医疗风险、职业风险等。在旅游活动中也会遇到一定的风险，而可能遇到的风险一旦发生就会危及旅游者的人身和财产安全。旅游保险的目的就是将这种风险转移给保险公司，由保险公司承担风险。保险公司承担的来自旅游者转嫁的风险称为旅游保险风险。它有以下主要特点：

（一）不可预知性

这是指风险可能发生也可能不发生。如果说可能发生，那么在何时、何地、何种情况下、发生在何人身上都是无法预知的。为了防止这种风险给自己带来的损失，旅游者的最佳选择就是参加旅游保险。

（二）偶然性

旅游保险中的风险之所以是不可预测的，就在于它在一般情况下不会发生，即使发生，也属偶然，并无必然性。也就是说，必然发生的危险不属于旅游保险的风险范围，保险公司不能承担这种风险责任。

（三）意外性

所谓意外性，一是指人们未预见，发生风险事故的因素由于某种条件偶然发生。二是指人们虽预见到可能性，也采取了一定的防范措施，但由于估计不足或措施不力没能阻止风险的发生从而造成损害。也就是说，旅游保险风险必须是在保险范围内的，并且危险的发生也必须是由自然力或意外情况所致。对于这种意外性的损失，保险公司担负赔偿责任。如果属于被保险人自己有意造成，则保险公司不承担赔偿责任。《旅行社办理旅游意外保险暂行规定》第五条对旅游意外保险的赔偿范围作了明确的规定：旅行社办理的旅游意外保险的赔偿范围应包括旅游者在旅游期间发生意外事故而引起的下列赔偿：① 人身伤亡、急性病死亡引起的赔偿；② 受伤和急性病治疗支出的医药费；③ 死亡处理或遗体遣返所需的费用；④ 旅游者所携带的行李物品丢失、损坏或被盗所需的赔偿；⑤ 第三者责任引起的赔偿。由此可见，旅游意外保险是以旅游者、导游、领队人员的人身、生命和财产为保险标的的。

三、旅游保险中的事故

（一）旅游保险事故的必备条件

所谓旅游保险事故，是指在旅游中发生的，足以造成旅游者人身和财产损失的，能够引起保险人赔偿的事件。它的构成必须具备三个条件：

（1）旅游保险事故必须是在旅游过程中发生的。如旅游者乘坐交通工具在旅途中出现事故，旅游者在游览中发生事故，旅游者在食宿中发生事故等，这几种风险事故可各自独立地成为保险事故，也可综合称为保险事故。如果参加单项保险，只在该范围内才能索赔，如参加综合保险，上述事故中任何一项都可以作为索赔的理由。

（2）旅游保险事故必须是已经造成旅游者人身或财产损失达到一定程度。如果未造成实际损失不能称为旅游保险事故。旅游者的人身伤害一般分为受伤、残废、死亡三种情况。

（3）旅游保险事故必须能够引起保险人的赔偿。也就是说，事故造成的损失较重，足以引起赔偿责任。如仅属轻微损失则不在赔偿范围之内。

（二）旅游保险事故分类

（1）自然事故。它是自然力所致，不以人的意志为转移，人力不能避免，也无法控制，又称自然灾害。

（2）意外事故。它在不同国家的不同法律中有不同含义。例如在《刑法》和《民法》中规定的意外事故含义就明显不同。在旅游保险中的意外事故主要有以下各项：①交通事故。即由于驾驶员之过失而引起的事故。②坠落或溺水事故。此属于旅游者自身的疏忽大意所致。③他人犯罪行为。此属他人的故意行为所引起。④动物袭击。此为动物的失控行为引起。⑤其他人为原因引起的事故。

值得一提的是，旅游者故意造成的事故，如自杀、跳车、酗酒、斗殴和犯罪行为；旅游者的生理现象引起的事故，如疾病、分娩、晕车、晕机、晕船等；其他原因引起的事故，如药物中毒、麻醉、战争或其他军事行动等情况不属于意外事故，保险公司不负赔偿责任。

四、旅游保险法的定义

旅游保险法是保险法的一种。它是调整旅游保险关系的法律规范的总称。在这一规范体系内，既包括全国性的旅游保险法律或法规，又包括地方性法规。既有综合性的旅游保险法，又有单行的旅游保险法规或条例。目前，我国虽尚未制定统一的旅游保险法，但为适应旅游事业发展的需要，陆续制定了一些单行的旅游保险法规，例如，《飞机旅客意外事故保险条例》、《火车旅客意外事故保险条例》、《轮船旅客意外事故保险条例》和《汽车旅客意外事故保险条例》等有关旅游交通管理方面的保险法规。为适应旅游事业的发展和提高我国旅游业的声誉，妥善解决海外旅游者在华旅游期间因意外事故引起的经济赔偿问题，国家旅游局和中国人民保险公司于1990年2月7日发布了《关于旅行社接待的海外旅游者在华旅游期间统一实行旅游意外保险的通知》，该《通知》从1990年4月1日起施行。另外，根据《中华人民共和国保险法》和《旅行社管理条例》的有关规定，国家旅游局于1997年5月13日制定并发布了《旅行社办理旅游意外保险暂行规定》，该《暂行规定》从1997年9月1日起施行。2001年4月25日，国家旅游局又发布了《旅行社投保旅行社责任保险的规定》，2001年9月1日起施行。所有这些，共同构成了我国现行的旅游保险法律制度。

第四节 旅游保险的种类

一、狭义旅游保险和广义旅游保险

如前所述，旅游保险是保险的一项业务，是保险业在人们旅游活动中的体现。它是指投保人根据合同的约定，向保险人支付保险费，保险人对合同约定的在旅游活动中可能发生的事故因其发生所造成的财产损失承担赔偿保险金责任，或者当被保险人在旅游活动中死亡、伤残、疾病时承担赔偿保险金责任的商业保险行为。目前，我国有旅游意外保险、旅行社责任保险、旅游平安保险等多种。通常所指的旅游保险就是旅游意外保险。

根据参加旅游保险的范围，旅游保险可以分为狭义旅游保险和广义旅游保险。狭义旅游保险，仅指旅游者在旅游景点游览观光中的保险。广义旅游保险包括：旅游者游览观光保险、旅客铁路旅行保险、旅客航空旅行保险、旅客水上旅行保险、旅客公路旅行保险等。

二、国内旅游保险和国外旅游保险

根据参加旅游保险的被保险人的国籍身份及旅游目的地，可分为国内旅游保险和国外旅游保险。凡我国公民在国内的旅游保险，称为国内旅游保险；凡海外旅游者（包括华侨、港澳台同胞）来我国大陆旅游的保险，称为国外旅游保险，又称为涉外旅游保险；由旅行社组织的我国公民的出境旅游保险也称为国外旅游保险。

国家旅游局《旅行社办理旅游意外保险暂行规定》指出："旅行社组织的入境旅游，旅游意外保险期限从旅游者入境后参加旅行社安排的旅游行程时开始，直至该旅游行程结束，办完出境手续出境为止。"而"旅行社组织的国内旅游、出境旅游，旅游意外保险期限从旅游者在约定的时间登上由旅行社安排的交通工具开始，直至该次旅行结束离开旅行社安排的交通工具为止"。如果旅游者自行终止旅行社安排的旅游行程，其保险期限至其终止旅游行程的时间为止。此外，旅游者在中止双方约定旅游行程后自行旅游的，不在旅游意外保险之列。

随着中国公民出境旅游和中国公民国内旅游的迅猛发展，为了保护旅游者的利益，国家旅游局在 1997 年又制定发布了《旅行社办理旅游意外保险暂行规定》。该《规定》指出："旅行社组织团队旅游，必须为旅游者办理旅游意外保险，即旅行社在组织旅游时，无论是入境旅游，还是出境旅游，抑或是国内旅游，都必须为旅游者办理旅游意外保险。"

三、旅游人身保险和旅游财产保险

根据旅游保险的对象，旅游保险可分旅游人身保险和旅游财产保险。以旅游者人身作为保险对象的，为旅游人身保险；以旅游者携带的财产作为保险对象的，为旅游财产保险。二者既可以合在一起保险，也可以分开保险。

人身保险业务，有人寿保险、健康保险、意外伤害保险等保险业务。人身保险是以人的寿命和身体作为保险标的的一种保险。投保人与保险人通过订立人身保险合同，约定投保人按时交纳一定的保险费，即被保险人或受益人因疾病或意外事故而致伤残或死亡时，或在保险期满时，保险人一次或按期向其支付医疗费或保险金的一种法律制度。人身保险是一种定额给付性质的保险，投保人投保多少金额，当条件满足时，保险人必须承担多少给付的责任，无须调查损失的有无和大小。

财产保险业务，包括财产损失保险、责任保险和信用保险等保险业务。财产保险是保险法规定的以各种物质财产和与其有关的利益为保险标的的保险。当保险人承担的这些财产保险标的因遭受各种自然灾害或意外事故造成经济损失时，保险人要负赔偿责任。

四、旅游意外保险和旅游责任保险

（一）旅游意外保险与责任保险的含义

根据旅游保险责任，旅游保险可分为旅游意外保险和旅游责任保险。

保险人承担自然灾害和意外事故的保险，称为旅游意外事故保险。它是人身保险的一种，指投保人与保险人约定人身伤害的范围，在保险期内，只要发生了意外伤害，被保险人就可按规定获得保险金的一种保险制度。这类保险一般由旅游者个人投保，也可以由旅游者所在单位投保，或由旅游团体投保。

保险人承担旅游服务部门服务的责任保险，称为旅游责任保险。它是财产保险的一种，指保险人承保被保险人的民事损害赔偿责任的险种，主要有公众责任保险或第三者责任险、产品责任保险、雇主责任保险、职业责任保险等险种。这类保险一般由旅游服务部门投保。

（二）旅游意外保险与责任保险的区别

为了进一步保障旅游者和旅行社的合法权益，促进旅游业的健康发展，根据《旅行社管理条例》和《中华人民共和国保险法》（下文简称《保险法》）的有关规定，2001年4月25日国家旅游局发布了《旅行社投保旅行社责任保险规定》（下文简称《责任保险规定》），自2001年9月1日起施行。并指出，国家旅游局1997年5月13日发布的《旅行社办理旅游意外保险暂行规定》（下文简称《意外保险规定》）同时作废。

责任保险根据《保险法》第四十九条第二款规定："指以被保险人对第三者依法应负的赔偿责任为保险标的的保险。"由于它的保险人对除保险人、被保险人之外的第三者承担赔偿责任，又称为第三者保险。

责任保险作为一类独成体系的保险业务，始于19世纪的欧美国家，在我国的发展主要在1979年以后。目前，责任保险在世界大多数国家发展迅速，险种繁多，涉及面广。而在我国，主要集中于汽车第三者责任保险、产品责任保险、公众责任保险、雇主责任保险、企业安全生产责任保险等有限险种。在旅行社行业，以旅行社责任保险为主体的责任保险才刚刚起步，无论在理论上，还是在实践上，都要加强研究、发展、完善。

《责任保险规定》出台后，旅行社行业许多人因为其投保范围中大多数是人身意外伤害的赔偿责任，便认为旅行社责任保险与旅行社意外保险在功能上差不多。事实上，按照《保险法》第九十一条规定，前者属于财产保险的范畴，后者则属于人身保险的范畴，二者在性质、特点上存在很大的差别。

1. 保险标的不同

旅行社责任保险的标的是旅行社依法应承担的对旅游者的经济赔偿责任，是一种无形的利益标的和抽象的物权。由于旅行社在从事旅游业务的经营活动中对旅游者的损害可能是旅游者的身体，也可能是旅游者的财物。所以，旅行社责任保险标的中既包括旅游者人身伤亡赔偿责任等人身责任，也含有旅游者行李物品的丢失、损坏或被盗所引起的赔偿责任和由于旅行社责任争议引起的诉讼费用等财产责任。而且，其中所涉及的受益对象

——旅游者是在旅行社从事旅游业务经营活动中有可能遭受损害的个人或群体，在投保时只是一个模糊群体概念，与具体的人或物没有直接关系。而旅游意外保险的保险标的是特定被保险人的身体和生命（在我国保险业实行寿险、财险分业经营前还包括旅游者行李物品的丢失、损坏或被盗所引起的赔偿责任等有限的财产责任），仅仅是旅游者的人身责任是有形的实体标的。它所涉及的保障对象——旅游者和旅行社派出的导游、领队在投保时必须具体明确，是特定的个人。

2. 保险合同的主体不同

在旅游保险合同中，主体包括当事人（投保人、保险人）、关系人（被保险人、受益人）、辅助人（保险代理人）。根据《意外保险规定》和《责任保险规定》，虽然旅游意外保险和旅行社责任保险的投保人都是中华人民共和国境内的旅行社，但保险人分别是中国境内的寿险公司、财险公司。在保险合同的关系人上，主要体现为被保险人的区别。在旅游意外保险合同中，被保险人是旅游者、导游或领队人员。旅行社仅作为其代理人代办旅游意外保险。旅行社责任保险的被保险人则是旅行社。因此，旅游意外保险的被保险人是旅游者及相应的导游或领队人员，保险公司的赔偿并不能代替旅行社的责任赔偿，而在旅行社责任保险中即直接保障的是旅行社的利益，也间接保障旅游者的利益。

3. 保费来源、投保方式不同

旅行社责任保险，由于被保险人是旅行社，保费可计入成本，但不得在销售价格中单独列项，只能由旅行社支付。尽管旅游意外保险是由旅行社投保的，但根据《意外保险规定》，保险费包含在销售价格中，由旅游者支付。为了能切实保障旅行社、旅游者的合法权益，旅行社责任保险、旅游意外保险都被规定为强制保险，充分体现“集合危险，分散损失”的基本原理。在投保时，两者存在明显差别。前者采取按年度投保的方式，而且组团社、地接社均要投保；后者可以一团一保，也可以以上一年该旅行社组织旅游者的人数为基础，实行一年一保，只要组团社投保，地接社不必投保。

4. 保险期限、索赔时效不同

《责任保险规定》第九条：“旅行社责任保险的期限为一年。”依据《意外保险规定》第六条规定，入境旅游的旅游意外保险期限“从旅游者入境后参加旅行社安排的旅游行程时开始，直至该旅游行程结束，办完出境手续时为止”；国内旅游、出境旅游的旅游意外保险期限“从旅游者在约定的时间登上由旅行社安排的交通工具开始，直至该次旅行结束离开旅行社安排的交通工具为止”。两规定都强调:旅游者在自行终止旅行社安排的旅游行程后或在不参加双方约定的活动而自行活动的时间不在保险期限范围内。表面看来两种保险的保险期限不同，但相对特定的旅游者而言，适用保险赔偿的期限是相同的。当事故发生后，旅行社责任保险的索赔时效是自旅行社知道保险事故发生之日起 2 年内，否则，旅行社向保险公司请求赔偿或者给付保险金的权利消灭；旅游意外保险的索赔时效一般以事故发生之日起 180 天内为限。

5. 赔偿依据、赔付额度不同

旅行社责任保险以有关法律、法规或执法部门的裁决为依据承担相应的赔偿责任。只有当旅行社给旅游者造成损害的行为违反了有关法律、法规，依法应承担赔偿责任时，保险人才会履行赔偿责任。反之，保险人无需承担任何赔偿责任。旅游意外保险的赔偿依据是保险合同中约定的意外事故发生并造成了旅游者、导游或领队的伤亡等事实，保险人按约定承担给付保险金的责任。在赔付额度方面，旅行社责任保险只是补偿受害的旅游者、旅行社的实际损失。由于投保的责任有很大的不确定性，因而，在规定保险金的同时，也规定了相应的赔偿限额。另据《保险法》规定，重复投保的，各保险人一般要按照保险金额与保险金总额的比例分别承担相应的赔偿责任。如果被保险人已经从第三者取得损害赔偿的，保险人赔偿时可相应扣减其已得的金额。而旅游意外保险则是对人身因意外事故造成伤害时赔付保险金，人的身体、生命是无法用金钱来衡量的，只规定了保险金的最低标准，无赔偿限额。即使重复投保，保险人也是根据事先约定分别进行赔偿，即受害人已从第三者处获取赔偿，亦不能冲减保险人应付的保险金。

五、强制保险和自愿保险

凡是以国家法律强制实施的保险，称为强制保险。强制保险的特点有三：一是保险范围的全面性。凡是在法律规定的范围内的，都必须全部投保。二是保险责任的自动性。强制保险的法律效力，是依照法律规定自动产生、中止和终止的，保险双方当事人不能自行约定，也不能行使解除权或终止权。三是保险条款的统一性。强制保险中，保险合同的内容即保险金额、保险费率、保险期限、赔偿处理等条款，均由国家统一规定，双方当事人不能自行选择、增减。

凡是由双方自愿通过合同确定的保险，称为自愿保险。在自愿保险中，单位或个人是否投保，向那个保险机构投保，保险机构是否接受投保，要求保障什么危险事故，投保多少金额，保险合同何时生效、终止等等，均由双方当事人自行协商确定。

我国的人身保险绝大多数是自愿保险。强制保险只限于旅客搭乘飞机、轮船、铁路和汽车时，须由运输经营者向保险公司投保旅客意外伤害保险。旅行社在组织旅游团队时必须购买的旅游意外保险，也属于强制保险。

第五节 旅游保险合同

一、旅游保险合同的构成

由保险的概念可知，保险是基于保险合同而产生的，或者说，保险合同是保险关系得以产生的依据。根据我国《保险法》规定，保险合同是指投保人与保险人约定保险权利义务关系的协议。因此，保险合同成立必须具备保险合同主体、客体和内容这三个要素。

（一）旅游保险合同的主体

保险合同的主体，是指保险合同的参加者或当事人。没有主体，则没有保险合同。保险合同主体，一般包括保险合同的当事人和保险合同的关系人。此外，还有一种人虽不是保险合同的主体，但他是居于当事人之间的媒介或为保险合同的订立与履行起重要的辅助作用，又称保险中介。

保险合同的当事人一般是指保险人、投保人和被保险人。

1. 保险人

又称承保人，是指依法成立的，在保险合同成立时，有权收取保费，并于保险事故发生时，承担赔偿责任的人，也即经营保险事业的机构。我国《保险法》第九条将保险人定义为："保险人是指与投保人订立保险合同，并承担赔偿或者给付保险金责任的保险公司。"旅游意外保险合同的保险人是承保的保险公司。按照《旅行社办理旅游意外保险暂行规定》，旅行社办理旅游意外保险，必须在境内保险公司办理，即旅游意外保险合同的保险人是我国境内的各类保险公司。

2. 投保人

又称要保人，是指对保险标的具有保险利益，向保险人申请订立保险合同，并负有支付保险费义务的人。我国《保险法》第九条将投保人定义为："投保人是指与保险人订立保险合同，并按照保险合同负有支付保险费义务的人。"投保人可以是自然人，也可以是法人。我国《保险法》规定，投保人对保险标的应当具有保险利益。如果投保人对保险标的不具有法律上承认的利益，即在保险事故发生时，可能遭受的损失或失去的利益得不到承认，那么这样的保险合同是不能成立的。在旅游保险合同中，投保人可以是旅游企业，也可以是旅游者个人或旅游团组。如《旅游意外保险合同》中的投保人是旅行社；而一般旅游平安保险的投保人则是旅游者。

3. 被保险人

即是指保险事故发生时，遭受损害并享有赔偿请求权的人。我国《保险法》第二十一条将被保险人定义为："被保险人是指其财产或者人身受保险合同保障，享有保险金请求权的人。"无论是财产保险合同，还是人身保险合同，投保人与被保险人既可以是同一人，也可以是不同的人。如果投保人与被保险人同为一人时，仅限于为自己的利益而订立保险合同。

旅游意外保险合同的被保险人是旅游者、导游、领队人员。国家旅游局《关于旅行社接待的海外旅游者在华旅游期间统一实行旅游意外保险的通知》中规定："在保险有效期间内，凡由我国旅行社外联组织接待的海外来华旅游者，包括华侨，港、澳、台同胞在内（以下通称海外旅游者）均为保险对象。"《旅行社办理旅游意外保险暂行规定》第十五条规定："旅行社应当为其派出的向旅游者提供服务的导游、领队人员办理意外保险。"

4. 受益人

旅游意外保险合同的受益人可以是被保险人——旅游者、导游、领队人员，也可以是他们指定的第三人。如果旅游者、导游、领队人员没有指定受益人，则旅游者、导游、领队人员的法定继承人是受益人。如《旅游意外保险合同》中的被保险人是旅游者；国内航空运输旅客意外人身伤害保险合同中的被保险人，也是旅游者。

在保险合同中，除了合同当事人之外，还有保险合同的关系人。它主要指受益人，又称保险金受领人，是指由投保人或者被保险人在保险合同中指定的，于保险事故发生时，享有赔偿请求权的人。我国《保险法》第二十一条将受益人定义为："受益人是指人身保险合同中由被保险人或者投保人指定的享有保险金请求权的人。"受益人可以是投保人或者被保险人，也可以是第三人。如果投保人或者被保险人没有在保险合同中指明受益人，则被保险人的法定继承人为受益人。

（二）旅游保险合同的客体

保险合同的客体，又称保险标的，是指保险合同双方当事人权利和义务指向的对象。保险合同如果没有双方当事人权利和义务所指向的对象，就会因为没有目标而不能落实，从而也就丧失其存在的意义。

保险标的是保险合同的核心，也是确定保险条件、保险金额、计算保险费率和赔偿标准的依据。我国《保险法》规定："保险标的是指作为保险对象的财产及其有关利益或者人的寿命和身体。"由此可见，保险标的可分为两类：

1. 财产及其有关利益

财产，是指现实存在的并为人们所控制和利用而具有经济价值的生产资料和消费资料。它包括动产和不动产，有形物和无形物。财产保险合同的客体，一般是有形物，但当财产遭受损失时，除了财产本身的经济损失外，还会连带引起各种利益以及责任和信用等无形物的损失，后者也往往成为财产保险合同的标的。

2. 人的寿命和身体

这里所说的人，是指已经出生且具有生命的自然人，尸体、胎儿以及法人等不能列入其中。人身保险合同的客体不是物，而是人，即人的寿命和身体。这种保险标的无法用价值来衡量，因而在订立保险合同时，预先由双方当事人约定保险金额。因此，在人身保险合同中，保险标的与被保险人往往是合二为一的。

旅游意外保险合同的客体，亦即旅游意外保险的标的是旅游者、导游、领队人员的人身、生命和财产。

（三）旅游保险合同的内容

保险合同的内容，即保险合同双方当事人的权利和义务。由于保险合同一般都是依照保险人预先拟定的保险条款订立的，因而在保险合同成立后，双方当事人的权利和义务就主要体现在一些条款上。

1. 当事人、关系人

旅游保险合同的当事人采用记名与不记名两种形式。一般地说，双方共同签署的保险单形式的保险合同都采用记名的形式，记有保险公司的名称和投保人、被保险人和受益人的姓名。票证形式的保险合同，除飞机票需要记载旅客姓名外，其他票证都不记被保险人的姓名。受益人按照法律规定确定。在旅游保险合同中，记名与不记名的合同都具有同样的效力。

2. 保险责任和责任免除

旅游保险合同确定保险人的保险责任和责任免除有两方面的依据：一是依据《中华人民共和国保险法》或有关旅游保险的法律法规；二是依据投保人与保险人协商附加的条款。

3. 保险期限

旅游分涉外旅游和国内旅游。旅游保险也分涉外旅游保险和国内旅游保险。这两种旅游保险的期限是不相同的。涉外旅游以一个旅游周期为一个旅游保险期，一般以20天为准，超过期限的，另付保险费；国内旅游保险一般以天为计算单位，一个旅程为一个保险期，超过保险期的天数，另加保险费。特定旅游保险以旅游者进入旅游景点时到走出旅游景点时为一个旅游保险期。旅行社责任保险的保险期限为1年。

4. 保险费

旅游人身保险的保险费收取分为涉外旅游保险费、国内旅游保险费、特定旅游保险费和旅行保险费。财产保险费有两种标准：国内旅游保险一般按规定费率计算，涉外旅游的财产保险费和人身保险费连在一起。

5. 保险金额

保险金额所涉及的赔偿项目一般要包括旅游者意外受伤的全部赔偿费、受伤治疗的医疗费、遗体处理费、行李赔偿费。数额可因其为国内旅游保险与涉外旅游保险而有所不同。财产保险的赔偿额按实际损失确定。

依据《旅行社办理旅游意外保险暂行规定》，旅行社为旅游者办理的旅游意外保险金额不得低于以下基本标准：

入境旅游：每位旅游者30万元人民币；

出境旅游：每位旅游者30万元人民币；

国内旅游：每位旅游者10万元人民币；

一日游（含入境旅游、出境旅游与国内旅游）：每位旅游者3万元人民币。

旅行社开展登山、狩猎、漂流、汽车及摩托车拉力赛等特种旅游项目时，可在上列旅游意外保险金额基本标准之上，按照该项目的风险程度，与保险公司商定保险金额。

依据《旅行社投保旅行社责任保险规定》，旅行社办理旅行社责任保险的保险金额不得低于下列标准：

国内旅游每人责任赔偿限额人民币8万元，入境旅游、出境旅游每人责任赔偿限额人民币16万元。

国内旅行社每次事故和每年累计责任赔偿限额人民币200万元，国际旅行社每次事故和每年累计责任赔偿限额人民币400万元。

此外，旅行社组织高风险旅游项目，可另行与保险公司协商投保附加保险事宜。

6. 索赔申请

凡是旅游保险合同或保险单规定的被保险人或受益人均为合法的索赔申请人。保险合同未规定受益人的或以票据形式参加旅游保险的受难者，其法定继承人为合法的索赔申请人。

如果发生损失，被保险人、投保人或受益人应立即通知保险人或索赔代理人进行检验。在一般情况下，没有检验报告不可以索赔。申请索赔的期限一般从事故发生起不超过一年。也有的地方规定为6个月。凡超过期限而未申请者以弃权论，保险人可以不受理。

国家旅游局《旅行社办理旅游意外保险暂行规定》对保险金的赔偿办法也作了原则的规定，即规定旅行社应当与承保保险公司在保险条款中对旅游意外保险索赔有效期限作出约定，一般应自事故发生之日起180天内为限；还规定了当旅游者在保险有效期限内发生保险责任范围内的事故时，旅行社应及时取得事故发生地公安、医疗、承保保险公司或其分、支公司等单位的有效凭证，并由组团社同承保保险公司办理理赔事宜；对旅游者的小额行李物品损失的赔偿，旅行社应与承保保险公司在保险条款中作出规定；在约定数额内可由旅行社先向旅游者垫付，旅行社凭理赔申请及损失证明与承保保险公司办理赔偿手续。

二、旅游保险合同的成立

旅游保险合同是指投保人与保险人之间就旅游保险有关问题，通过协商所达成的一种书面协议。

（一）旅游保险合同的形式

旅游保险合同适用书面的形式。它可以灵活多样，但在实践中主要有三种。

1. 由双方共同签署的合同

这种形式的主要特点是协议双方必须在同一个合同上签名盖章方为有效。

2. 由投保申请单与保险单形成的合同

这种合同只要两种单据文件结合在一起，即发生法律效力。通常，保险单上的条款包括三种内容：即在原保险单上印成的基本条款、用粘贴的方法附加的条款和用书写或打字的方法附加的条款。这些条款都具有同等的效力。如果这些条款出现矛盾，所依据的顺序分别是书写的附加条款、打字的附加条款、粘贴的附加条款、基本条款。

3. 票据形式形成的保险合同

这种形式的合同以旅游者所购买的乘坐交通工具的票据为依据，如火车站出售的火车票、汽车客运站出售的汽车票、民航公司出售的飞机票以及水运部门出售的轮船票等。它们既是旅游者乘坐交通工具的凭证，又是参加旅游保险的凭证。有些旅游点也以出售门票的形式，兼作旅游保险的凭证。采用这种保险形式比较简单，但是必须以运输部门或旅游部门与保险部门签订的保险合同为基础，并经过保险部门认可，才有保险效力。

（二）旅游保险合同的成立

旅游保险合同的成立主要是指旅游保险合同的形成和旅游保险法律关系的形成。由于旅游保险合同的形式不同，其成立的时间也就不相同。由双方共同签署的保险合同，以双方在合同中约定的时间为准；由投保申请单与保险单形成的保险合同，以保险公司签发保险单之日为准；以票据形式形成的保险合同，以旅客或游客购买交通票据之时算起。

三、旅游保险合同的生效

旅游保险合同的生效，是指旅游保险合同在何种情况下发生保险效力，保险人在何种情况下开始对被保险人承担保险责任，被保险人在何种情况下发生的意外事故，才能获得保险赔偿。

旅游保险合同的生效，必须同时具备两个条件：一是旅游保险合同已经成立；二是被保险人已经开始旅行游览。以上两个条件必须同时具备，缺一不可。旅游保险合同没有成立，就不存在生效问题；旅游保险合同虽已成立，但被保险人尚未参加旅行游览，保险效力仍未产生。因为，旅游者从签订旅游保险合同到实际参加旅行游览，往往有一个过程，在这个过程中发生的意外事故，就不属于保险人的责任范围。因此，旅游保险合同的生效，有两种情况：一是当上述两个条件同时出现时，旅游保险合同在成立时就生效；二是当上述两个条件分别出现时，只有在后一个条件出现时，旅游保险合同才生效。

旅游保险合同成立的情况不同，合同的生效时间也不同。有的是检票进站时生效，如火车、汽车旅客检票进站，飞机旅客检票进候机厅，轮船旅客检票上船等；有的是旅游出发时生效，即被保险人乘坐指定的交通工具出发旅游时，旅游保险合同即开始生效；有的是购票进门时生效，主要是指某些特定旅游景点的旅游保险。

旅游保险合同的生效时间，与保险公司承担保险责任的时间是一致的。在旅游保险合同生效后，凡在有效期内，被保险人发生了意外伤害事故造成人身伤亡和财产损失的，保险公司就要承担赔偿责任。

四、旅游保险合同的变更和终止

（一）旅游保险合同的变更

1. 主体变更

主体变更包括保险人的变更、被保险人的变更和受益人的变更。在旅游保险合同或保险单上记名的被保险人需要变更时，必须经投保人与保险人协商同意后方能进行。不记名的被保险人可以随意变更，如票据式保险，就以票据持有人为准。记名受益人需变更时必须由投保人申请变更。不记名受益人在一定范围内可随意变更，但不能超出被保险人直系亲属和法定继承人的范围。

2. 内容变更

旅游保险合同内容的变更包括乘坐交通工具的变更，旅游项目或旅游线路的变更以及旅游期限的变更。在一般情况下，保险人、投保人均不得擅自变更合同内容。一方需要变更合同内容时，有合同或保险单的必须经另一方同意方为有效。只有在特殊情况下，保险人可以依法强制变更合同内容。没有保险合同或保险单的，如持有客票的被保险人要求变更保险内容需经过铁路、公路、航空、航运部门的签字同意后方可生效。

（二）旅游保险合同的终止

旅游保险合同终止是双方权利义务关系终结。终止旅游保险合同主要有以下几种情况：

1. 合同因解除而终止

解除旅游保险合同需要投保人和保险人协商一致并按规定承担违约责任。一方要求解除合同的应提前通知另一方。

2. 因被保险人放弃旅游而终止

无论是出于主观原因抑或是客观原因，被保险人放弃旅游，旅游合同即告终止。

3. 被保险人在法定期内退票可导致旅游保险合同终止

各种交通客票的退票均属此种情况。

4. 因合同履行而终止

如被保险人的旅游或旅行正常结束，没有发生人身或财产损失；或者发生了损失，但保险人已经支付了赔偿；或当事人在法定期限内放弃了申请。

第六节 旅游保险的理赔

一、理赔的申请

在旅游活动中发生了属于保险范围内的事故，确实造成了旅游者人身或财产损失，被保险人或受益人即可在有效期限内向保险公司提出理赔申请。投保人、被保险人或者受益人知道保险事故发生后，应当及时通知保险人，以便保险人能够及时勘察保险标的受损失的现场和调查事故发生的原因和查证保险标的的损失情况。在旅游保险中，证件是受益人申请理赔的主要证据，也是保险公司受理理赔申请并给予赔偿的主要依据。因此，受益人申请理赔时除应填报理赔申请书之外，还应提供关于旅游保险关系存在的证明，如合同、单据或票据；由各自与之相关的主管部门出具的关于事故的证明；关于人身或财产损失情况的证明；关于受益人身份的证件、证明等。

值得一提的是，保险公司一般不主动理赔，必须由申请人主动提出申请。特殊情况下，特别是一些较大的集体交通事故，保险公司也可主动理赔。例如，1993年银川“7·23”空难事故的消息传到北京后，中国人民保险公司有关部门的同志连夜赶到银川，会同当地保险公司开展理赔工作，勘察现场，落实伤亡情况，并慰问受伤人员。此次飞机事故中的108名乘客中有107人办理了航空人身保险，中国人民保险公司宁夏分公司分别给107名乘客进行了赔偿。遇难者家属获6万元赔偿，轻伤者获3 000元赔偿，重伤者根据痊愈后伤情作了赔偿。

二、理赔的调查和处理

理赔是保险公司对保险事故进行调查处理，核定后做出是否给予赔偿的过程。理赔关系到保险公司的信誉和保险当事人的切身利益。因此，保险公司对保险事故的处理，必须严肃认真地按如下程序进行。

（一）受理申请

保险公司在接到被保险人或受益人的理赔申请后，应立即受理，指定理赔人员负责查处，并明确责任范围。例如，2001年5月15日发布的《旅行社投保旅行社责任保险规定》对旅行社责任保险的责任范围和非责任范围作了明确的划分。

1. 旅行社责任保险的责任范围

（1）旅游者人身伤亡赔偿责任；

（2）旅游者因治疗支出的交通、医药费赔偿责任；

（3）旅游者死亡处理和遗体遣返费用赔偿责任；

（4）对旅游者必要的施救费用，包括必要时近亲属探望需支出的合理的交通、食宿费用，随行未成年人的送返费用，旅行社人员和医护人员前往处理的交通、食宿费用，行程延迟需支出的合理费用等赔偿责任。

2. 旅行社责任保险的非责任范围

（1）旅游者在旅游行程中，由自身疾病引起的个中损失或损害，旅行社不承担赔偿责任；

（2）由于旅游者个人过错导致的人身伤亡和财产损失，以及由此导致需支出的各种费用，旅行社不承担赔偿责任；

（3）旅游者在自行终止旅行社安排的旅游行程后，或在不参加双方约定的活动而自行活动的时间内，发生的人身伤亡、财产损失，旅行社不承担赔偿责任。

（二）调查核实

调查活动包括审查申请人提供的各种证件、证明，理赔人员亲临事故现场进行实地考察，邀请专家对事故进行分析研究等。在运用上述方法进行调查时，主要应查明旅游保险合同、保险单及其他有关保险凭证是否有效，查明保险事故发生的事实和原因，还要查明事故造成损失的事实、损失的程度。在此过程中应注意防止被保险人、受益人弄虚作假。

（三）做出处理

保险公司的理赔人员根据调查核实的事实，提出赔偿或不赔偿或赔偿多少的具体意见，报经有关领导部门批准决定并执行，通知被保险人或受益人领取赔款从而结束理赔程序。例如2000年武汉“6·22”空难事故发生后，各大保险公司以最快的速度拿到了遇难者名单，积极自查，落实理赔事宜，依照当时的意外保险条例，很快作出了为投保者全额赔偿10万元的决定，并通知受益人领取。

三、理赔的仲裁和诉讼

若理赔申请人对保险公司做出的处理结果没有异议，可在接到通知后去保险公司办理手续，领取赔款。如果对保险公司的处理结果有不同意见，双方可先协商解决，协商不能达成协议时，理赔申请人可根据约定或仲裁协议向仲裁机构申请仲裁，无仲裁协议或当事人实现约定的解决方式为诉讼解决时，理赔申请人可向法院起诉。需要向法院起诉的旅游保险纠纷，必须经保险公司做出理赔处理后，理赔申请人才能向法院起诉。

【本章小节】 本章介绍了我国旅游安全管理方针、旅游安全管理机关及其职责、旅游安全事故分类、处理事故的一般程序、重大和特大旅游安全事故的处理程序、外国旅游者发生伤亡情况的处理程序，重点论述了旅游保险的特点、旅游保险中的风险和事故、旅游保险法的定义和旅游保险的种类以及旅游保险合同的构成、成立、生效、变更终止和旅游保险和理赔等重要问题。

【关键词】 旅游安全 事故 旅游保险 保险合同 理赔

【思考题】 1. 试述处理事故的一般程序。
2. 试述旅游保险的特点。
3. 试述旅游意外保险与旅游责任保险的区别。
4. 试述旅游保险合同的内容。

第十章　旅游者合法权益保护法规

学习要点：

1. 旅游者合法权益及其保护。
2. 旅游投诉及其条件。
3. 旅游投诉管理机关及其管辖。
4. 旅游投诉处理程序。
5. 旅游投诉状。

随着旅游业的迅速发展，旅游活动中的问题也日益突出。尤其是旅游者合法权益遭到侵害的事件时有发生。为解决这一问题，确保我国旅游业稳步、健康地向前发展，在我国运用一系列旅游相关法规来保护旅游者合法权益的同时，国家旅游局于1991年6月1日颁布了《旅游投诉暂行规定》。1993年10月31日，第八届全国人大常委会第四次会议又通过了《中华人民共和国消费者权益保护法》，此后，又相继发布了《旅行社质量保证金暂行规定》及其《实施细则》、《旅行社质量保证金赔偿办法暂行规定》、《全国旅游质量监督管理所机构组织与管理暂行办法》、《旅行社质量保证金赔偿试行标准》等，为确保旅游者合法权益奠定了基础。

第一节　旅游者合法权益及其保护

一、旅游者的基本权利

旅游者的权利是指旅游者在购买旅游商品和接受旅游服务时享有的基本权利。它是旅游者权益保护法的核心内容。因为离开了旅游者的权利就谈不上旅游者的合法权益保护。权利由法律赋予和依法产生，任何权利都是法律上的权利。旅游者的权利则是旅游者在旅游活动过程中依法享有的各项权利。它与旅游者的旅游活动密切联系，主要体现在旅游活动的吃、住、行、游、购、娱六个方面。离开了旅游活动，就谈不上旅游者权利，只能称之为公民权利。旅游者的基本权利主要有以下几个方面：

（一）全面了解和自由选择旅游商品的权利

旅游者在旅游活动过程中，必然同与之对应的另一方主体——旅游经营者形成权利义务关系。引导这种权利义务关系产生的法律事实主要是旅游者向经营者购买旅游商品的行为。这种行为也是一种民事法律行为，其主体的法律地位是平等的，任何一方主体都不能将自己的意志强加于另一方，各自具有独立的地位。同时，旅游者在购买旅游商品时，与旅游商品销售者之间建立的也是商品交换关系，必须遵守商品交换的基本原则——平等原则。这一特征也决定了旅游者同旅游经营者之间是一种平等主体间的关系。因此，作为平等主体之一的旅游者有权决定是否购买旅游商品，有权自由选择旅游商品，有权全面了解旅游商品。旅游经营者不能强迫旅游者购买其旅游商品，更不能强迫旅游者购买其旅游商品中的某一特定商品，同时旅游经营者还负有全面真实地向旅游者介绍其旅游产品情况的义务。因为旅游活动是一种高级消费活动，主要用于满足旅游者的精神需求，其目的性非常明确。旅游者只有对旅游商品的真实情况作了全面的了解，并自主选择，才能实现自己的目的和愿望。因此，旅游经营者要如实地向旅游者介绍旅游路线、旅游景点、价格状况、餐饮标准、客房档次和交通工具等。而不得采用欺诈手段或提供虚假信息、做虚假宣传广告等方式，诱使旅游者上当受骗，购买其旅游商品，否则，旅游经营者要承担相应的法律责任。

（二）人身和财产安全不受侵犯的权利

人身权和财产权是人的最基本权利，世界各国法律均将其纳入保护范围。我国《宪法》和《民法通则》都明确规定，公民的人身权、财产权受法律保护，任何组织和个人都不得侵犯。我国旅游者作为我国公民的组成部分，同其他公民一样，人身权、财产权受法律保护。外国公民来我国旅游，其合法权益也受我国法律的保护。

旅游者的人身权是指旅游者依法享有的与其人身不可分离而无直接财产内容的民事权利，由生命健康权、姓名权、肖像权、人身自由权、名誉权、著作权、荣誉权、监护权等构成。由于人身权是人的最基本、最起码的权利，所以，离开了人身权，不仅人的生命健康、姓名、荣誉等都得不到保障，其他权利也就更无从谈起。因此，保护旅游者的人身权利，有利于进一步保护旅游者的其他合法权益。

旅游者的财产权是指旅游者依法享有的具有物质内容、直接体现经济利益的权利。它包括财产所有权、债权、继承权和著作财产权等。财产权是保障人们生存、生活的必要物质条件的权利。离开了这一权利，人们的财产、继承、债权都可能受到侵害。作为旅游者，其财产权是其从事旅游活动的物质保障。旅游者从事旅游活动没有一定的物质条件是不行的，尤其是现代旅游业，它是以旅游者的消费即旅游者支付一定的财产为重要依托的，所以，财产权对旅游者来说也是至关重要的权利，保护旅游者的财产同样有利于促进旅游业的发展。

由于旅游者的人身权和财产权依法受到保护，所以，任何组织和个人不得以任何方式故意侵害旅游者的人身权和财产权。对违反法律规定，造成旅游者人身、财产损害的，要依法追究法律责任。旅游经营者提供的旅游商品也必须符合保障旅游者人身、财产安全的要求。如旅行社推出的旅游路线不能有影响旅游者人身、财产安全的隐患存在；旅游饭店向旅游者提供的饮料、食品必须符合卫生标准，对人体无害；旅游运输部门提供的交通运输工具必须性能可靠，符合安全运输原则等。旅游经营者为旅游者提供服务时，不得侵害旅游者的人身、财产权利，如导游人员在导游服务过程中要尊重旅游者的人格尊严等。

（三）获得质价相当的商品和服务的权利

由于旅游者同旅游经营者是一种平等主体间的关系，这就决定了他们在旅游商品的买卖过程中，必须遵守等价有偿、公平交易的原则。等价有偿和公平交易原则是商品交换的一般准则，是价值规律的客观要求。它要求在商品交换中，要价格对等、互利互惠、公平合理，不允许一方无偿占有对方的财产，不承认任何一方享有特权。

质价相当主要体现在旅游经营者向旅游者提供旅游商品和服务时，一是必须有质量保证，二是必须价格合理，即价格不能偏离价值太远，要公平合理。当旅游者支付了相应的价款后，双方就要履行各自的义务。如果任何一方不履行自己的义务，或不适当履行义务，对方的权利就难以实现，就会破坏等价有偿和公平交易的原则。所以，作为旅游者，一旦按照约定向旅游经营者支付了价款，那么，就有权要求旅游经营者遵守商品交换的一般准则，提供与其支付的价款相应的旅游商品和服务。例如，旅游者住进五星级饭店，按五星级的价格标准支付了费用，那么，该旅游者就有权要求饭店提供五星级饭店的设施、设备和服务标准，而饭店则不能按照低于五星级的标准接待旅游者。对那些未能按约定的标准、质量提供商品和服务的旅游经营者，旅游者则有权拒付有关费用；对于违反旅游价格管理规定，擅自提高价格标准或违反合同约定增加收费项目、减少约定的服务项目的，旅游者也有权拒绝支付有关费用。

（四）享受人身和财产损害赔偿的权利

赔偿是对已受损害的权利的补偿方式，可使受损害的当事人得到精神上的安慰和经济上的救济。既然旅游者享有人身权、财产权不受侵害的权利，那么，当其人身权、财产权受到侵害时，就有依照法律规定获得赔偿的权利，这二者相互联系、不可分割。人身权、财产权不受侵害的权利是前提和基础，赔偿权则是其延伸和保障，没有人身权、财产权不受损害的权利就谈不上赔偿的权利；没有赔偿的权利，人身权、财产权不受损害的权利就失去了保障，甚至成为“空头支票”。因此，法律在规定旅游者享有人身权、财产权不受损害的权利的同时，也规定了旅游者人身、财产受损害时，依法享有获得赔偿的权利。

在旅游活动中，能够引起旅游者人身、财产损害赔偿的原因主要有以下两种：一是旅游经营者的过错造成的，如旅游经营者不履行合同义务造成旅游者财产损失；旅游风景区因疏忽未在危险地段做出明确警示，造成游客人身伤亡；旅游运输部门的驾驶员违章驾驶造成交通事故，致使旅游者人身伤亡等。二是第三方的过错造成的，如食品厂向旅游饭店提供的食品、饮料不合格，造成的旅游者食物中毒；非旅游交通部门的驾驶员违章驾车引起交通事故，造成的旅游者人身财产损害等。此类损害，由旅游经营者与第三方责任人负连带责任。旅游者既可以直接要求旅游经营者先赔偿损失，然后由旅游经营者向责任人追偿。也可以向提供劣质产品的厂家和交通肇事者直接索赔。

旅游者的人身和财产受损害时，要求赔偿的方式很多，既可以直接向致害人提出赔偿要求，由双方协商，达成赔偿协议，也可以向旅游行政管理部门或其他行政管理部门投诉，由有关行政管理部门做出裁决，然后获取赔偿，还可以直接向人民法院起诉，由人民法院按一定程序做出判决，然后获取赔偿。

（五）法律法规规定的其他权利

旅游者除了依法享有前面提到的基本权利之外，还享有法律、法规赋予的其他权利，如我国《消费者权益保护法》中规定的取得有关消费和消费者权益保护方面的知识的权利，对商品和服务以及保护消费者权益工作进行监督的权利等。

值得一提的是，在旅游者权益保护法规中，尽管旅游者通常是以权利主体的身份出现的，但是，这并不等于说旅游者只享有权利，不承担任何义务。旅游者作为消费者在大多数情况下，既是权利主体，同时又是义务主体，不可能无偿取得旅游商品和服务，也不可能不受任何约束，为所欲为，还必须在旅游活动中履行相应的义务。如按约定支付费用的义务；

遵守有关法律、法规和规章的义务；保护旅游资源和爱护旅游经营单位财物的义务；尊重旅游地民族习惯的义务和不侵害他人人身、财产权利的义务等。

二、保护旅游者合法权益的必要性

(一) 保护旅游者合法权益就是保护旅游业

众所周知，旅游业是当今社会蒸蒸日上的朝阳产业。在许多国家，它已成为增加外汇收入，平衡国际收支，大量回笼货币，促进市场繁荣，积累建设资金，提供就业机会，扩大国际交流，带动相关行业的支柱性产业。然而，要发展旅游业，必须大力发展旅游。而旅游构成三要素中，主体是旅游者。如果旅游者的合法权益得不到应有的保护，就会失去旅游的主体。没有主体，就没有旅游，没有旅游，旅游业也就无法存在。可见保护旅游者合法权益之重要。

(二) 旅游者的合法权益非常脆弱，容易受到伤害

旅游者作为特殊的消费者，他的合法权益非常脆弱，容易受到伤害。一方面，旅游者在市场上所购买的是一种特殊的商品和服务。如明媚的阳光、新鲜的空气、蓝色的大海、平缓的沙滩、优雅的风景、古老的文明、异族的文化和周到的服务等。在大多数情况下，这些特殊的商品和服务只能感受和体验，不像一般商品那样，可以拿到手上触摸、欣赏或带回家。它们在供旅游者消费的过程中，要么给旅游者带来愉悦的感觉，留下美好的回忆，要么给旅游者造成无尽的忧伤和留下深深的遗憾。另一方面，旅游者的消费活动是在异国他乡的一块陌生的土地上进行的，其合法权益容易受到伤害和产生不安全感与某种危机感。加之消费时不像购买一般商品那样，可以凭保单得到某种物质保证和补偿。因此，保护旅游者合法权益显得尤为重要。

(三) 旅游者的合法权益能否受到应有的保护，是衡量一个国家或地区旅游事业发达与否的重要标志

实践证明，凡是旅游者的合法权益屡屡受到侵害的地方，它的旅游事业不可能发达。虽然个别旅游经营者通过宰客等侵犯旅游者合法权益的方式暂时得到了一些利益上的实惠，但从长远考虑，并不划算，因为它会损伤当地旅游业的整体形象，最终导致旅游业的衰退和不景气。正因为如此，许多重视旅游业的国家都把保护旅游者合法权益放在旅游立法的重要位置，纷纷制定和颁布了许多法律、法规和行业规章，来调整旅游者与旅游业有关部门的关系，以保护旅游者的合法权益。

不过，从世界许多国家旅游业的发展史来看，并不都是从一开始就对保护旅游者合法权益有充分认识的。绝大多数国家都经历了一个从不重视到重视、从没有立法到专门立法、从规模小到规模大、从浅层认识到深层认识等一系列的发展过程。对旅游者合法权益保护的重视程度在一定意义上成了衡量一个国家旅游业发展水平和发展阶段的重要标志之一。

三、保护旅游者合法权益的主要法律依据

为保护旅游者的合法权益，1989 年 4 月 14 日，各国议会联盟和世界旅游组织大会通过的《海牙旅游宣言》提出：旅游者的安全和保护及对他们人格的尊重是发展旅游业的先决条件，各国应根据其法律制度的不同程序，建立一套保护旅游者的法律规定。这一宣言，揭开了当今社会世界各国重视保护旅游者合法权益的序幕。

1991 年 6 月 1 日，中华人民共和国国家旅游局根据我国民法、民事诉讼法、行政诉讼法

等法律的有关规定，制定和发布了《旅游投诉暂行规定》，并在第一条中确凿无误地表明它的宗旨是“为了保护旅游者、旅游经营者的合法权益，及时、公正地处理旅游投诉，维护国家的声誉”。该法是我国第一部规定旅游投诉和投诉程序的具有行政法规性质的部门规章。此后，相继发布了《旅游社质量保证金暂行规定》及其《实施细则》、《旅行社质量保证金赔偿暂行办法》、《旅行社质量保证金赔偿试行标准》等等，又在组织保证、赔偿来源、依据、标准等方面不断完善着投诉制度。

1993年10月31日，经第八届全国人大常委会第四次会议通过，《中华人民共和国消费者权益保护法》正式公布，自1994年1月1日起施行。这是我国第一部保护消费者的法律。旅游者作为广大消费者中的一群特殊消费者，他们的合法权益理所当然地受到该法的保护。

继《旅游投诉暂行规定》和《中华人民共和国消费者权益保护法》颁布后，各地为保护旅游者合法权益，也纷纷制定了带有地方特色的“旅游投诉规定”。例如，武汉市在2000年5月25日出台的《旅游投诉规定》中明确规定，旅游者在旅游中遭遇以下五种情形时，可向旅游行政主管部门投诉：认为旅游经营者不履行合同或承诺；认为旅游经营者未提供质价相符的服务；认为旅游经营者或其从业人员有意或过失造成旅游者行李物品损坏、丢失或人身伤害；旅游经营者或其从业人员索要小费、收受回扣；其他损害投诉者利益的行为。同时规定，投诉者书面或口头向旅游行政主管部门投诉后，旅游投诉机构必须在5日内做出是否受理的决定，并通知投诉者。做出受理决定之日起5日内，受理决定书及有关材料要送达被投诉者手中。不符合受理条件的，应说明理由。被投诉者自收到投诉受理决定书之日起5日内，必须就有关情况向旅游行政主管部门做出书面答复。旅游行政主管部门应自受理投诉之日起15日内处理完毕；情况复杂的，经适当延长，最多不超过30天。这种地方旅游投诉规定的出台，使保护旅游者合法权益的法律、法规真正落到了实处。

第二节　旅游投诉及其条件

旅游投诉制度是我国旅游管理中相对完善的一项法律制度，是处理旅游纠纷五种方式（协商、调解、仲裁、诉讼、投诉）中最具旅游特色的一种。旅游投诉制度的建立，有利于国家旅游行政机关更好地行使国家权力，公平合理地处理双方当事人的矛盾和纠纷，依法管理旅游业，使旅游者“投诉无门”的问题得以解决；有利于及时保护旅游者的合法权益，维护我国旅游业的声誉和形象；有利于保护旅游经营者的合法权益，规范其经营范围，加强对其服务质量的监督，维护旅游市场秩序，促进旅游业持续、健康地发展。

一、旅游投诉的概念

旅游投诉，是指旅游者、海外旅行商、国内旅游经营者为维护自身和他人的旅游合法权益，对损害其合法权益的旅游经营者和有关服务单位，以书面或口头形式向旅游行政管理部门提出投诉，请求处理的行为。这一概念不仅明确了旅游投诉的主体、目的、投诉对象、投诉形式和投诉机关，而且揭示了旅游投诉的客体和性质，为解决旅游纠纷提供了统一的标准和依据。旅游投诉的特点有二：第一，投诉者是与案件有直接利益关系的人，也就是被投诉者的行为直接导致其合法人身、财产权益或经营信誉受到损害而依法行使相应请求权的人，包括旅游者、海外旅行商、国内旅游经营者。第二，受理机关是旅游行政管理部门所设立的旅游投诉管理机构，其处理投诉的行为，是旅游行政管理部门的具体行政行为。

旅游投诉是旅游法律关系当事人除采取协商、调解、仲裁、诉讼方式解决旅游纠纷之外，请求旅游行政管理部门维护其合法权益的一种方式。当事人投诉后，由旅游行政管理部门做出的处理决定，即行政裁决具有准司法行为的性质。这种行政裁决是行政机关解决一定范围内带有民事性质的争议案件的活动，属于行政裁判行为的一种。行政裁判分为行政裁决和行政复议。前者用于行政机关处理公民与法人之间的争议，后者用于解决公民与行政机关之间的争议。

二、旅游投诉的条件

（一）必须有明确的投诉主体

旅游投诉的主体是指投诉人和被投诉人。所谓主体明确，就是要有明确的投诉人和被投诉人。

1. 投诉人

所谓旅游投诉人是指与本案有关的旅游者、海外旅行商、国内旅游经营者和有关从业人员；他们必须与本案有直接的财产关系或人身关系，通常情况下表现为旅游投诉人在财产或人身上受到了损害，向旅游行政管理机关提出投诉。如果投诉人与本案没有直接的利害关系，则不具备投诉的条件，旅游行政管理机关对其投诉不予受理。旅游投诉人有权了解投诉的处理情况；有权请求调解；有权与被投诉人和解；有权放弃或变更投诉请求。投诉人也有义务。他必须按旅游投诉规定的条件、范围投诉；按投诉要求向旅游投诉管理机关递交诉状，并按被投诉者数提出副本；递交诉状确有困难的，可以口诉，由旅游投诉管理机关记入笔录，并由本人签字。

2. 被投诉人

被投诉人是与旅游投诉人相对的一方，被控侵犯旅游投诉人权益，需要追究行政责任、民事责任，并经旅游行政管理部门通知其应诉的人。主要指旅游经营者和旅游从业人员。被投诉人的权利是有权与投诉人自行和解；有权依据事实，反驳投诉请求，提出申辩，请求保护其合法权益。义务是应当在接到通知之日起30日内做出书面答复；应当协助旅游投诉机关调查核实旅游投诉，提出证据，不得隐瞒情况阻碍调查工作；确有过错并损害投诉者利益的，应主动赔礼道歉，赔偿损失，争取与投诉者和解。

（二）必须有损害行为发生

有损害行为发生是旅游投诉的重要条件，也是旅游投诉的重要特征。这里所讲的损害，既包括财产上的损害，也包括人身上的损害，财产上的损害既包括直接造成投诉人现有财产的损坏、灭失或减少，也包括妨碍投诉人现有财产的增加；人身上的损害既包括侵害投诉人的生命健康权、姓名权、肖像权、名誉权、荣誉权等人身权利，也包括不尊重投诉人的人格尊严，服务态度恶劣，造成投诉人精神上的痛苦等。如果被投诉人没有给投诉人造成任何损害，那么，这种投诉则因不具备投诉的客观条件而不能成立；如果被投诉人损害的不是投诉人的合法权益，而是非法利益，则这种投诉也不受保护。因此，只有当被投诉人损害了投诉人的合法权益时，这种投诉才应该受理，才能称之为旅游投诉。

根据《旅游投诉暂行规定》的规定，下列损害行为属旅游投诉的范围：

(1) 认为旅游经营者不履行合同或协议的；

(2) 认为旅游经营者没有提供质价相符的服务的；

(3) 认为旅游经营者故意或过失造成投诉者行李物品被损或丢失的；

(4) 认为旅游经营者故意或过失造成投诉者人身伤害的；

(5) 认为旅游经营者欺诈投诉者、损害投诉者利益的；

(6) 旅游经营单位职工私自收受回扣和索要小费的；

(7) 其他损害投诉者利益的。

（三）被投诉人主观上有过错

在旅游活动中，旅游者、海外旅行商或国内旅游经营者的合法权益受到损害，往往是由多种原因造成的，有些损害是由于旅游经营者或有关服务单位的过错造成的，也有些损害则是由旅游者、海外旅行商、国内旅游经营者自身的过错造成的，还有些损害是由于不可抗力造成的，只有当投诉人合法权益受损是由于被投诉人的过错造成的，才可以投诉。过错包括故意和过失两种。前者是指行为人主观上明知危害结果的发生，故意追求或放任之。后者是指行为人应当知道危害结果，但因疏忽大意或过于自信而使其发生。对于投诉人自身过错和不可抗力造成的损害，则不应投诉。因为，根据我国有关法律规定，损害的发生是因致害人的过错造成的，致害人才承担责任，即对一般侵权损害适用过错责任原则，只有被投诉人主观上有过错即故意损害投诉人的合法权益或因过失造成投诉人合法权益受到损害时，投诉人才能提出投诉。

（四）旅游投诉主体参与了旅游活动

在社会生活中，一旦合法权益受到损害，人们就有可能向有关部门投诉，以保护自己合法权益，但这些投诉并非都是旅游投诉，如普通消费者在购买消费品时合法权益受到侵害后，向消费者协会的投诉等，这种投诉与旅游活动没有任何关系，因而不是旅游投诉。只有当投诉的主体——不论是投诉人（旅游者、海外旅行商、国内旅游经营者）还是被投诉人（旅游经营者或有关服务单位）参与了旅游活动，并且投诉案件发生在旅游活动过程中，才能称之为旅游投诉，这是旅游投诉与其他各种投诉活动的重要区别。例如，一个旅游者住进旅游团安排的旅馆后，请假到亲戚家串门的途中不幸受伤，就不属旅游投诉的范围。

（五）有充分的证据

一般来说，旅游投诉人在投诉时必须提供足够的证据，如书证、物证、证人、证言等。因为充分的证据既有利于旅游投诉部门及时调查和处理投诉案件，又有利于投诉人胜诉。所以，只要条件可能，投诉人应主动提供与投诉案件有直接关系的证据。

（六）未超过投诉时效

依照《旅游投诉暂行规定》的规定，投诉人在法定有效期限内不行使权利，就丧失了请求旅游投诉管理机关保护其合法旅游权益的权利。超过《旅游投诉暂行规定》所规定的期限，就不能再对违法当事人追究相应责任。《旅游投诉暂行规定》第二十二条规定："向旅游投诉管理机关请求保护合法权益的投诉时效期间为60天。投诉时效期间从投诉者知道或者应当知道权利被侵害时起算。有特殊情况的，旅游投诉管理机关可以延长投诉时效期间。"规定投诉时效，主要是督促投诉者及时行使投诉权，以免时过境迁，既不利于旅游投诉管理机关调查处理案件，也不利于通过对违法当事人的处罚产生预期的教育效果。

投诉时效的开始和投诉时效的延长有其法定的含义。

1. 投诉时效的开始

投诉时效的开始是指权利人可以行使权利的时间，以权利人知道或者应当知道其权利被侵害时起算。“应当知道”，是一种法律上的推定，即不管当事人实际上是否知道权利受到侵害，只要客观上存在着知道的条件和可能即可。由于当事人主观上的过错，应当知道而没有知道其权利受到损害的，投诉管理机关就应当开始计算投诉时效。这样规定的目的，是防止权利人以不知道权利被侵害为借口规避投诉时效的规定。时效的具体起算有两种情况：①当损害事实发生时，受益人就知道的，从损害时起算；发生后受害人才知道的，从知道时起算。②对于人身损害，损害当时即发现受伤的，从损害当天起算；损害当时未曾发现，后经检查确诊并能证明是由侵害引起的，从伤势确诊之日起算。

2. 投诉时效的延长

投诉时效的延长是指在投诉时效期限届满以后，投诉人因有特殊情况和正当理由而向投诉管理机关提出投诉时，投诉管理机关可将法定时效期间予以延长，这是一项保护权利人的措施。“特殊情况”，一般指客观障碍使投诉人在法定期间不能行使请求权。投诉规定未对特殊情况作具体列举，延长的期限亦未作明确规定，旅游投诉管理机关应当从严掌握，不得滥用，因为时效有其严肃性，不具任意性，不能因当事人意志而改变。

第三节　旅游投诉管理机关及其管辖

一、旅游投诉管理机关及其职责

《旅游投诉暂行规定》第四条规定：“旅游行政管理部门依法保护旅游投诉者和被投诉者的合法权益。县级（含县级）以上旅游行政管理部门设立旅游投诉管理机关。”这一规定，明确了我国旅游投诉的管理机关是县级（含县级）以上旅游行政管理机关的内设机关。它具体负责旅游投诉工作，代表设置它的旅游行政主管部门处理投诉案件，做出投诉处理决定，但旅游投诉管理机关不具有独立行政机关法人地位，不能以自己的名义做出任何行政行为，所做出的投诉处理决定的后果应当由设立它的旅游管理部门承担。

依据《旅游投诉暂行规定》，我国的旅游投诉管理机关又分为国家旅游投诉管理机关和地方旅游投诉管理机关。不同的旅游投诉管理机关，其职责也不相同。

国家旅游行政主管部门设立的国家旅游投诉管理机关的职责是：制定全国旅游投诉管理的规章制度并组织实施；指导、监督、检查地方旅游行政管理部门的旅游投诉管理工作；对收到的投诉，可以直接组织调查并做出处理，也可转送有关部门处理；受理对省、自治区、直辖市旅游行政管理部门做出的投诉处理决定不服的复议申请，表彰或者通报地方旅游投诉处理工作，组织交流投诉管理工作的经验与信息；管理旅游投诉的其他事项。

县级以上（含县级）地方旅游行政主管部门设立的地方旅游投诉管理机关的职责是：贯彻执行国家旅游投诉规章制度；受理本辖区内的旅游投诉；受理对下一级旅游投诉管理机关做出的投诉处理决定不服的复议申请；协助上一级旅游投诉管理机关调查涉及本辖区内重大旅游投诉的调查处理情况；向上一级旅游投诉管理机关报告本辖区内重大旅游投诉的调查处理情况；建立健全本辖区内旅游投诉管理工作的表彰或通报制度；管理本辖区内旅游投诉的其他事项。

不同的投诉案件，其受理机关是不同的，旅游投诉的受理机关只能是旅游行政管理机关，其他行政部门则无权受理旅游投诉或对旅游投诉做出处理，这是由旅游投诉的性质决定的，也是旅游行政管理机关实行行业管理的重要体现。

实际生活中，旅游者常因其合法权益遭受损害而直接向其认为损害他利益的旅游经营者投诉。此时的投诉与本章所称的旅游投诉的性质不同。旅游经营者是企业法人，不具有行政权力，无权处理旅游投诉，因此在接到旅游者投诉后，应及时调查核实，力争与旅游者协商解决纠纷；不能自行和解的，应当及时移送旅游投诉管理机关审查处理。若旅游者投诉的对象是该旅游企业的工作人员，旅游企业也应力促双方和解，否则应及时移送有关投诉管理机关。

二、旅游投诉的管辖

（一）旅游投诉管辖及其原则

旅游投诉管辖是指各级旅游投诉管理机关和同级旅游投诉管理机关之间受理旅游投诉案件的分工和权限。具体说就是，当旅游者、海外旅行商、国内旅游经营者的合法权益被侵害后，应该向哪个地区、哪一级旅游投诉管理机关提出投诉，由哪个具体的旅游投诉管理机关处理等。所有这些，不仅关系到旅游行政管理机关能否尽职尽责行使权力，既不互相推诿、彼此相争，又能及时、有效、准确地追究违法者的法律责任，而且关系到旅游投诉者的权益能否真正实现。因此，旅游投诉的管辖在整个旅游投诉制度中占有重要位置。

为了合理地解决旅游投诉过程中的管辖分工问题，确定旅游投诉的管辖时应主要遵循以下原则：

1. 效率原则

效率，是行政管理的最高价值。因此，旅游投诉管辖的确定，应当便于旅游行政管理部门迅速、及时发现并制裁违法行为，既要使投诉方便、及时，也要使日常的旅游行政管理的有关情况能及时反馈。

2. 兼顾旅游行政管理部门的分工与案件性质的原则

我国旅游行政管理部门按级别组成，不同级别的机关职责不同。级别越高，其职能中的决策、综合、协调、指导和监督内容就越多；反之，其职能中的执行内容就越多，处理具体案件和其他事务的任务就越重。据此，县级以上旅游投诉管理机关要处理较多的旅游纠纷，而国家旅游投诉管理机关则要处理一些重要性强、影响大、性质恶劣的案件。

3. 原则性与灵活性相结合原则

确定旅游投诉管理机关，既要明确实施主体，也要给旅游投诉管理机关在管辖上的机动性，使管辖能适应各种情况的变化。

（二）旅游投诉管辖分类

根据《旅游投诉暂行规定》，我国旅游投诉管辖分为级别管辖、地区管辖，并由此引申出指定管辖、移送管辖与管辖权转移。

1. 级别管辖

所谓级别管辖是指旅游投诉管理机关内部上下级之间对旅游投诉案件处理的纵向权限的划分。它实质上是一种内部分工问题，不同级别的旅游投诉管理机关，职权范围不同，但从总体上来讲，下一级旅游投诉管理机关要服从上一级旅游投诉管理机关。依照《旅游投诉暂行规定》的规定，我国的旅游投诉管理机关分为国家旅游投诉管理机关和地方旅游投诉管理机关两级，地方旅游投诉管理机关通常又分为省级（含自治区、直辖市）旅游投诉管理机关、市级旅游投诉管理机关和县级旅游投诉管理机关。不过《旅游投诉暂行规定》虽然将旅游投诉管理机关分为国家旅游投诉管理机关和县级（含县级）以上地方旅游投诉管理机关，但是各地的实际情况各异，《旅游投诉暂行规定》未对旅游投诉管理机关的设置形式作硬性规定，各地旅游行政主管部门可根据本地区投诉案件的多少、人员编制和办案力量等具体情况设置旅游投诉管理机关。目前，国家、省级、省会城市和副省级旅游城市都设有旅游质监所受理旅游投诉，地市级旅游城市设置的旅游投诉管理机关也已达90%以上。

在权限划分方面，根据《旅游投诉暂行规定》和《全国旅游质量管理机构组织与管理暂行办法》规定，国家旅游投诉管理机关（质监所）管辖在全国范围内有重大影响或者地方旅游投诉管理机关处理有困难的重大投诉案件，各类旅游质量投诉案件，以及重大的跨省、自治区、直辖市的旅游投诉。地方旅游投诉管理机关（质监所）管辖本辖区内的旅游投诉案件，本地区重大的和跨地（州）、市的投诉案件及省级各部门的旅游企业的投诉案件。

2. 地域管辖

所谓地域管辖，是指不同地区的旅游投诉管理机关对旅游投诉案件处理的横向权限划分。也就是确定旅游行政管理部门实施其行政权力的地域范围。这个地域范围是根据各级行政区划确定的。省级旅游投诉管理机关在本省行政区域内依法行使管辖权；县级旅游投诉管理机关在本县行政区域内依法行使管辖权。

地域管辖是由旅游活动的地区流动性和损害行为与损害结果发生的非同步性决定的。确立这类管辖有利于快速、便利、准确地处理旅游投诉案件。一般来说，地域管辖以行为地作为确定管辖机关的标准。行为地是指侵权、违约行为发生时行为人所处的地域空间范围。它包括违法行为着手地、经过地、发生地和危害结果发生地，但并不排除在某些情况下以行为发现地或行为人住所地来确定管辖，这样符合处理投诉的效率原则。根据我国的实际情况以及旅游的特点，《旅游投诉暂行规定》确定了三个标准，即被投诉者所在地、损害行为发生地或者损害结果发生地。

(1) 被投诉者所在地的确定。被投诉者所在地就是被投诉者的住所或主要活动场所。被投诉者是公民的，其所在地是他长久居住的场所。《民法通则》第十五条规定："公民以他的户籍所在地的居住地为住所，经常居住地与住所不一致的，经常居住地视为住所。"被投诉者是法人的，根据《民法通则》的规定，法人以其主要办事机构所在地为住所。法人的办事机构是指法人组织机构的一部分，即负责对外处理法人事务的机构。在法人的管理机构中，有的仅负责内部事务，有的则兼负对内、对外处理法人事务的双重职责，只有后者才能作为法人的办事机构。法人的办事机构可以有一个，也可以有多个。旅游企业法人，以其主要办事机构所在地或主要营业场所所在地为其所在地。因此，被投诉者如果是公民，该公民住所地的旅游投诉管理机关可以管辖，被投诉者如果是法人，该法人的场所所在地的旅游投诉管理机关则可管辖。

(2) 损害行为发生地的确定。损害行为发生地是指导致投诉人人身、财产权利或其他权利受到损害的被投诉人的过错行为发生地。《旅游投诉暂行规定》第九条规定的可以投诉的七种损害行为中，除第(一)款外，其他损害行为发生地比较容易确定；对于第九条第(一)款规定的损害行为，可以参照经济合同纠纷的有关规定确定。将管辖权赋予损害行为发生地的旅游投诉管理机关，有利于调查取证，做出正确的处理。

(3) 损害结果发生地的确定。损害结果发生地是指被投诉人的过错行为对投诉人的人身、财产权利或其他权利产生损害后果的显现地。在通常情况下，致害人实施损害行为后，损害后果随即显现出来。但在一定条件下，也存在致害人实施了损害行为后，经过一段时间损害结果才显现出来的情况，尤其是旅游活动中，由于交通工具的进步，旅游者不需要用很长的时间就能完成异地旅游的空间位移，早在北京、晚到上海的情况已十分普遍。损害结果发生地在实际中确定比较复杂。如果损害行为导致多种损害结果的发生，以主要的损害结果发生地为先。赋予损害行为发生地的旅游投诉管理机关管辖权，有利于调查取证，做出正确处理。

上述三个标准没有先后顺序之分，可以本着完全尊重投诉者意愿的精神，允许投诉者自愿选择。无论投诉者选择哪种标准，即无论选择的是被投诉人所在地，还是损害行为发生地，或者是损害结果发生地，只要投诉者提出，有关地方的旅游投诉管理机关都有权管辖该投诉案件。

为避免跨地区的旅游投诉中，各旅游投诉受理机关相互推诿或争夺管辖权的情况的出现，《旅游投诉暂行规定》明确规定："跨行政区的旅游投诉，由被投诉者所在地、损害行为发生地或者损害结果发生地的旅游投诉受理机关协商确定管理机关；或者由上一级旅游投诉受理机关协调指定管理机关。"例如，某旅行团从北京出发，由北京的一个旅行社派人担任导游。到上海后，由于导游工作粗心，游客的行李被丢失。此时，游客既可以向被投诉人工作单位所在地北京的旅游投诉管理机关投诉，也可以向损害行为发生地上海的旅游投诉管理机关投诉。一般来说，首先受理的机关应该接受投诉。也可根据情况，与其他有管辖权的旅游投诉管理机关协商确定受理机关，或者由上一级旅游投诉管理机关协调指定受理机关，有管辖权的旅游投诉管理机关不能拒绝投诉或互相推诿。

3. 指定管辖

指定管辖，是指上级旅游投诉管理机关以决定的方式指定下一级旅游投诉管理机关对某一投诉案件行使管辖权。指定管辖实际上是赋予旅游投诉管理机关在受理投诉案件上一定的自由，以适应各种错综复杂的处罚情况，有利于解决重复管辖和管辖空白等问题。上级旅游投诉管理机关指定下级旅游投诉管理机关对某一投诉案件行使管辖权，是一种具有法律效力的行政行为，应以书面方式进行，按行政行为的程序做出指令性的决定。

4. 移送管辖与管辖权的转移

移送管辖是指旅游投诉管理机关受理投诉后，发现本投诉机关无权管辖该投诉案件，依据法律规定将其移送至有管辖权的旅游投诉管理机关审理。受移送的投诉机关，认为受移送的案件依照规定不属其管辖的，应当报请上级旅游投诉管理机关指定管辖，不得再移送。

管辖权的转移是级别管辖中的特殊情况，具体指上级旅游投诉管理机关有权管辖下级投诉管理机关管辖的投诉案件；下级投诉管理机关对其管辖的投诉案件，认为需要上一级旅游投诉管理机关管辖的，可以报请上级投诉管理机关管辖。管辖权的转移与移送管辖最大的区别在于:管辖权的转移是指有管辖权的投诉管理机关因为某种原因将案件转至本无管辖权的机关管辖。

第四节　旅游投诉处理程序

旅游投诉的处理程序是指旅游投诉过程中从受理投诉者的投诉，到最终问题解决可能要经历的受理、调查、调解、处理、处罚、复议和起诉等基本程序。这些程序有些是必经程序，有些是选择程序。由投诉当事人和投诉受理机关视情况而定。

一、受理

（一） 旅游投诉受理的概念及特征

旅游投诉的受理是指有管辖权的旅游投诉管理机关接到旅游投诉者的投诉状或者口头投诉后，经审查认定符合受理条件，并予以立案的行政行为。其主要特征有二：第一，受理不是裁决，不要求对案情依法做出判断和决定。只要符合投诉条件，并属于受理机关管辖的，就应该受理。第二，受理与否的决定是旅游投诉管理机关所做出的具体行政行为。投诉者如果认为不予受理的决定侵犯了自己的权利，可以向上级旅游投诉管理机关申请复议，也可以向人民法院提起行政诉讼。

（二） 旅游投诉受理的程序

旅游投诉受理的程序，是指旅游投诉管理机关接受投诉者的投诉，依法立案审查所依据的程式和顺序。《旅游投诉暂行规定》第十五条规定："旅游投诉管理机关接到投诉状或者口头投诉，经审查，符合本规定受理条件的，应当及时调查处理；不符合本规定受理条件的，应当在7日内通知投诉者不予受理，并说明理由。"这表明，旅游投诉受理的程序主要有三：

1. 投诉者提出投诉请求

即投诉者通过投诉状或口头投诉等方式向旅游投诉机关提出投诉的意思表示。没有投诉者的投诉，旅游投诉管理机关不主动受理投诉。

2. 审查

它是指旅游投诉管理机关对投诉者提出的投诉状和口头投诉进行的审核与调查。这是决定是否受理投诉的关键环节。审查的主要内容是投诉者的投诉是否符合投诉条件，对符合条件的要及时受理，不符合条件的则不予受理。它要求旅游投诉管理机关及其工作人员要深入实际，调查研究，在查明全部事实的基础上做出是否受理的决定，不得马马虎虎，更不能主观臆断，草率行事。

3. 决定是否受理

它是指旅游投诉管理机关通过对投诉者的投诉进行审查，认为符合投诉受理条件的，接受投诉，予以立案；不符合投诉受理条件的，不予受理。

旅游投诉管理机关审查投诉状、决定是否受理的期限是7日，从接到投诉状或者口头投诉的第2日起算，其间有节假日的，往后顺延；投诉状是邮寄的，以投诉管理机关收到邮件的第2日起算。

对于不符合《旅游投诉暂行规定》规定的受理条件的投诉，旅游投诉管理机关应当在7日内通知投诉者不予受理并说明理由。不符合受理条件的情况主要是指：第一，不属于旅游投诉管理机关管辖范围。第二，投诉者不是与本案有直接利害关系的旅游者、海外旅行商、国内旅游经营者或从业人员。第三，没有明确的被投诉者，或者虽有明确的被投诉者，但没有具体的投诉请求和事实根据。第四，不属于《旅游投诉暂行规定》所列的旅游投诉范围。第五，超过投诉时效。对于投诉状书写不合格的，属于技术性缺陷，投诉管理机关应当帮助投诉人删减内容和事项。只要符合其他受理条件，投诉管理机关不得以此为由做出不予受理的决定。

二、调查

调查是指旅游投诉管理机关要求被投诉者针对投诉者的控告做出书面答复，以便全面了解事实真相的过程。

《旅游投诉暂行规定》指出："旅游投诉管理机关做出受理决定后，应当及时通知被投诉者。被投诉者应当在接到通知之日起30日内做出书面答复。"书面答复是指被投诉者为维护其合法权益，针对投诉者提出的事实、理由、根据和请求事项，用于己有利的事实、理由、根据和请求事项回答、辩解、反驳指责时制作的一种书状。进行书面答复是被投诉者的义务，同时对旅游投诉管理机关而言，被投诉者针对投诉者的指责所作的回答、辩解，有助于投诉机关处理投诉案件时兼听双方的理由、根据和请求，全面了解案情，辨明是非。书面答复对于正确解决旅游纠纷有着重要作用。

《旅游投诉暂行规定》指出书面答复应载明的事项包括：被投诉的事由，调查核实的过程，本事实与证据，责任及处理意见。后两项是书面答复的重要内容。在基本事实与证据中，要说明投诉者提出的指控与事实是否相符，可以提出新的事实和证据来说明投诉者的投诉违反法律规定，进而对投诉者的指控予以否定和部分否定，还可以针对投诉者身份、管辖、投诉条件、证据的真实性等提出疑问。在责任及处理意见中，要在充分阐述上一个问题的基础上，向投诉管理机关提出自己的主张和要求，通过摆事实、讲道理，依法得出结果。被投诉者在制作书面答复时，还要注意以下几点：一是要有针对性。即根据投诉者投诉的事实、理由、根据和请求事项，有的放矢地进行反驳和辩解。二是要实事求是。即要如实反映争议事实，摆事实，讲道理，以理服人，不能强词夺理，投诉事实确凿的，应当承认。三是符合法律规定。即要以法律为准绳，依法办事。四是在法定期限内做出书面答复。旅游投诉管理机关收到被投诉者的书面答复后要进行复查，查明书面答复是否属实，证据是否充分，以便分清责任，做出处理。

三、调解

调解是指旅游投诉管理机关召集投诉者和被投诉者，在查明事实，分清责任，自愿协商的基础上，达成解决纠纷协议的行为。它的特点在于调解主体是旅游投诉管理机关，调解本身是一种行政行为。虽然《旅游投诉暂行规定》并未将调解作为做出决定的必经程序，但从实际出发，应提倡尽量调解。在一般情况下，调解应坚持两条原则：

（一）尽量调解原则

旅游投诉所涉及的纠纷属于民事纠纷，促成投诉双方达成协议并取得相应谅解，无疑有助于促进经营者加强管理、改善经营，使旅游者知法守法，维护正常旅游秩序。《旅游投诉暂行规定》第十八条规定："旅游投诉管理机关处理投诉案件，能够调解的，应当在查明事实、分清责任的基础上进行调解，促使投诉者与被投诉者互相谅解，达成协议。"从这一规定可以看出，旅游投诉管理机关调解的投诉案件是"能够调解的"，反之，不能调解的，也可以不调解，即调解不是处理投诉案件的必经程序，这里强调了尽量调解。

（二）调解自愿原则

也就是说，无论是选择调解方式，还是达成调解协议，都要出于投诉双方的完全自愿。旅游投诉管理机关在整个调解过程中要起主导作用，使双方心悦诚服，而不能施加任何压力迫使双方达成协议。在双方完全自愿的基础上，达成调解协议后，应当制作调解协议书，调解协议书由双方签字或盖章，经旅游投诉管理机关加盖公章生效。调解协议书同旅游投诉管理机关的处理决定具有同等的效力。

四、处理

处理是指旅游投诉管理机关依据投诉案件的处理原则，经调查核实，在事实清楚、证据充分的基础上做出处理投诉纠纷的决定。

(一) 明确处理投诉的原则

旅游投诉管理机关处理投诉案件，应当以事实为根据，以法律、法规为准绳。以事实为根据，是指做出任何行政处理或裁决应“先取证后裁决”，使决定有事实根据，这是行政机关公正行使权力的最低限度的程序规则；以法律为准绳，是指不仅在实体法上，而且在程序法上依据事实得出的任何结论或处理决定必须符合法律、法规、行政规章以及有关政策，不能凭感觉、推断，甚至感情、好恶办事。

(二) 查明投诉案件的事实

旅游投诉管理机关应当在调查核实，认为事实清楚、证据充分的基础上做出处理决定。事实清楚，指案件的基本事实清楚。基本事实一般包括时间、地点、人物、过程、结果等。基本事实主要是指在旅游活动中投诉双方发生纠纷的经过及结果。事实清楚就是要查明纠纷发生的时间、涉及的人物，纠纷的起因、经过和结局（造成损害的，还应查明损害行为与损害结果之间的因果关系、损害结果的程度等），双方争执的意见、理由以及必要的说明，双方争执事实的证据等。证据充分是指凡是案件所涉及的基本事实都要有客观、充分的证据；推断的结论未经核对，不能作为证据。旅游投诉中，投诉机关使用的证据，应符合《行政诉讼法》第三十一条规定的证据种类：①书证；②物证；③视听资料；④证人证言；⑤当事人的陈述；⑥鉴定结论；⑦勘验笔录、现场笔录。证据不仅应有质的保证，还应有量的要求。

(三) 划分投诉案件的责任

旅游投诉管理机关查明事实后，应依据有关法律、法规判定投诉双方责任并做出处理决定。

根据《旅游投诉暂行规定》第十九条的规定，投诉处理决定有以下几种情况：

(1) 属于投诉者自身过错的，可决定撤销立案，通知投诉者并说明理由。对投诉者无理投诉、故意损害被投诉者权益的，可责令投诉者向被投诉者赔礼道歉，或者依据有关法律、法规承担赔偿责任。

(2) 属于投诉者与被投诉者共同过错，可以决定由双方各自承担相应的责任。双方各自承担责任的方式，可以由双方当事人自行协商确定，也可以由投诉管理机关决定。

(3) 属于被投诉者的过错，可以决定由被投诉者承担责任。可以责令被投诉者向投诉者赔礼道歉、赔偿损失、承担全部或部分调查处理投诉费用。

(4) 属于其他部门的过错，可决定转送有关部门处理。

旅游投诉管理机关做出的处理决定还应当制作旅游投诉处理决定书，并在15日内通知投诉者和被投诉者。

五、行政处罚和其他处罚

旅游投诉管理机关做出投诉处理决定时，可以依据有关法律、法规、规章的规定，对损害投诉者权益的旅游经营者给予行政处罚；没有规定的，由旅游投诉管理机关按照《旅游投诉暂行规定》第二十条的规定单独或合并给予警告、没收非法收入、罚款、限期停业整顿、吊销旅游业务经营许可证及有关证件、建议工商行政管理部门吊销其工商营业执照等行政处罚。旅游投诉管理机关做出的行政处罚决定应当载入投诉处理决定书。凡涉及对直接责任人给予行政处分的，由其所在单位根据有关规定处理。

对旅游投诉中的行政处罚，要注意以下几点：第一，行政处罚是特定的行政机关或法定的其他组织依法对违反行政法规规范的公民或组织实施的一种惩罚，属于行政制裁范围。《旅游投诉暂行规定》中所指的行政处罚，对象是特定的，只能“对损害投诉者权益的旅游经营者”进行。不管其隶属关系如何，只要它在经营旅游业务中损害了投诉者的权益，都可依据有关法律、法规、规章给予相应的行政处罚。第二，行政处罚是做出处罚的行政机关所做的具体行政行为。作为旅游投诉管理机关做出的行政处罚决定应载入投诉处理决定书，其生效时间与效力同投诉处理决定书一样。第三，旅游经营单位的成员在执行职务过程中因过错给投诉者造成损害的，其后果应由其所在单位承担，但此后该经营单位可根据有关规定，对直接责任人给予行政处分。

六、复议程序和起诉程序

旅游投诉管理机关处理完投诉案件后，投诉者或被投诉者对旅游投诉管理机关做出的处理决定或行政处罚决定不服的，可以在接到处理决定通知之日起 15 日内向上一级旅游投诉管理机关申请复议一次，也可以直接向人民法院提出民事诉讼。对复议决定不服的，可在接到复议决定之日起 15 日内，向人民法院提出行政诉讼。对逾期不申请复议，也未向人民法院提起诉讼的，处理决定届时生效，当事人应按照处理决定履行自己的义务，否则，由做出处理决定的旅游投诉管理机关向人民法院申请强制执行。

（一）行政复议

行政复议和处理投诉一样，都是旅游行政机关的具体行政行为，但处理投诉在前，行政复议在后，且行政复议由处理投诉机关的上一级旅游投诉管理机关受理。行政复议作为管理相对人依法获得行政救济的途径，是我国加强行政执法监督，保护包括投诉者和被投诉者在内的当事人合法权益的重要法律制度。国家赋予当事人不服行政机关的行政处罚时申请行政救济的权利。这对于维护和监督行政机关依法行使职权、纠正和防止违法或不当的行政处罚、保护当事人的合法权益是必要的。为此，《旅游投诉暂行规定》指出：旅游投诉者或被投诉者如果对投诉处理决定不服，可以在接到处理决定书之日起 15 日内，向处理机关的上一级旅游投诉管理机关申请复议。

（二）行政诉讼

当投诉者或被投诉者认为旅游行政机关和行政机关工作人员的具体行政行为侵犯了其合法权益时，可以依照《行政诉讼法》向人民法院提起诉讼。此时，投诉者和被投诉者之间的纠纷就变成投诉者或被投诉者与旅游投诉管理机关之间的行政诉讼。旅游投诉与行政诉讼之间有联系，亦有区别：前者是行政行为，后者是诉讼行为，因此二者依据的法律也不相同。法律赋予当事人不服行政机关行政处罚时申请司法救济的权利，其目的是保护当事人合法权益，维护和监督行政机关依法行使职权，纠正和防止违法或不当的处罚。

（三）民事诉讼

民事诉讼是指公民、法人或其他组织认为自己的民事权益受到侵害时依法向人民法院提出的诉讼。民事诉讼与旅游投诉的主要区别表现在：第一，处理的机关不同。前者是人民法院，后者是旅游行政管理部门的投诉管理机关。第二，依据的程序法不同。前者是《民事诉讼法》，后者是《旅游投诉暂行规定》；前者是法律，后者是部门规章。旅游行政管理部门对旅游纠纷的处理，不得妨碍当事人行使诉讼权，民事纠纷的解决应当遵循司法最终解决原则。

第五节　旅游投诉状

一、旅游投诉状的概念

投诉状，是旅游投诉者在其旅游合法权益遭受侵害或与他人发生旅游纠纷时，向旅游行政管理部门投诉，陈明事实和理由，要求旅游投诉管理机关依法解决旅游纠纷，维护其合法权益的一种书状。投诉状应当采用书面形式，确有困难的，可以口诉，由旅游行政管理机关记入笔录，并由本人签字。投诉状既是投诉者维护其合法权益的工具，也是旅游投诉机关受理投诉的根据，还是被投诉人答辩的依据，在投诉中有着重要的地位和作用。向旅游投诉机关投诉是一种严肃的法律行为，因而制作投诉状必须严肃、认真，符合规定的要求。

二、旅游投诉状的基本内容

投诉状应当符合《旅游投诉暂行规定》规定的格式和要求，记明以下事项：

（一）投诉者的基本情况

一般来说，一个人的基本情况主要包括姓名、性别、年龄、国籍、职业、工作单位、通讯地址、联系电话、邮政编码等。在投诉书中注明这些基本情况，主要是为了旅游投诉管理机关在受理和处理投诉过程中沟通信息、交换意见的方便。

（二）被投诉者的基本情况

被投诉者的基本情况包括单位名称或姓名、所在地。旅游投诉必须有明确的投诉对象即指明被投诉者。因为对投诉者而言，权益已受到了损害，其旅游投诉行为是一种维护权益的行为。这种维权行为主要表现为恢复被侵害了的权益或权益被侵害后的补偿，不论是恢复被侵害了的权益还是权益被侵害后的补偿，通常都需要致害人实施一定的行为，即致害人通过积极的行为才能实现，这是由债权行为的性质决定的。也就是说，致害人与受害人之间的关系是一种债的关系，在债的关系中债权人的权益得以实现必须依靠债务人的积极行为。因此，没有明确的被投诉者，投诉者的权益就难以实现，其投诉也就毫无意义。

（三）投诉请求、事实根据和理由

投诉请求是投诉者向投诉受理机关提出的、要求被投诉人履行有关义务的请求，这是投诉受理机关处理投诉案件的重要条件。它在一定程度上可以反映出投诉者受损害的内容、范围和程度，没有投诉请求则会使得旅游投诉受理机关难以做出处理；同时投诉者提出投诉请求必须具体、明确，不得模糊、宽泛。事实根据是指投诉受理机关处理案件中要求投诉者提供的情况必须真实、可靠，不得编造事实。旅游投诉受理机关要深入实际，调查研究，查明事实真相，做出正确的处理。

三、旅游投诉状实例

投诉状

××省××市旅游局旅游质量管理监督所：

我们是武汉的游客。××××年×月××日上午9时，我们一行4人在××火车站附近被强拉上了一辆“××旅游汽车公司”所辖的车号为“A 04462”的中巴旅游车前往××石林旅游。该车的司机是一名女青年，导游是一名皮肤较黑的男青年，戴一副墨镜。

一路上，这名男导游口若悬河，侃侃而谈，从当地的少数民族到地方习俗，从工农业生产到土特产品均作了详细介绍，深得游客的信任。特别是对当地的“绿色通道”、“白色通道”和“黄色通道”讲得绘声绘色，尤其是后者。他说：“黄色通道”并不是人们所想像中的淫秽物品通道，而是我们这个地方出产一种品位较低的砂金。用这种砂金做成的首饰既漂亮又便宜。并列举说有无数的游客买到这种饰品后赞不绝口。故事讲完后，汽车就停在了“××珠宝城”门前。下车时，导游还发给我们每人一张“参观优惠卡”。许多真诚的游客对导游太信任，下车后，按照导游的点，每人买了几盒所谓的含金首饰，价格有的80元一盒，有的100元一盒不等。我们虽然知道旅游工艺品的质价很难把握，但因为是令人信任的导游推荐的，又是在“××珠宝玉石工艺厂”的门市部里购买，加之导游和珠宝城的工作人员都明确表示含金量为9K，所以我们就买了8盒（有发票）。到××石林后，我们发现同类产品在旅游商店的零售价每盒才37元，觉得上当受骗。回武汉后，我们用小刀将所谓的含金首饰刮开，发现根本不是什么含金首饰，而是地地道道的电镀产品。

导游和珠宝城工作人员明知珠宝有假而故意诱骗游客购买是一种欺骗行为，他们这种欺骗行为严重违反了《消费者权益保护法》、《导游人员管理暂行条例》、《民法通则》等法律法规。汽车司机和导游串通拉游客上车的行为也严重侵犯了游客的人身自由。因此我们要求质监所对以上事件进行调查和处理的同时，对旅游汽车公司和珠宝城做出相应的行政处罚，并赔偿我们的经济损失。根据《消费者权益保护法》第四十九条规定：“经营者提供商品或者服务有欺诈行为的，应当按照消费者的要求增加赔偿其受到的损失，增加赔偿的金额为消费者购买商品的价款或者接受服务的费用的一倍。”我们要求赔偿1 600元。希望质监所能仔细调查，尽快给我们一个明确的回答，还我们一个公道。

投诉人：黄××等四人（武汉××大学教师，邮编：430000，电话：027－870000）

被投诉人：××旅游汽车公司和××珠宝城

投诉事由：旅游汽车公司和珠宝城做笼子哄骗游客高价购物

附：购货发票、参观优惠券、车票

××××年×月×日

【本章小节】　本章论述了旅游者的基本权利、保护旅游者合法权益的必要性、保护旅游者合法权益的主要法律依据以及旅游投诉的条件，介绍了旅游投诉管理机关及其职责、旅游投诉的管辖、旅游投诉处理程序和旅游投诉状的概念与基本内容。

【关键词】 旅游者 旅游投诉 管辖 投诉状

【思考题】 1. 试述旅游者的基本权利。
2. 试述保护旅游者合法权益的必要性。
3. 试述旅游投诉的条件。
4. 试述旅游投诉的管辖分类。
5. 试述旅游投诉的复议程序和起诉程序。

附录

一、法律

《中华人民共和国公民出境入境管理法》(1985 年 11 月 22 日通过)
《中华人民共和国外国人入境出境管理法》(1985 年 11 月 22 日通过)
《中华人民共和国民法通则》(1986 年 4 月 12 日通过)
《中华人民共和国民事诉讼法》(1991 年 4 月 9 日通过)
《中华人民共和国行政诉讼法》(1989 年 4 月 4 日通过)
《中华人民共和国行政复议法》(1999 年 4 月 29 日通过)
《中华人民共和国行政处罚法》(1996 年 3 月 17 日通过)
《中华人民共和国消费者权益保护法》(1993 年 10 月 31 日通过)
《中华人民共和国反不正当竞争法》(1993 年 9 月 2 日通过)
《中华人民共和国仲裁法》(1994 年 8 月 31 日通过)
《中华人民共和国保险法》(1995 年 6 月 30 日通过)
《中华人民共和国民用航空法》(1995 年 10 月 30 日通过)
《中华人民共和国铁路法》(1990 年 9 月 7 日通过)
《中华人民共和国食品卫生法》(1995 年 10 月 30 日通过)
《中华人民共和国文物保护法》(2002 年 10 月 28 日公布)
《中华人民共和国合同法》(1999 年 3 月 15 日通过)

二、法规

《风景名胜区管理条例》(2006 年 9 月 19 日发布,2006 年 12 月 1 日起施行)
《旅行社管理条例》(1996 年 10 月 15 日发布,2001 年 12 月 11 日修订)
《中国公民出国旅游管理办法》(2002 年 5 月 27 日发布)
《中华人民共和国公民出境入境管理法实施细则》(1994 年 7 月 15 日发布)
《中华人民共和国外国人入境出境管理法实施细则》(1994 年 7 月 15 日发布)
《中华人民共和国出境入境边防检查条例》(1995 年 7 月 20 日发布)
《旅馆业治安管理办法》(1987 年 11 月 10 日发布)
《国内航空运输旅客身体损害赔偿暂行规定》(1989 年 2 月 20 日发布)
《中华人民共和国道路交通管理条例》(1988 年 3 月 9 日发布)
《道路交通事故处理办法》(1991 年 9 月 22 日发布)
《中华人民共和国港口间海上旅客运输赔偿责任限额规定》(1993 年 12 月 17 日发布)
《铁路旅客运输损害赔偿规定》(1994 年 8 月 30 日发布)

《娱乐场所管理条例》(2006 年 1 月 9 日发布,2006 年 3 月 1 日起施行)
《导游人员管理条例》(1999 年 5 月 14 日发布)

三、规章

《旅游汽车、游船管理办法》(1983 年 12 月 28 日发布)
《旅行社管理条例实施细则》(1996 年 11 月 28 日发布)
《旅行社投保旅行社责任保险规定》(2001 年 4 月 25 日发布)
《旅行社质量保证金暂行规定》(1995 年 1 月 1 日发布)
《旅行社质量保证金暂行规定实施细则》(1995 年 1 月 1 日发布)
《旅行社质量保证金赔偿暂行办法》(1997 年 3 月 27 日发布)
《旅游安全管理暂行办法》(1990 年 2 月 20 日发布)
《旅游安全管理暂行办法实施细则》(1994 年 1 月 22 日发布)
《旅游投诉暂行规定》(1991 年 6 月 1 日发布)
《导游人员管理实施办法》(2001 年)
《导游证管理办法》(2002 年 3 月 18 日)
《导游人员等级考核评定管理办法(试行)》(2005 年 6 月 3 日发布，2005 年 7 月 3 日起施行)
《旅游资源分类、调查与评价》〔(GB/T18972-2003)2003 年 2 月 24 日发布,2003 年 5 月 1 日实施〕
《旅游景区质量等级评定管理办法》(2005 年 7 月 6 日发布,2005 年 8 月 5 日实施)
《旅游规划通则》〔(GB/T18971-2003)2003 年 2 月 24 日发布,2003 年 5 月 1 日实施〕

参考文献

王立纲，浦秀贤．现代旅游法学．青岛出版社，1999 年版
王金魁．旅游法规教程．旅游教育出版社，1996 年版
王保树．商事法学、经济法学．法律出版社，1998 年版
王健．旅游法学概论．天津科技翻译出版公司，1990 年版
王健．中国旅游业发展中的法律问题．广东旅游出版社，1999 年版
王健．旅游法原理与实务．南开大学出版社，1998 年版
刘文华．新合同法实用问答．中国审计出版社，1999 年版
刘军，刘蕾．保险纠纷的法律解决．吉林人民出版社，1999 年版
刘海山．旅游法．法律出版社，1988 年版
孙子文．旅游法规．东北财经大学出版社，1999 年版
杜学，蒋桂良．旅游交通教程．旅游教育出版社，1993 年版
国家旅游局人事劳动教育司．政策与法规．旅游教育出版社，1999 年版
赵林余，赵勤．旅游政策与法规．上海三联出版社，1999 年版
焦承华．旅游法教程．高等教育出版社，1998 年版
魏小安．旅游发展与管理．旅游教育出版社，1996 年版
向三久．旅游法规概论．高等教育出版社，2001 年版

后　记

《旅游管理法规教程》一书是为高等学校旅游专业学生编写的一本教科书，由华中师范大学向三久任主编，熊彩云任副主编。在本书编写过程中，我们参阅了许多人的研究成果，包括法律法规汇编、相关教材、研究论文和报刊资料，因篇幅有限，无法在参考文献中一一列出，在此一并表示感谢。另外，由于该书涉及面广，新的法律法规不断颁布，加之编者水平有限，一定存在不少缺点和错误，敬请读者和同行专家批评指正。现应出版社的要求，对本书中的部分章节结合新法规进行了修订。

编 者

2007 年 8 月